本书得到国家自然科学基金项目(U1504612)，教育部、国家语委甲骨文等古文字研究与应用专项重点项目(YWZ-J023，YWZ-J010)，河南省科技发展计划项目(182102310039)等的资助

甲骨学知识图谱构建方法研究

熊 晶 著

·北京·

图书在版编目（CIP）数据

甲骨学知识图谱构建方法研究 / 熊晶著. —北京：科学技术文献出版社，2019.1
ISBN 978-7-5189-5201-4

Ⅰ.①甲… Ⅱ.①熊… Ⅲ.①甲骨学 Ⅳ.①K877.1

中国版本图书馆 CIP 数据核字（2019）第 023249 号

甲骨学知识图谱构建方法研究

策划编辑：张 丹　　责任编辑：马新娟　　责任校对：张吲哚　　责任出版：张志平

出 版 者	科学技术文献出版社
地 　 址	北京市复兴路15号　邮编 100038
编 务 部	（010）58882938，58882087（传真）
发 行 部	（010）58882868，58882870（传真）
邮 购 部	（010）58882873
官方网址	www.stdp.com.cn
发 行 者	科学技术文献出版社发行　全国各地新华书店经销
印 刷 者	北京虎彩文化传播有限公司
版 　 次	2019年1月第1版　2019年1月第1次印刷
开 　 本	710×1000　1/16
字 　 数	328千
印 　 张	18.25
书 　 号	ISBN 978-7-5189-5201-4
定 　 价	78.00元

版权所有　违法必究

购买本社图书，凡字迹不清、缺页、倒页、脱页者，本社发行部负责调换

前　言

自 1899 年甲骨文首次被发现以来，经过 120 年的发展，甲骨文的研究已形成一门具有严密规律、有丰富研究资料和多方面研究课题的学科——甲骨学。甲骨学和语言文字学、历史学、考古学、古代科技史、历史文献学、人类学等学科有着紧密的联系，因此，研究甲骨文不能孤立地以释读甲骨片上的文字为对象，还应该考虑其与相关学科的关系。然而，传统的甲骨文研究方式难度极大，培养一名甲骨文专家需要一二十年甚至更长的时间，这严重阻碍了甲骨文的研究进展。利用计算机科学和信息技术改善传统的研究方式，综合语言学、逻辑学、哲学、计算机科学、人工智能、数学和统计学等学科来进行甲骨文信息处理的研究是解决或缓解这一问题的有效途径。因此，计算甲骨学应运而生。

计算甲骨学研究过程中存在的突出矛盾是对甲骨文专家的依赖性高，而专家知识及现有成果的共享率却很低，分析其原因主要是割裂了与甲骨文息息相关的其他学科知识联系和忽视了甲骨文的知识演化。构建知识图谱可以缓解或解决该矛盾，以此为研究目标则问题转化为如何从多源异构数据集中发现实体和建立实体间的语义关系。首先构建基于文献计量学的科学知识图谱（mapping knowledge domains，MKD）来发现实体及其关系，再与利用基于知识库的知识图谱（knowledge graph，KG）构建方法抽取的实体及关系进行整合。然后通过实体消歧、关系融合得到兼具图和谱双重特征的融合图谱。本体为知识图谱提供概念模型和逻辑基础，用基于本体和规则的知识推理挖掘隐含的语义关系，最终形成甲骨学知识图谱。通过解决语义相似度和相关度计算、规则自动挖掘这两个关键问题达到研究目标。本书研究成果对领域专家知识的表示、共享和重用具有重要的理论意义和实际价值，对甲骨学的研究与发展起到重要的推动作用，为领域知识图谱构建提供新思路。

本书的主要内容和组织结构如下。

第一章主要叙述了本书的研究背景、研究意义，并简要介绍了研究内容和研究目标，指明了本书的特色和创新之处。

第二章介绍了目前甲骨学的研究现状与进展，主要是从传统的甲骨学研究角度进行阐述的。

第三章详细介绍了计算甲骨学的研究现状和进展，系统介绍了计算甲骨学涉及的各个方面，为后续构建甲骨学知识图谱奠定了基础。

第四章介绍了甲骨学知识表示与推理，主要包括甲骨文本体库的构建、基于本体的知识推理及其他类型的甲骨学知识网络。

第五章介绍了知识图谱的基本理论和技术，并简要介绍了图数据库相关技术。

第六章详细介绍了甲骨学知识图谱构建方法，分别从基于文献计量学的科学知识图谱的构建和基于知识库的知识图谱的构建两个方面进行阐述，最后综合两者的优势，构建甲骨学知识图谱。

第七章是总结与展望，对全书内容进行了概括，并对存在的问题和后续研究思路进行了展望。

在本书的撰写过程中，安阳师范学院计算机与信息工程学院的领导及同事给予了大力支持，他们在本书的撰写过程中付出了

前言

大量的劳动。特别感谢安阳师范学院计算机与信息工程学院焦清局博士、史小松老师、吴琴霞老师、高峰老师,以及安阳师范学院历史与文博学院仇利萍博士。同时,本书的撰写还得到了浙江传媒学院栗青生教授的帮助。在此一并表示衷心感谢。

本书的相关工作得到了国家自然科学基金项目(U1504612),教育部、国家语委甲骨文等古文字研究与应用专项重点项目(YWZ-J023,YWZ-J010),国家社会科学基金重大委托项目(16@ZH017A3),河南省科技发展计划项目(182102310039),河南省高校重点科研项目(17A520002),教育部"甲骨文信息处理"创新团队,教育部甲骨文信息处理重点实验室,河南省甲骨文信息处理重点实验室,以及汉语海外传播河南省协同创新中心的资助和大力支持,在此表示衷心的感谢。书中列举了主要的参考文献,在此对所引参考文献的作者和出版机构表示感谢。感谢科学技术文献出版社张丹编辑的辛勤劳动和大力帮助。

由于书中部分来自网络的资料未能详尽标注作者及文献资料来源,疏漏之处在所难免,在此一并对文献资源作者表示感谢。由于笔者水平有限,书中难免存在不足之处,恳请各位读者批评指正。

熊 晶
于安阳师范学院
2019 年 1 月

目 录

第一章 绪论 ··· 1

  1.1 研究背景及研究意义 ··· 1

  1.2 研究内容 ··· 3

    1.2.1 研究基于 MKD 的甲骨学知识图谱构建 ············· 3

    1.2.2 研究基于 KG 的甲骨学知识图谱构建 ··············· 3

    1.2.3 研究甲骨文语义相似度和相关度计算 ··············· 4

    1.2.4 研究基于本体和规则的知识推理 ······················ 5

    1.2.5 研究甲骨文知识图谱的可视化 ·························· 5

  1.3 研究目标 ··· 5

  1.4 特色与创新 ··· 6

  1.5 组织结构 ··· 6

  1.6 本章小结 ··· 7

第二章 甲骨学研究 ·· 11

  2.1 甲骨学基本概念 ·· 11

  2.2 甲骨学与其他学科的关系 ··· 13

  2.3 甲骨文的特点 ··· 16

    2.3.1 甲骨文文字特点 ··· 16

    2.3.2 甲骨文语法特点 ··· 18

    2.3.3 甲骨文拓片特点 ··· 27

  2.4 甲骨文考释与缀合 ··· 29

    2.4.1 甲骨文考释 ·· 29

    2.4.2 甲骨文缀合 ·· 32

  2.5 本章小结 ··· 36

第三章 计算甲骨学研究 ·············· 38

3.1 甲骨文数字化及数字化出版 ·············· 38
3.1.1 甲骨文数字化 ·············· 38
3.1.2 甲骨文数字化出版 ·············· 46

3.2 甲骨文数据化 ·············· 47

3.3 甲骨文语料库构建 ·············· 55
3.3.1 甲骨文语义词典构建 ·············· 63
3.3.2 甲骨文分词算法 ·············· 67

3.4 甲骨文机器翻译 ·············· 73
3.4.1 古籍文字机器翻译研究 ·············· 74
3.4.2 甲骨文计算机辅助翻译系统 ·············· 76
3.4.3 基于本体的甲骨文机器翻译优化 ·············· 81

3.5 甲骨文图像处理与模式识别 ·············· 83
3.5.1 甲骨文检测与识别 ·············· 83
3.5.2 甲骨文计算机辅助缀合 ·············· 88

3.6 甲骨文大数据知识服务平台 ·············· 93

3.7 本章小结 ·············· 99

第四章 甲骨学知识表示与推理 ·············· 105

4.1 甲骨文本体 ·············· 105
4.1.1 甲骨文内容本体 ·············· 106
4.1.2 甲骨文常识本体 ·············· 111
4.1.3 甲骨文文献本体 ·············· 112

4.2 基于本体的检索优化 ·············· 116

4.3 甲骨刻辞网络 ·············· 117

4.4 甲骨字网络 ·············· 122

4.5 甲骨文可拓模型 ·············· 127
4.5.1 可拓学研究 ·············· 128
4.5.2 甲骨卜辞释义的可拓表示 ·············· 130

4.6 甲骨文文本与图像语义融合表示 ·············· 138
4.6.1 基于大数据的甲骨文释读 ·············· 139

4.6.2 甲骨文大数据建设 ………………………………… 140
　　4.6.3 甲骨文统一语义表示 ……………………………… 144
　　4.6.4 甲骨文整体释读模型 ……………………………… 146
4.7 甲骨文知识推理 ……………………………………… 150
　　4.7.1 基于本体的知识推理 ……………………………… 150
　　4.7.2 基于甲骨刻辞网络的知识推理 …………………… 153
　　4.7.3 基于甲骨字网络的知识推理 ……………………… 155
　　4.7.4 基于甲骨可拓模型的知识推理 …………………… 158
4.8 甲骨文关联数据挖掘 ………………………………… 160
　　4.8.1 基于 XML Schema 的 RDF 数据转换 ………… 162
　　4.8.2 基于关系数据库的 RDF 自动转换 …………… 163
　　4.8.3 甲骨文大规模语义数据处理 ……………………… 163
4.9 本章小结 ……………………………………………… 167

第五章 知识图谱研究及应用 …………………………… 171

5.1 知识图谱概述 ………………………………………… 171
　　5.1.1 MKD 研究现状 …………………………………… 172
　　5.1.2 MKD 常见工具 …………………………………… 174
　　5.1.3 KG 研究现状 ……………………………………… 178
　　5.1.4 MKD 与 KG 的区别和联系 ……………………… 183
5.2 图数据库研究现状 …………………………………… 185
　　5.2.1 图数据库概述 ……………………………………… 185
　　5.2.2 OrientDB …………………………………………… 188
　　5.2.3 Titan ………………………………………………… 189
　　5.2.4 OpenLink Virtuoso ………………………………… 190
　　5.2.5 AllgroGraph ………………………………………… 191
　　5.2.6 Stardog ……………………………………………… 192
5.3 知识图谱构建 ………………………………………… 194
　　5.3.1 知识图谱构建理论与方法 ………………………… 194
　　5.3.2 知识图谱构建的主要技术 ………………………… 197
　　5.3.3 知识图谱与深度学习 ……………………………… 201
　　5.3.4 垂直知识图谱的构建 ……………………………… 205

  5.3.5 知识图谱的半自动构建 …………………………… 208
 5.4 知识图谱应用 ……………………………………………… 213
  5.4.1 通用知识图谱和领域知识图谱 …………………… 213
  5.4.2 语义集成 …………………………………………… 215
  5.4.3 语义搜索 …………………………………………… 215
  5.4.4 基于知识的问答 …………………………………… 217
 5.5 本章小结 …………………………………………………… 219

第六章 甲骨学知识图谱构建方法 ………………………………… 227
 6.1 甲骨学知识图谱构建框架 ………………………………… 228
 6.2 甲骨文文献语义检索 ……………………………………… 229
 6.3 基于 MKD 的甲骨学知识图谱 …………………………… 239
  6.3.1 甲骨学 MKD 绘制 ………………………………… 239
  6.3.2 基于本体的甲骨学 MKD 扩展 …………………… 242
 6.4 基于 KG 的甲骨学知识图谱 ……………………………… 250
  6.4.1 基于甲骨学 MKD 的实体发现与关系抽取 ……… 250
  6.4.2 基于关系数据库的实体发现与关系抽取 ………… 255
  6.4.3 基于本体的实体发现与关系抽取 ………………… 256
  6.4.4 基于图文资料库的实体发现与关系抽取 ………… 259
 6.5 甲骨学知识图谱融合及可视化 …………………………… 269
  6.5.1 实体消歧 …………………………………………… 270
  6.5.2 知识图谱可视化 …………………………………… 271
 6.6 本章小结 …………………………………………………… 275

第七章 总结与展望 ……………………………………………………… 278
 7.1 总结 ………………………………………………………… 278
 7.2 展望 ………………………………………………………… 280

第一章 绪论

1.1 研究背景及研究意义

甲骨文是中国的一种古老文字,又称"契文"、"甲骨卜辞"、殷墟文字或"龟甲兽骨文",是汉字的早期形式,是现存中国王朝时期最古老的一种成熟文字,最早出土于河南省安阳市殷墟,是殷商晚期历史的记载。甲骨文属于商朝(公元前17世纪—公元前11世纪)的文化产物,距今有3600多年的历史。记载了商代晚期祭祀、占卜的情况,历史内容非常丰富,涉及商代王室的王事、农业、天象、吉凶、祭祀、征伐、使令、往来、婚娶等广泛的社会活动,具有重要史料价值[1]。作为中国迄今发现最早的一种成熟文字系统,甲骨文在古代汉语的研究和学习中发挥着重要的作用[2]。甲骨文等古文字不仅是语言符号,还记录了古人的生活习俗、思想观念等内容,具有极其重要的学术价值和文化遗产保护价值[3]。

从1899年甲骨文首次被发现以来,一批又一批的专家学者开始从事甲骨文的研究,经过100多年的发展,甲骨文的研究现已形成一门具有严密规律、有丰富研究资料和多方面研究课题的学科——甲骨学[4]。甲骨学和语言文字学、历史学、考古学、古代科技史等学科有着紧密的联系,因此,甲骨文研究不能孤立地以释读甲骨片上的文字为对象。然而,传统的甲骨文研究方式难度极大,目前甲骨文字只有少数人能够辨识和理解,培养一名甲骨文专家需要一二十年甚至更长的时间[5],这严重阻碍了甲骨文的研究进展。利用信息技术改善传统的研究方式,综合语言学、逻辑学、哲学、计算机科学、人工智能、数学和统计学等学科来进行甲骨文信息处理的研究(我们称之为"计算甲骨学"),是解决或缓解这一问题的有效途径。

目前,甲骨文信息处理研究取得了一些可喜成绩:江铭虎等[6]建立的甲骨文字库已收录3000多个甲骨文字,对其中已考释的1000多个甲骨文字用现代汉字、音、意、词性、属性等做出了详尽的标注解释;美国、中国香港和中国台湾等国家和地区也进行了计算机甲骨文字库方面的研究[5];安阳师范学院甲骨文信息处理河南省重点实验室在计算机辅助甲骨缀合[7-11]、语料标注[12-15]、甲骨文字编辑及字形计算[16-21]、甲骨文数字化[22-26]、甲骨文释文机器翻译[27-30]、甲骨文图像处理[31-33]、甲骨文语义计算与知识管理[1,20,34-41]等方面也取得了较多研究成果。

笔者于2010年7月进入河南省甲骨文信息处理重点实验室培育基地从事甲骨文信息处理研究工作,主要负责甲骨文本体构建、甲骨文语义分析、甲骨文知识图谱。经过多年的研究积累,在甲骨文信息处理方面取得了一系列的研究成果,涵盖甲骨学研究的以下内容:

①设计和实现了甲骨文分词算法,准确率和召回率可达到92%以上;

②建立了较大规模的甲骨文语料库,并标注了部分语料;

③建立了含有2425条甲骨卜辞及其对应的2425条现代汉语的翻译实例库,研究了甲骨文机器翻译应用;

④提出了"双向活动铰接法"的甲骨文本体构建模型,并建立了一系列的甲骨文本体,如商王世系本体、祭祀本体、甲骨文文献本体、甲骨文内容本体、甲骨文常识本体等,还研究了甲骨文本体在语义查询和本体推理方面的应用,验证了本体推理在知识挖掘方面的优势;

⑤研究了本体在词汇语义关系标注方面的应用;

⑥研究了本体在SOA服务发现方面的优势;

⑦研究了本体在知识管理方面的应用;

⑧验证了信息检索中本体语义关系对提高查准率和查全率的作用;

⑨研究了基于关系数据库的甲骨文本体半自动化构建方法,可从ER模型中抽取本体概念及属性,利用数据库记录生成本体实例;

⑩研究了面向大规模甲骨文基础数据的语义挖掘和语义处理,探索了"甲骨文知网"的构建方法;

⑪搭建了基于本体的甲骨文文献共享平台,提供甲骨文文献的智能检索功能。

但是,以上研究均是针对甲骨文字本身的,而忽略了与甲骨文息息相关的其他学科背景知识,也忽略了甲骨文的知识演化历程,如甲骨文、金文、小篆、隶书、楷书、草书、行书等书体变化,汉字结构上的自然流变,以及与现代汉语的传承关系等。目前这一问题的解决依赖于甲骨学专家的文献查阅程度及其学术积累,但这是一个长期的过程,而且专家的知识无法有效共享和重用，往往专家需要重复解决同一个问题。如何采取有效的手段充分共享已有的研究成果和专家知识？知识图谱具有"图"和"谱"的双重特性，既是可视化的知识图形，又是序列化的知识谱系，可以胜任这一工作。基于此，我们提出了构建甲骨学知识图谱的研究课题。

本书聚焦甲骨学知识图谱的研究，其意义在于：为甲骨文信息处理研究提供新的思路和理论依据；使专家知识得到有效的共享和重用；对甲骨文的研究和推广、提高甲骨文数字化展示等有着重要的推动作用和现实意义；为其他学科领域的知识图谱构建提供新的方法和参考借鉴。

1.2 研究内容

本书主要是研究甲骨学知识图谱的构建方法，具体而言，通过融合基于文献计量学的科学知识图谱[42-44]（mapping knowledge domains，MKD）和基于知识库的知识图谱[45-47]（knowledge graph，KG）两种知识图谱，从多源异构的数据源中获取甲骨学知识实体，发现实体间的关联关系，利用可视化技术显示出甲骨学的知识网络。

1.2.1 研究基于 MKD 的甲骨学知识图谱构建

由于甲骨文的古籍特性，使得甲骨学研究必须充分依赖大量的文献资料，而科学知识图谱在文献计量方面极具优势。研究甲骨文不能孤立地以甲骨片上的文字为研究对象，而应该从甲骨文的研究意义出发，揭示甲骨文与其他相关学科的知识联系。甲骨文研究需要借助相关的辅助学科，例如，借助考古学，去解决甲骨出土问题；借助历史学和文献学，去解决甲骨文中的殷商历史问题；借助语言学，去解决甲骨文字的问题[48]。同时，甲骨文的研究又促使相关学科的充实和发展，使得甲骨文研究延伸到其他学科领域，更大地发挥甲骨文研究的作用。这些学科的相关文献对甲骨学的研究起到积极的作用。现有的 MKD 绘制方法较多，如词频分析法、共引分析法、共词分析法、聚类分析法、社会网络分析法等[49]，选择合适的方法将甲骨文及其辅助学科的知识直观地表现出来是研究内容之一，而且 MKD 还可以发现大量的实体关联关系。

1.2.2 研究基于 KG 的甲骨学知识图谱构建

基于 KG 构建甲骨学知识图谱的关键就是从多源异构的数据集中发现实

体及抽取实体之间的关系。实体抽取包括获取实体、类（实体所属的类别）、关系等多种元素。目前，我们已积累了多种形式甲骨文研究成果，包括甲骨文文献资源、甲骨文数据库、甲骨文语料库（部分已标注）、甲骨文语义词典、甲骨文本体库、甲骨文图文资料库、甲骨文机器翻译实例库等，而且构建甲骨文 MKD 之后，将产生一种新的数据集类型。从这些异构的数据集中抽取实体及关系需要分别针对结构化、半结构化和非结构化数据进行处理。

实体抽取部分的重点研究内容是实体消歧。甲骨文信息处理中的实体消歧除了传统的同义词、一词多义现象外，还有一类特有的现象——对古籍资料考释不统一、不确定。

关系抽取分为分类关系抽取（taxonomy）和非分类关系抽取（attitude value pairs，AVP），其中 AVP 抽取是重点内容。相比较基于 Wiki 类资源或垂直网站的信息框进行 AVP 抽取而言，从甲骨文数据集中抽取 AVP 有更大的难度。

从各数据源中抽取的候选实体及实体关系仅仅是一个个孤立的抽取图谱（extraction graphs），为构建甲骨学知识图谱，还需要将这些信息孤岛进行整合和集成。因此，集成时关系融合也是研究内容之一，即去掉重复关系，识别包含关系和继承关系等。

1.2.3 研究甲骨文语义相似度和相关度计算

语义相似度是指两个实体（或概念）之间存在某些共同特性。相似度计算通常考虑 is-a 关系；语义相关度是指两者之间可能不存在相似性，但是可以通过某些其他关系关联起来。相关度计算通常考虑 is-a 之外的关系，如 part-of 关系等。本书在实体关系抽取、实体消歧、抽取图谱的集成、知识推理等方面均会涉及相似度和相关度的计算。我们采取的解决方案之一是基于甲骨文本体、基于依存句法实现语义相似度和相关度的计算。

甲骨文专家研究发现甲骨文同现代汉语有许多相同之处，如造字法、用字法、词的分类和句型等。商代人对事物的认识也与现代人大同小异：甲骨文所载卜辞大体可分为名物类（包括地理、天象、建筑、时间、空间、方位、物品、人、鬼神、动植物、组织、称谓等）、事件类（包括生产、生活、军事行动、占卜、祭祀等）、性质状态类、数量类等。HowNet[50] 规定了现代汉语最基本的运算单元，即万物（包括物质和精神）、部件、属性、属性值、事件、时间和空间等。HowNet 在语义相似度和相关度计算方面有着广泛的应用，因此考虑在 HowNet 体系上构建"甲骨文知网"，将甲骨文同现代汉语在语义上进行融合，从而扩充 HowNet 的语义计算范围。我们采取的解决方案之二是基于扩充后的 HowNet 实现语义相似度和相关度的计算。

1.2.4 研究基于本体和规则的知识推理

这一阶段的研究内容是在已表示的知识基础上，利用知识推理发现更多的隐含知识，挖掘实体间更多的潜在语义关联。知识推理包含两个部分：一是基于本体的推理，即利用甲骨文本体已经定义好的关系（既有 kind-of、instance-of、property-of、part-of、equivalence 等通用关系，也有甲骨学领域涉及的商王世系、占卜事件、地理位置、时间空间等复杂的语义关系）和公理进行推理，如充分利用关系的传递性、自反性等进行推理；二是基于规则的推理，即需要书写显式的规则来表示本体无法直接完成的推理，如因果关系、甲骨字考释、甲骨文分期断代的判定、残辞拟补等。

1.2.5 研究甲骨文知识图谱的可视化

通过综合 MKD 和 KG 两种方法构建甲骨学知识图谱，既需要从宏观上展示甲骨学及其相关学科的知识联系、发展演化和知识群落，又需要从微观上展示甲骨学描述的人、事、物之间的关联关系。因此，甲骨学知识图谱是一个可视化的多维度的立体网络图，这也是值得研究的内容之一。

1.3 研究目标

通过完成上述研究内容，达到以下研究目标。

① 揭示甲骨学及其辅助学科的知识联系及发展演化历程，为甲骨文考释提供关联线索。

② 探索从多源异构数据集中抽取实体和实体间关联关系的方法，丰富知识图谱的构建方法。

③ 综合 MKD 和 KG 构建甲骨学知识图谱，将甲骨文研究成果和专家知识进行有效的共享和可视化显示，获取甲骨学领域具有相当规模的关联数据。

1.4 特色与创新

本书选择的研究对象甲骨文是中华民族传统文化的瑰宝，结合甲骨文故乡——安阳的地域优势及安阳师范学院的特色学科优势，综合多学科领域，利用先进的计算机科学和信息技术，从现代化的"计算甲骨学"角度来研究古老的甲骨文字是本书的主要特色。本书的创新之处在于以下几方面。

①突破大多数甲骨文数字化研究仅关注甲骨文字本身的局限，考虑了甲骨文与其他息息相关的学科之间的联系及甲骨文的历史演变。

②针对甲骨学的古籍特点，将MKD和KG这两类知识图谱有机地结合，充分发挥各自的优势，从宏观和微观两个层面上构建甲骨学知识图谱。

③分析现代汉语与甲骨文的延续关系，在HowNet体系之上构建"甲骨文知网"，扩展和延伸HowNet的语义描述范围。

④采用甲骨文文献的碎片化标注，对文献中所有的甲骨文图片字体进行语义标注，从而解决目前文献检索中无法基于甲骨图片操作的问题。

⑤通过构建甲骨文知识图谱，建立甲骨文知识节点之间的关联关系，将甲骨文著录与甲骨文文献以考释线索为链进行串联，为甲骨文专家从事文献研究和甲骨文考释提供基于知识推理的智能服务。

1.5 组织结构

本书的主要内容和组织结构如下。

第一章主要叙述了本书的研究背景、研究意义，并简要介绍了研究内容和研究目标，指明了本书的特色和创新之处。

第二章介绍了目前甲骨学的研究现状与进展，主要是从传统的甲骨学研究角度进行阐述的。

第三章详细介绍了计算甲骨学的研究现状和进展，系统介绍了计算甲骨学涉及的各个方面，为后续构建甲骨学知识图谱奠定了基础。

第四章介绍了甲骨学知识表示与推理，主要包括甲骨文本体库的构建、基于本体的知识推理及其他类型的甲骨学知识网络。

第五章介绍了知识图谱的基本理论和技术，并简要介绍了图数据库相关技术。

第一章　绪论

第六章详细介绍了甲骨学知识图谱构建方法，分别从基于文献计量学的科学知识图谱的构建和基于知识库的知识图谱的构建两个方面进行阐述，最后综合两者的优势，构建甲骨学知识图谱。

第七章是总结与展望，对全书内容进行了概括，并对存在的问题和后续研究思路进行了展望。

1.6　本章小结

本章简要概述了本书的研究背景和研究意义、研究内容和研究目标，介绍了甲骨学知识图谱的构建方法中的两种基础图谱：基于文献计量学的科学知识图谱、基于知识库的知识图谱。本书聚焦于甲骨学的计算机处理方法研究，具有较强的学科特色和学术创新。最后对本书的主要内容和组织结构进行了叙述。

参考文献

[1] 熊晶，高峰，吴琴霞．甲骨文大规模基础数据的语义挖掘研究［J］．现代图书情报技术，2015（2）：7－14．

[2] 陈光田．古文字与古代汉语学习的关系研究［J］．新乡学院学报（社会科学版），2010，24（4）：125－127．

[3] 顾绍通．甲骨文数字化处理研究述评［J］．西华大学学报（自然科学版），2010，29（5）：38－42．

[4] 王宇信．甲骨学通论：增订本［M］．北京：中国社会科学出版社，1999．

[5] 江铭虎．自然语言处理［M］．北京：高等教育出版社，2006．

[6] 江铭虎，邓北星，廖盼盼，等．甲骨文字库与智能知识库的建立［J］．计算机工程与应用，2004（4）：45－47．

[7] 王爱民，葛文英，赵哲，等．龟甲类甲骨文碎片计算机辅助缀合研究［J］．计算机工程与设计，2011，32（10）：3570－3573．

[8] 王爱民，葛彦强，刘国英，等．计算机辅助甲骨文缀合关键技术研究［J］．计算机测量与控制，2010，18（7）：1612－1614．

[9] 王爱民，葛彦强，刘国英，等．甲骨文计算机辅助缀合技术研究［J］．中国科技信息，2010（4）：43－46．

[10] 王爱民，刘国英，葛文英，等．甲骨文计算机辅助缀合系统设计［J］．计算机工程与应用，2010，46（21）：59－62．

[11] 王爱民,钟珞,葛彦强,等.甲骨碎片智能缀合关键技术研究[J].武汉理工大学学报,2010,32(20):194-199.

[12] 高峰,李东琦,谭红超.基于本体的甲骨卜辞语义标注研究[J].科技创新导报,2011(2):231.

[13] 吴琴霞,高峰,刘永革.基于本体的甲骨文专业文档语义标注方法[J].计算机应用与软件,2013,30(10):60-63.

[14] 吴琴霞,刘永革.基于XML/Schema甲骨文语料库语料标注的研究[J].科学技术与工程,2009,9(17):5185-5188.

[15] GAO F, LIU Y G, XIONG J. Ontology-based semantic annotation for Oracle Bone Inscriptions [C]. International Conference on Artificial Intelligence, Management Science and Electronic Commerce, 2011.

[16] 栗青生,李雪山.基于多特征融合的甲骨文字采集算法[J].福建电脑,2007(10):21-22.

[17] 栗青生,吴琴霞,王蕾.基于甲骨文字形动态描述库的甲骨文输入方法[J].中文信息学报,2012,26(4):28-33.

[18] 栗青生,吴琴霞,杨玉星.甲骨文字形动态描述库及其字形生成技术研究[J].北京大学学报(自然科学版),2013,49(1):61-67.

[19] 吴琴霞,栗青生.基于有向笔段甲骨文输入方法的设计与实现[J].计算机应用,2012,32(8):2374-2377.

[20] 吴琴霞,栗青生,高峰.基于语义构件的甲骨文字库自动生成技术研究[J].北京大学学报(自然科学版),2014,50(1):161-166.

[21] 刘永革,栗青生.可视化甲骨文输入法的设计与实现[J].计算机工程与应用,2004(17):139-140.

[22] 李雪山.甲骨文数字化平台建设:第二届中国古籍数字化国际学术研讨会论文集[C].北京:人民教育出版社,2009.

[23] 熊晶,焦清局,史小松.甲骨文著录综合信息化系统设计与实现[J].信息技术与信息化,2018(10):63-66.

[24] 吴琴霞.甲骨文数字化与出版存在的问题及对策[J].兰台世界,2015(23):44-45.

[25] 杜燕军,高峰,刘永革.甲骨文出版数字化实现方法研究[J].兰台世界,2015(29):34-35.

[26] 杜燕军,刘永革.《甲骨文数字出版云平台》简介[J].中国科技期刊研究,2014,25(1):108.

[27] 熊晶,高峰,吴琴霞.甲骨文计算机辅助翻译技术研究[J].科学技术与工程,2014,14(2):179-182.

第一章 绪论

［28］ 熊晶，钟珞，王爱民．基于实例和本体的甲骨文机器翻译方法研究［J］．华中科技大学学报（自然科学版），2013，41（S2）：222-226．

［29］ XIONG J, GUO L, LIU Y G, et al. Research on oracle bone inscriptions machine translation based on example and ontology［C］. International Conference on Computer Science and Logistics Engineering, 2011.

［30］ XIONG J, GUO L, LIU Y, et al. Ontology-based oracle bone inscriptions machine translation［J］. International review on computers & software, 2011（1）：58.

［31］ 刘永革，刘国英．基于SVM的甲骨文字识别［J］．安阳师范学院学报，2017（2）：54-56．

［32］ 史小松．基于支持向量机的甲骨文字结构分析研究［D］．上海：华东师范大学，2010．

［33］ 史小松，黄勇杰，刘永革．基于阈值分割和形态学的甲骨拓片文字定位方法［J］．北京信息科技大学学报（自然科学版），2014，29（6）：7-10．

［34］ 高峰，田喜平，刘永革．甲骨文领域语义词典的构建研究［J］．安阳师范学院学报，2014（5）：43-47．

［35］ 高峰，熊晶，刘永革．基于知网的甲骨卜辞释义问题的可拓性研究［J］．现代图书情报技术，2015（Z1）：58-64．

［36］ 韩姣红．基于本体的甲骨文文献语义检索模型研究［J］．图书馆学研究，2013（7）：51-57．

［37］ 焦清局．甲骨字网络及其特性初步探索［M］．北京：科学技术文献出版社，2018．

［38］ 焦清局，高峰，金园园，等．面向拓片信息的甲骨字网络构建与分析［J］．中文信息学报，2018，32（7）：137-142．

［39］ 吴琴霞，高峰，刘永革．基于上下文语义的甲骨文领域概念抽取算法的研究［J］．科学技术与工程，2014，14（26）：255-258．

［40］ 熊晶，钟珞，王爱民．甲骨文知识图谱构建中的实体关系发现研究［J］．计算机工程与科学，2015，37（11）：2188-2194．

［41］ 熊晶，钟珞，王爱民．甲骨文本体构建方法研究及应用［J］．武汉理工大学学报（信息与管理工程版），2011，33（6）：953-957．

［42］ 刘则渊，陈悦，侯海燕．科学知识图谱：方法与应用［M］．北京：人民出版社，2008．

［43］ 李杰．科学知识图谱原理及应用：VOSviewer和CitNetExplorer初学者指南［M］．北京：高等教育出版社，2018．

［44］ BÖRNER K, CHEN C, BOYACK K W. Visualizing knowledge domains［J］. Annual reviewof information science & technology, 2003, 37（1）：179-255.

［45］ PUJARA J, HUI M, GETOOR L, et al. Knowledge Graph Identification［C］. International Semantic Web Conference, 2013.

[46] VANG K J. Ethics of Google's knowledge graph: some considerations [J]. Journal of information communication & ethics in society, 2014, 11 (4): 245-260.

[47] STEINER T, VERBORGH R, GABARRO J, et al. Adding realtime coverage to the Google knowledge graph [C]. The International Conference on Posters & Demonstrations Track, 2012.

[48] 马如森. 殷墟甲骨学:带你走进甲骨文的世界 [M]. 上海:上海大学出版社, 2007.

[49] 王建芳. 基于本体的科学知识图谱分析方法研究 [R]. 北京:中国科学院文献情报中心, 2011.

[50] 董振东,董强,郝长伶. 知网的理论发现 [J]. 中文信息学报, 2007, 21 (4): 3-9.

第二章 甲骨学研究

2.1 甲骨学基本概念

甲骨文是现今已发现的成体系的最早文字，是中华民族传统文化的瑰宝。在百度百科上，甲骨文词条的解释是"甲骨文是中国的一种古老文字，又称'契文'、'甲骨卜辞'、殷墟文字或'龟甲兽骨文'"。它是汉字的早期形式，是现存中国王朝时期最古老的一种成熟文字，最早出土于河南省安阳市殷墟。它属于上古汉语，而非上古或者原始的其他语系的语言。甲骨文发现于中国河南省安阳市殷墟，是商朝（公元前17世纪—公元前11世纪）的文化产物，距今有3600多年的历史。甲骨文具有对称、稳定的格局，具备书法的3个要素，即用笔、结字、章法。从字体的数量和结构方式来看，甲骨文已经是发展到了有较严密系统的文字了。汉字的"六书"原则，在甲骨文中都有所体现。但是原始图画文字的痕迹还是比较明显。2017年11月24日，甲骨文顺利通过联合国教科文组织世界记忆工程国际咨询委员会的评审，成功入选《世界记忆名录》。

实际上，甲骨文与甲骨学并非同一概念，它们是两个既相互联系又相互区别的概念。在百度百科上，甲骨学词条的解释是"研究'甲骨文'的学科叫作'甲骨学'"。甲骨文，主要出自河南安阳殷墟，是晚商王朝利用龟甲兽骨进行占卜的文字记录遗物，间有少量与占卜相关或其他类别的记事文字。自1899年为学人发现，至今已有100多年历史，前后出土累计达10余万片，单字量约有5000个。

互动百科上对甲骨文的解释与百度百科类似，而对甲骨学的解释为"甲骨学是一门以商周卜甲卜骨、甲骨文、商周考古材料为主要研究对象，采用古文字学、考古学、历史文献学、历史学、文化人类学等社会人文学科的理论与方法探讨商代及夏、周两代历史文化的交叉性学科"。甲骨学是在1899年殷墟甲骨文发现之后产生、形成、发展、壮大的，经过国内外学者100

余年的探索与努力,该学科已成为一门具备严格学科规范的国际性"显学"。

可见,甲骨文的概念并不等同于甲骨学。有关甲骨学概念的界定,前辈学者对此均有过很好的论述。如台湾学者张秉权,著名甲骨学家李学勤、宋镇豪、王宇信等都曾对甲骨学做出定义[1]。其中,宋镇豪和刘源[2]在前人定义的基础上,将甲骨学论述为"甲骨学就是以甲骨文和它的载体卜甲、卜骨及相关考古学现象为研究对象,整合古文字学、历史学、历史文献学、文化人类学等多个学科的理论、方法和材料探析甲骨文和甲骨自身规律及商周历史文化的专门性学科。概言之,甲骨学是对甲骨文的内容及其材料内涵的研究,是一门新兴史料的专门性学科"。

从甲骨学的定义可以清晰地看出,甲骨文是甲骨学的重要研究对象之一。实际上,同甲骨学一样,甲骨文的命名,也曾经历过一个较长的过程[1]。"甲骨文"这一概念,既包含了卜用龟甲和兽骨上的文字,又包含了非卜用龟甲和兽骨上的文字。既有卜辞,又有记事刻辞;此外,无论龟骨上的契刻文字,还是朱书、墨书,都是甲骨文的一部分内容。甲骨文自然专指龟、骨上的文字,可将它与陶、石、蚌、玉、铜器上的文字区别开来[3]。

综合而言,甲骨学是以中国上古时期甲骨文字为主要研究对象的人文学科。甲骨学可分为狭义甲骨学和广义甲骨学。狭义甲骨学局限于研究甲骨文字本身的研究,是一门古文字学。广义甲骨学则举凡以甲骨卜辞为承载体论述上古历史文化皆得纳入,这包括整合古文字学、历史学、考古学、历史文化学、历史文献学、文化人类学等多个学科的理论、研究方法和材料来深入研究甲骨文所记载的历史文化背景及甲骨卜辞的一些自身规律,这是一门多元的专门性学科。甲骨文发现初期,甲骨文被称作"契文",甲骨文的研究被称作"契学"。20世纪30年代以来,随着学者对甲骨卜辞的更深入的认识,以及对卜辞背后的一些内在规律的认知,甲骨学与甲骨文这两个概念逐渐分开。1931年,周予同首次提出"甲骨学"是一门独立的学科。王宇信强调,甲骨文是上古时期遗留下来的珍贵的文物和史料,但其对考古学、历史学的研究价值在于文字释读学之外的甲骨学,并随着甲骨学的发展,愈益为学者所认识。甲骨学则是对甲骨文自身固有规律的一个系统的、科学的探究,并以此为基础来窥视上古的历史、社会、习俗。不能把甲骨文与甲骨学混为一谈[4]。

第二章　甲骨学研究

2.2　甲骨学与其他学科的关系

甲骨学已成为一门有严密规律和许多重大研究课题的新兴学科[3]。甲骨学和语言文字学、历史学、考古学、古代科技史等学科有着紧密的联系[5]。因此，甲骨学研究不能孤立地以释读甲骨片上的文字为对象，而应该考虑与相关学科的关系。

归纳起来，甲骨学的辅助学科初步有这样几科：考古学、历史学、文献学、语言文字学、文学、历法学、医学、天文学、地理学、物理学、数学、生物学、农科学。这些学科又转化为甲骨学的相关学科。对甲骨学的研究，必须借助于与其相关的辅助学科，只有这样才能打开甲骨文的迷宫，完成对甲骨文的研究任务。例如，借助于考古学，去解决甲骨出土的问题；借助于文献学，去解决甲骨学中的殷商历史问题；借助于语言学理论，去解决甲骨学的语言文字的问题；借助于自然科学中的天文学、地理学、物理学和数学，去解决甲骨学中的诸方面问题[6]。

甲骨文的发现，不仅直接促使了甲骨学和殷商考古学两个新兴学科的形成，还推动了历史学、语言文字学、民族学、古代科技史等相关学科的发展，甲骨学为这些相关学科提供了新的材料和研究方法、研究课题，同时将这些学科的研究方法和成果吸收入本学科的研究之中，甲骨学与这些相关学科之间，形成紧密互动、相得益彰、共同发展的密切关系[1]。甲骨文的研究又促使相关学科的充实和发展，使得甲骨文研究延伸到其他学科领域，更大地发挥甲骨文研究的作用。这些学科的相关文献对甲骨学的研究也起到了积极的作用。

甲骨学与历史学的关系非常密切。15万多片甲骨文的发现和历年殷墟发掘的大量遗迹、遗物，为恢复商代历史提供了珍贵的一手资料。胡厚宣先生曾说："现在这16万片甲骨，每片平均即以10个字计，已有160万言。包括内容非常丰富。再加上大量的遗迹遗物的文化遗存，不但商史可据以研究，就是商以前和商以后的好多古史上的问题，也可以从这里探求获得解决。"[7]甲骨文的发现和甲骨学的形成，大大丰富了商史研究的一手材料，从根本上改变了商代历史研究文献不足征的局面。众多学者们利用甲骨文材料，结合考古学、民族学和传世古文献材料，基本上为我们勾画出商代历史的大致面貌[1]。

甲骨学知识图谱构建方法研究

1949年以后，学者们利用甲骨学材料对商代生产力水平、阶级关系、家族形态、国家结构、地理疆域、战争军事、祭祀宗教、天文历法、疾病医疗、科技乃至衣、食、住、行等社会生活的各个方面，进行了全方位的探讨[2]。正是甲骨文的发现与甲骨学的形成与发展，才使商史的全面研究和复原成为可能[1]。

甲骨学与殷商史是两个互相交叉、部分重叠的学科，两者之间虽然关系密切，但并不能完全等同，它们具有各自的体系及规范，二者研究对象和取向也不尽相同。殷商史研究虽然把甲骨文材料作为重要史料，但仍看重考古学材料和金文、陶文、简牍等其他相关出土文献，对传统的经史典籍也要在辨明时代与史料价值的前提下充分加以利用，在考古学材料与文献材料使用的广度与深度上要超过甲骨学。甲骨学中许多不可回避的专题，诸如文字考释、缀合、文例、语法、排谱、断代等，虽是殷商史研究中必须依赖的基础性工作，严格来说，殷商史研究已不包括在狭义的甲骨学范围之内。但殷商史研究又与甲骨文有着密切联系。如果从凡涉及甲骨文材料的研究都属于广义的甲骨学范围去理解的话，殷商史研仍应包括在广义的甲骨学研究范围之内[1]。

甲骨学与语言文字学两个学科相互交叉、关系密切。甲骨文的发现直接导致了甲骨学这一新兴学科的产生，同时也为语言文字学的研究提供了大量的新材料，大大地扩展了语言文字学的研究范围，丰富了语言文字学的研究内容，并促进了语言文字学研究的快速发展。因此，甲骨文的发现，对语言文字学的研究具有重要意义[1]：①甲骨文的发现，促进了文字起源问题的研究；②甲骨文的发现，促进了《说文解字》和汉字构造"六书"理论的研究；③甲骨文的发现，促进了上古汉语音韵与语法的研究；④甲骨文的发现，扩大了上古语语言研究的范围。汉语语法在漫长的汉语演变史上，其结构是一脉相承的。现代汉语的一些基本特征，在甲骨文中已经形成，诸如名词、代词、形容词、副词、连词、介词、数词、量词、感叹词、语气词等各种词类在甲骨文中均已产生。现代汉语的一些短语结构、句子成分、基本句式，甲骨文中也已经出现[8]。借助现代汉语中的一些语法理论研究甲骨文语法，有助于准确理解卜辞内容。

在研究方法方面，甲骨文字的研究也需要借助语言文字学的研究理论与方法。甲骨学研究的重要内容之一就是文字的考释，文字考释同时也属于语言文字学的研究范畴。考释甲骨文学，需要运用语言文字学的理论与方法，

第二章　甲骨学研究

结合历史学、考古学、民族学等的研究方法进行全方位考察，才能收到更好的效果[1]。

甲骨学与商代考古学有着密切的关系。甲骨文的发现引发了对殷墟的发掘，并推动了殷商考古学的诞生和发展。殷墟文化分期，为殷商考古学确立了标尺，而殷墟文化分期的绝对年代，是以遗迹、遗物的考古学相对年代和甲骨学分期断代成果为判断的依据。现代考古学的地层学理论，被成功地引入甲骨学研究中，从而推动了甲骨学断代研究工作的进展。而小屯南地甲骨的发掘，进一步促进了甲骨断代研究的深化，备受学界瞩目的历组卜辞的讨论，也与殷墟考古学研究密切相关[1]。

甲骨学与古代科技史的研究关系密切。甲骨文的发现，为古代科技史研究提供了丰富的资料。农业是中国古代社会具有决定性的部门，甲骨文有关商代农业生产技术的资料比较丰富，据甲骨文记载，商代种植的农作物种类有黍、麦、稻、粟等，商人已经掌握了这些农作物的整个栽培过程。甲骨文中有关植物水分生理学知识的记载，比希腊有关的记载早1000多年[9]。商代畜牧业发达，后世的六畜，商代都已有了大量的饲养，甲骨文记载的畜牧业的相关技术，有执驹、攻特、相马等改良和培育优良马种的技术[9]。商代医学也已达到较高水平，甲骨文中有关商人疾病的记载表明，今天的内、外、耳鼻喉、口腔、眼、牙、胸、心脏、骨、皮肤、泌尿、妇产、小儿、传染、脑等各科，商代均已出现。有关龋齿的记载，与埃及和印度的同类记载相比早700~1000年。中国传统的"针灸学"，甲骨文中已有记载[10]。甲骨文的资料表明，商代历法已达到很高的水平。商人注意气候与天象观察，甲骨文中有不少关于风云雾雨雷雪雹的气象记载，日食、月食和星象记录，对古代天文学的研究和历法的定朔很有价值[1]。

需要特别指出的是，随着甲骨学研究的不断深入，甲骨学与计算机科学及信息技术的关系变得越来越密切。早期的甲骨学研究仅仅利用计算机进行甲骨文字的扫描、出版编辑、数据库存储等，而现在的甲骨学研究中，利用机器学习、自然语言处理、模式识别、图像处理、数据挖掘、智能计算、大数据、深度学习、人工智能等方法和手段的场景越来越多。这些先进的理论计算和研究方法为新时代甲骨学的研究发展起到了至关重要的作用。一方面，甲骨文的研究已迈入"计算甲骨学"时代，利用计算机科学和信息技术改善传统的纯人工的研究方式，使计算机成为甲骨文研究的有力助手，为解决或缓解甲骨学面临的研究问题提供有效途径[11]；另一方面，甲骨学也为计算机科学开辟了新的应用领域,提供了大量的新的研究课题,在尝试利用计算机解决甲骨学研究难题的过程中,也极大地促进了计算机学科的发展。

2.3 甲骨文的特点

2.3.1 甲骨文文字特点

甲骨文是镌刻或写在龟甲和兽骨上的文字。商朝灭亡后,其都城成为废墟,后人便以"殷墟"名之。因此,甲骨文也称"殷墟文字"。甲骨文记录的内容绝大多数是王室占卜之辞,故又称"卜辞"或"贞卜文字"。又因为这种文字基本上都是由契刻而成,又称"契文"或"殷契"等。另外,甲骨文中还有一些当时学习刻写卜辞的人练习刻写的作品,称为"习刻"或"习契"[12]。

甲骨文的内容大部分是殷商王室占卜的记录。商朝时期的人大都迷信鬼神,大事小事都要卜问,有些占卜的内容关于天气,有些是农作收成,也有问病痛、早生贵子的,而打猎、作战、祭祀等大事,更是需要卜问。所以通过学习甲骨文的内容可以了解商朝人的生活情形,也可以得知商朝历史发展的状况,是研究殷商时期社会情况的重要史料。

甲骨文记录内容主要有以下4项[12]。

①经过加工和刮磨的龟甲和兽骨,由专门负责的卜官保管。卜官在它们的边缘部位刻写上记述这些甲骨的来源和保管情况的记事文字,称"记事刻辞"。

②卜官在占卜时,用燃着的紫荆木柱烧灼钻凿巢槽,使骨质的正面裂出"卜"形状的裂纹,这种裂纹叫"卜兆",是据以推断卜问事情吉凶的依据。在年代较早的甲骨卜兆下面,刻写出占卜进行顺序的数字,这种数字也叫"兆序"。

③甲骨文的主体部分是卜辞,即占卜活动结束后记录占卜活动进行情况与结果的刻辞。大多刻写在甲骨的正面,也有部分刻写在反面。

④以天干(甲、乙、丙、丁、戊、己、庚、辛、壬、癸)和地支(子、丑、寅、卯、辰、巳、午、未、申、酉、戌、亥)相配组成的60个干支名称的干支表,可以说是中国最早的日历。

第二章 甲骨学研究

甲骨文有完整的内容和形式。它一般包括叙辞（为贞卜日期和贞人名）、命辞（所问之事）、占辞（为商王亲自视兆占问吉凶）、验辞（刻记占卜结果）等项，故又称甲骨文为卜辞。刻辞的排列也很有规律，或由上而下，或由下而上；或从右至左，或从左至右，但一般是先横后竖。一片甲骨上少则数字，多则上百字。

甲骨文字具有其独有的特点：①图画性强，以象形字体为主，有的字体甚至颇逼真，尤以与人或动物相关的名词；②合文性字体不少，即将两个以上的字体组合成另一字体，以表达一个新含意，合文性字为后来的部首偏旁的创造做了前驱性的实践与铺垫；③某些字体在写法上尚未定型，而且可以正写反写，有些字体还可以侧写倒写，尤其是合文性字体的组成，其某字可有增有减，到其演进为部首偏旁时则可灵活取舍；④行款没有定格，甲骨文的行款有从右到左的，也有从左到右的，有横写的，也有竖写的，这种行款方式影响遗痕在现存的书画艺术的行文补白上还一直风行至今；⑤甲骨文的一些会意字，只要求偏旁会合起来含义明确，而不要求固定，因此，甲骨文中的异体字非常多，有的一个字可有十几种甚至几十种写法，而且这些异体字在形态上可能还差别巨大。这一特点使得利用计算机在进行甲骨文字处理和分类、甲骨文编码及字库设计时面临较大困难。以"龙"为例展示的甲骨文异体字如图 2-1 所示。

从图 2-1 可以看出，"龙"的异体字有 70 个（并非全部的异体字，70 是从"甲骨文图文资料库"中统计的数量），而且部分异体字在形态上有较大差别。甲骨字有的还可以正写反写、侧写倒写。

陈方正在《甲骨文字形表》[13]一书的修订版序中指出，甲骨文中有大量的异体字、变体字，如何分辨异体、变体与根本相异的字，也就是如何决定"字头"，是关系重大的学术判断，它必须以对甲骨卜辞与释文本身的仔细研究为基础。因此，甲骨文、释文和甲骨字的研究应互为辅翼，三者必须同时进行。

《新编甲骨文字形总表》[14]记录的卜辞中的甲骨字数量为 6051 个，除去异体之后的"字头"4071 个，它们分别隶属 152 个部首。在《甲骨文字形表》（即《新编甲骨文字形总表》的修订版）一书中，沈建华等收录了更多的甲骨文异体字并修订了许多单字（即"字头"），合并单字 47 个，因此单字减少为 4024 个，异体字增加 207 个，数目达到 2187 个，总字数增加 160 个后为 6211 个[13]。

17

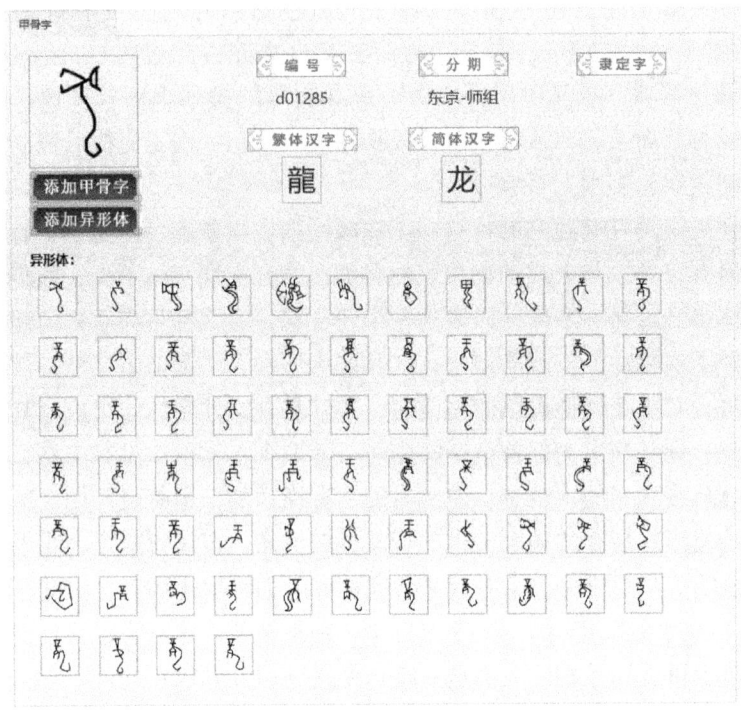

图 2-1　甲骨文中的"龙"及其异体字

2.3.2　甲骨文语法特点

随着甲骨学研究的不断深入，甲骨文语法的研究也在这一百多年的时间里取得了令人瞩目的成果。关于20世纪的甲骨文语法研究情况，张玉金[15]曾有详细的论说。进入21世纪后，甲骨文语法的研究继续向前推进，这十多年来，甲骨文语法研究的成果也是令人欣喜的[16]。郑邦宏[16]从甲骨文语法研究的各个方面对这十几年来甲骨文语法研究的成果作简单的介绍，包括实词研究、虚词研究、句法研究、语序研究、句类研究等。

张玉金[16]将甲骨文自1899年发现以来100多年的甲骨文语法研究分为了4个阶段。他认为甲骨文语法学的研究领域是逐渐拓宽的。在第一阶段，主要涉及了卜辞虚词研究；到第二阶段，只讨论了个别否定词和前置宾语；到第三阶段，研究时涉及的领域已很宽；到第四阶段，则几乎涉及了卜辞语法研究的各个领域，如实词研究、虚词研究、构词法研究、句法研究、语序

第二章 甲骨学研究

研究和句类研究等，全面研究甲骨文语法的专著是在第三阶段出现的，但无论是从广度来看，还是从深度来看，都显不够。到第四阶段，也有全面研究甲骨文语法的专著问世，由于全面继承了以前研究的成果，著者个人又多年从事这方面的研究，故在深度及广度上都大有进步。张玉金总结了甲骨文语法学研究有如下 4 个热点[15]。

①甲骨文否定词研究。在第二阶段，张宗骞探讨过卜辞中的"弜""弗"两个否定词，到第三、第四阶段，研究的人越来越多，研究也越来越深入，至今，人们对卜辞否定词的认识已比较深刻。

②甲骨文代词研究。代词是语言中的一个重要词类，它的分类标准与其他词并不相同，这种词是比较容易分析出来的，而且它的时代性也比较明显。因此，从第三阶段开始（其实在第一阶段已有研究），甲骨文代词的研究逐渐被重视。现在，研究学者对甲骨文代词的面貌已看得比较清楚。

③甲骨文中"唯""惠""于"的研究。这 3 个词都是虚词，而且它们在卜辞中都很常见。如果不将它们研究清楚，就很难真正理解甲骨卜辞。因此，自第三阶段开始，学者们都热衷于对这 3 个词的研究。目前已有不少成果问世，对这 3 个词的性质、意义和用法等问题已有一定的了解。

④卜辞命辞语气词问题研究。卜辞中"贞"字之后、"王占曰"之前的部分（不少卜辞没有"贞"和"王占曰"）被称为命辞，也叫贞辞。以前，中国学者们都认为这部分的语气是疑问语气，命辞是疑问句。而从第三阶段开始，一些外国学者认为卜辞命辞不是疑问句，他们的观点在当时并未引起中国学者的重视。但是到了第四阶段，具体来说是二十世纪八九十年代，中国社会科学院李学勤先生、北京大学裘锡圭先生认为有些命辞不是疑问句。此后立刻引起中国学者的重视。卜辞命辞的语气问题十分重要，几乎关系到对整个卜辞的理解，这也是学者们积极参与讨论的原因。目前关于这个问题，学术界有 3 种不同的看法：一是认为命辞是疑问句；二是认为命辞不是疑问句；三是认为有些命辞是疑问句，有些命辞不是疑问句。

研究甲骨文语法的学者，包括中国大陆学者、中国港台学者和外国学者。中国大陆学者是中坚力量，代表性学者可大致分为前、中、青三代。前辈学者如李学勤、裘锡圭、郭锡良、赵诚、王宇信、张振林、陈炜湛、高明、向光忠等先生；中年学者如唐钰明、张玉金、沈培、董莲池、张世超、喻遂生、陈伟武等先生；青年学者如陈年福、郑继娥、巫称喜、李若晖、甘露、沈林、梁银峰、刘青等。中国香港、中国台湾也有一些学者从事甲骨文语法的研究，目前仍比较活跃的学者有朱歧祥、陈昭容、李宗焜等。国外亦有一些学者曾经从事或正在从事甲骨文语法学的研究，如美国的吉德炜、倪德卫、司礼义、夏含夷；日本的白川静、伊藤道治、岛邦男；加拿大的高岛谦一；韩国的金真熙、孔在锡、孙彻叡；法国的雷焕章；俄国的刘克甫等。

甲骨文语法的内容可以分为6个方面，即词法、短语、句子成分、单句、复句和句类，现简要概述如下[17]。

（1）甲骨文中的词法

甲骨文中的词类共有11种，即名词、动词、形容词、数词、量词、代词、副词、感叹词、介词、连词、语气词。

甲骨文中的名词有以下几种：普通名词、专有名词、抽象名词、时间名词、处所名词、方位名词。名词的语法特征是作主语、宾语、兼语、定语、中心语，受数词或数量短语修饰。时间名词常作状语。名词可以活用为一般动词、意动动词。

甲骨文中动词的种类有行为动词、心理动词、存现动词、能愿动词、趋向动词。能愿动词很少，只有1个"克"。心理动词也不多。甲骨文中的动词有及物动词、不及物动词；有一价动词、二价动词、三价动词、四价动词。动词的语法特征是作谓语或谓语中心、作定语，能受否定副词"不""勿"修饰。动词可以活用为使动动词、为动动词。

甲骨文中形容词的种类有性质形容词、不定数量形容词。形容词的语法功能是作谓语或谓语中心语和定语，能受副词和介词结构的修饰。形容词可以活用为使动动词、意动动词。

甲骨文中有兼类词，但数量并不多。兼类词主要有以下几种情况：兼名动的、兼动行的、兼名动形的。第一种情况较常见，第二种、第三种情况都很罕见。

甲骨文中的数词有两大类，一是基数词（包括系数、位数、复合数词）；二是序数词。甲骨文中数词的语法特征是作定语、谓语或状语。

甲骨文中只有物量词，没有动量词。物量词也很少，只有"卣""升""丙""朋"等几个。量词一般只能与数词组合，构成数量短语，然后一起修饰名词。

甲骨文中没有疑问代词，只有人称代词和指示代词。人称代词又可以进一步区分为第一人称、第二人称和第三人称。第一人称代词有"我""余""朕"3个。"我"为复数，而"余""朕"为单数。第二人称代词有"汝"

第二章 甲骨学研究

"乃""尔"3个,"汝""乃"分别跟"余""朕"相对应,都表单数,"汝"可以作主语、定语、宾语及同位短语中的成分,而"乃"只用于领格。"尔"跟"我"相对应,表示复数,可以作宾语、定语。第三人称代词是"之"(表示一部分"之"),它可以表示单数,也可以表示复数;可以作主语、宾语、兼语等成分。指示代词有"之"(表示另一部分"之")和"兹"。"之"表示远指,可以作定语、宾语和谓语;"兹"表示近指,可以作定语、主语、宾语及同位短语中的一个成分。"之"和"兹"可以作定语,但"兹"一般是起指示作用的,而"之"通常是起指代作用。甲骨文中的有些"它"可能是代词,表示旁指,作定语。

甲骨文中共有副词36个,即"其""惠""唯""气""萧""异""胥(遏)""巳""不""弗""勿""弜""毋""非""妹""既""咸""鼎""延""酒""乃""先""后""并""大""自""迟""迅""锐""亦""永""卒""皆""历""同""允"。这些副词可分为8类:第一类是语气副词,有"惠""唯""气(汔)""萧""异(式)""胥(遏)""巳"7个;第二类是否定副词,有"勿""弜""不""弗""毋""非""妹"7个;第三类是时间副词,有"其""既""咸""鼎""先""后""并""延""酒""乃"10个;第四类是情态方式副词,有"大""自""迟""迅""锐"5个;第五类是频率副词,有"亦""卒"2个;第六类是范围副词,有"皆""率""同""历"4个;第七类是肯定副词,只有1个"允";第八类是程度副词,只有1个"大"。

甲骨文中的感叹词只有1个"俞",表示惊叹语气,可译为"哎呀"。

甲骨文中的介词共有18个,分别是"邺""在""从""至""至于""于""暨""及""戬""即""由""若""挚""终""先""后""自""卒"。这些介词可以分为以下几类:第一类是引介时间词语的,有"在""及""即""后""于""戬""邺""至""至于""卒""终""自""由""从";第二类是引介处所词语的,有"在""即""于""至""至于""自""由""从";第三类是引介与格词语的,有"于""至""至于""自";第四类是引介物件词语的,有"先""暨""戬""挚";第五类是引介施事词语的,只有"于""自"2个;第六类是引介受事词语的,只有1个"于"。此外还有其他一些类别。

甲骨文中共有6个连词,分别是"暨""于""有""唯""此""延"。这些连词可分为以下3类:第一类是用来连接2个名词语或2个动词语的,有"暨""于"2个;第二类是用来连接整数和零数或价值不等的两项的,有"有""唯"2个;第三类是用来表示假设条件下的结果的,有"此""延"2个。

甲骨文中的句末语气词只有"抑""执"2个,都用于疑问句中,表示疑问语气。"抑"可以单独使用,"执"必须跟"抑"配合使用,或者构成"……执……抑"这样的格式,或者构成"……抑……执"这样的格式。

甲骨文中有些"有"可以作名词词头,或者用在专有名词之前,或者用在普通名词之前。词缀只有1个"于",是由介词虚化过来的。

甲骨文中的词绝大多数是单音节单纯词,构造这种词的方法主要有2个:一是义变构词法,即通过词义引申分化出新词;二是音变构词法,即通过音节中音素的变化构造出意义有联系的词。甲骨文中有少量合成词,构造这种词的方法有2个:一是复合式,这是由2个或2个以上不同词根结合在一起构成的,这种复合式又包括几种类型,主要有联合型、同位型、定中型、主谓型、动宾型;二是附加式,这是由1个词根和1个词缀构成的词,又包括两型,一是词缀+词根型,二是词根+词缀型。

(2) 甲骨文中的短语

甲骨文短语的结构类型主要有主谓短语、动宾短语、定中短语、状中短语、中补短语、联合短语、连谓短语、兼语短语、同位短语、数量短语、介宾短语。甲骨文中已有多层短语,上述各种结构类型的短语都有多层的。

甲骨文短语的功能类型有3类:第一类是名词性短语,包括成分是名词性的联合短语、定中短语、同位短语、数量短语;第二类是谓词性短语,包括成分是谓词性的联合短语、状中短语、动宾短语、中补短语、连谓短语、兼语短语、主谓短语;第三类是副词性短语,包括成分是副词性的联合短语、介宾短语。

甲骨文中缺乏一些组成短语的语法手段。例如,后世文言文连谓短语的几个谓之间可用连词"以",也可用连词"而"进行连接,但是甲骨文中没有这样的连词。

甲骨文中的短语具有可分离性,即短语的两个成分可以被其他句子成分隔开。

甲骨文中有些短语的书写往往采用了合文形式,如"小牛""牡牛"等。

第二章 甲骨学研究

（3）甲骨文中的句子成分

甲骨文中的主语一般是由名词性词语和主谓短语构成，没有出现由动词性词语、形容词性词语构成的情况。由于卜辞命辞是疑问句，所以有主谓倒置句的现象。

甲骨文中的动语，一般是由单个动词构成的。甲骨文否定句中代词宾语也前置，但否定词只限于"不""勿"2个，代词只有"我""余""尔"3个；而后世文献中代词宾语前置的否定句中的否定词是"不""毋""未""莫"4个，代词有"吾""我""尔""之"等。甲骨文中有两种很特殊的宾语前置句，一是"惠+O+V"式，二是"唯+O+V"式。前一种宾语前置句未见于后世文言文中，后一种宾语前置句也只是在《尚书》中可以见到，不过数量很少。甲骨文中一个宾语如果是语句焦点，前面不使用"唯"和"惠"也可以前置。

甲骨文中定语和中心语之间从不用"之"来连接，"之"在甲骨文中虽较常见，但没有结构助词的用法。甲骨文中虽已有多层定语，但层次不多，结构并不太复杂。甲骨文中的定语一般放在中心语前面，但是定语有时后置，特别是由数词构成的定语。甲骨文中还有种特殊的定语后置句，即"中心语+曰+定语"。定语置于中心语后，中心语和定语之间还可以出现别的句子成分。一个中心语如果有两个或两个以上定语还可以分置于中心语前后。

甲骨文中作状语的名词，一般是时间名词和方位名词，普通名词作状语的例子很少见。后世文献中名词作状语可以表示根据、比喻、工具、方式和对人的态度等，而这些情况在甲骨文中并不存在。甲骨文中已有多层状语，但结构并不复杂，结构层次也不多。甲骨文多层状语的语序往往因卜辞材料类别的不同而不同。甲骨文中的副词可以直接出现在语句主语之前，作句首状语。个别副词状语（如"其"）还可以出现在动语和宾语之间，这在后世文言文中是根本见不到的。甲骨文中的非时间介宾短语，有一些既可前置，也可后置。而后置现象较为常见，当前置时一般都是句子的焦点。卜辞中的时间介宾短语以前置作状语的情况居多。

甲骨文中的补语，都是由介宾短语构成的。甲骨文中的介宾短语可分为两类：第一类是时间介宾短语；第二类是非时间介宾短语。时间介宾短语以前置作状语为常见现象，有时放在动词后作补语。非时间介宾短语以后置作补语为常见现象，有时放在中心词前作状语，这时它是语句的焦点。有些非

23

时间介宾短语只作补语，不作状语。例如，表示处所的"于"字短语，表示施事的"于"字短语，表示人物对象的"自……至于……"短语，表示处所的"自……于……"短语。作补语的介宾短语的宾语，既可由名词性词语充当，也可以由主谓短语、谓词性词语充当。甲骨文中的补语可以出现在动语和宾语之间，这种情况在后世文言文中很少见。甲骨文中中心语后面有时有两个介宾短语，这可分为两种情况：一是两个介宾短语联合作补语，此时这两个介宾短语是同性质的；二是属于多层补语，此时这两个介宾短语不是同性质的。

（4）甲骨文中的单句

按照谓语的不同，甲骨文中的主谓句可以分为四大类，即动词性谓语句、形容词谓语句、名词谓语句、主谓谓语句。动词谓语句很常见，句型样式繁多，另外 3 种主谓句都很少见。

甲骨文中可带双宾语的动词有两类：一是一般动词；二是祭祀动词。由祭祀动词构成的双宾语句式种类多，数量大，而且有些祭祀动词可以带 3 个宾语，形成三宾语句式，这种现象是后世古文献中所没有的。

甲骨文中的宾语前置句有三大类：第一类是否定句中代词宾语前置，所涉及的否定词是"不""勿"，其代词是"我""余""尔"；第二类是"唯+宾+动"式和"惠+宾+动"式的宾语前置句；第三类是名词宾语可以直接放在动词前，但要符合两个条件，一是要与"惠+宾+动"式句构成对贞，二是在名词宾语前要出现否定副词"弜"或时间副词"其"。

甲骨文中的连谓句很常见，句型种类也多，但从几个"谓"之间的意义关系来说，不及后世文言文复杂，甲骨文中几个"谓"之间的意义关系只有 3 种：表示先后发生的动作、表示后一动作是前一动作的目的、表示前一动作是后一动作的方式。连谓句中可套著兼语句，可以形成连谓兼语融合句。

甲骨文中只有由使令动词（包括"令""呼""使""曰"）构成的兼语句，这种兼语句数量多，而且句式多样。甲骨文中的兼语可前置，前置的兼语前一般都出现焦点的辅助标记"惠"。甲骨文中兼语式可连用，形成兼语连用式。兼语式中还可套著连谓式，形成兼语连谓融合句。

甲骨文中的并列句，可以是 2 个动词的并列，也可以是 3 个或 4 个动词的并列。复杂的并列式句，都是由祭祀动词构成的。并列式可以跟连谓式融合，形成并列连谓融合句，这种句子一般是田猎卜辞。

第二章　甲骨学研究

甲骨文中的被动句尚处于萌芽状态。被动句主要有两大类：第一大类是只在语义上表示被动而无被动形式标志的句子；第二大类是用介词"于"引出动作行为主动者的"于"字被动式。"于"字被动式中的主要动词种类不多，只有"若""左"等少数几个及物动词。

甲骨文中的非主谓句只有3类，即动词性谓语非主谓句、形容词性谓语非主谓句、名词性谓语非主谓句。前两种句子较为常见，而后一种非主谓句则少见。

甲骨文中句子省略现象十分常见。这种现象常见于成套卜辞和成组卜辞中，省略的原因有承前省略、蒙后省略、前后互依省略。郑邵琳[18]认为甲骨刻辞中存在大量的省略句，使得卜辞语言呈现出灵活多变的生动现象和风格上的言简意赅，从而构成了甲骨刻辞句法的一个重要方面。省略句可以分成3类：一是单动词单句的省略；二是多动词单句的省略；三是复合句的省略。

甲骨文中已有变式句，主要有主谓倒置句、宾语前置句、非时间介宾短语前置句、时间名词语后置句、定语后置句等。

（5）甲骨文中的复句

甲骨文中的复句也分为两大类：一类是联合复句；一类是偏正复句。联合复句内部又包括并列复句、顺承复句、选择复句、递进复句4个小类。后世汉语中有的复句，如解说复句，在甲骨文中还见不到。有些复句虽然在甲骨文中存在，但内部的小类不如后世汉语多。如选择复句，后世汉语可分为数者选一、二者选一、先舍后取、先取后舍四小类，但在甲骨文中只有数者选一这一个小类。偏正复句内部又包括转折复句、条件复句、假设复句、因果复句、目的复句、背景复句、按断复句等。有些复句虽然甲骨文中有，但它所包括的小类不多。如后世的条件复句，包括充足条件、必要条件和无条件三小类，但在甲骨文中只见到必要条件这一个小类。有些复句，如假设复句、背景复句，由于甲骨文体裁的关系，使用得较为频繁，因而数量多、种类繁。

甲骨文中的关联词（主要是连词，还有少量副词）很少见，用于表示复句语法关系的连词只有"此""延""迺"3个，而且都不太常用。有这种作用的副词也不多，主要有"亦""既""咸""后""迺""乃""延""先"等。甲骨文复句间的关联多用意合法。因此，分析甲骨文中的复句，可资凭借的形式很少，往往要从意义上来加以分析。一些复句在分类时往往是可此可彼的。只能依据其上下文语境，凭借"最可能"进行归类。

甲骨文中已出现多层复句。多层复句包括二层复句、三层复句、四层复句。四层以上的复句还未见到。在甲骨文中，并不是所有类型的复句都有多层复句，有多层复句的复句类型主要有以下几种：并列复句、顺承复句、假设复句、条件复句、按断复句、背景复句、目的复句。这几种类型中，只有并列复句有四层复句，其他类型的复句一般都是二层或三层复句。

（6）甲骨文中的句类

甲骨文的句类有4个种类：陈述句、疑问句、祈使句、感叹句。甲骨文中疑问句最常见，陈述句次之，而感叹句和祈使句都很罕见。

卜辞命辞一般都是疑问句。由于卜辞中没有疑问代词，因而没有特指问句。卜辞中也没有反问句。甲骨文中有是非问句和正反问句。有两条卜辞可能是选择问句。卜辞中表示疑问的语气词有"抑"和"执"2个。卜辞中的是非问句句末可以用语气词"抑"，但一般情况下都不用句末语气词。甲骨文是非问句出现在单贞卜辞、重贞卜辞、对贞卜辞、重复对贞卜辞、选贞卜辞、重复选贞卜辞、对选卜辞、三联卜辞中。卜辞正反问句一般出现在师组卜辞之中，句末一般用句尾疑问语气词，有时是前句用"抑"，后句用"执"，有时则相反。有些句子也可能是正反问句，但在句末没有使用疑问语气词。卜辞正反问句一般构成复合句，也有构成单句的。

甲骨文中的占辞，一般都是测度句。这种测度句的句末不用语气词。

甲骨文中的叙述句也比较常见。下列刻辞都是叙述句：独立成句的前辞、命辞后的补充语、验辞、用辞、兆序、与占卜有关的记事刻辞（包括甲桥刻辞、甲尾刻辞、背甲刻辞、骨臼刻辞、骨面刻辞等）、与占卜无关的记事刻辞（包括人头骨刻辞、虎骨刻辞、兕骨刻辞、兕头骨刻辞、鹿头骨刻辞、牛距骨刻辞、牛胛骨刻辞、骨符、鹿角器刻辞、骨器刻辞、卜骨刻辞等）。甲骨文中没有表示陈述语气的句末语气词。

甲骨文中的祈使句很少见，一般都作动词"曰"的宾语，描述说话的内容，这个"曰"的宾语如果独立起来就是祈使句。甲骨文中没有表示祈使语气的句末语气词，但却有表示祈使语气的语气副词"其"。

甲骨文中的感叹句更为少见，可以肯定的只有一个由感叹词"俞"构成的感叹句。卜辞中无表示感叹语气的句末语气词。

郑继娥[19]专门研究了甲骨文祭祀卜辞中动词结构及其功能。其系统地描述和讨论了动词的分类和特点，动词所带的单宾、双宾和三宾结构，主语、状语和补语结构，以及这些结构所表示的语义内容，主语、状语、宾语和补语之间的相对位置。探讨了由多个祭祀动词组成的结构，并初步分析了一些结构的语义，确定了并列、先后、兼语式3种语义关系。并以祭祀动词的语义论元为根本，探讨各论元的意义和表现形式，以及各论元的相对位置。其研究成果不仅分析祭祀动词的语法形式，而且也研究深层次的语义；不仅分类举例说明祭祀动词的用法，也将祭祀动词跟它们的语义论元联系起来；不仅注重材料的整理，也注重定量、定性的分析；不仅涉及单个祭祀动词的结构，也涉及多个祭祀动词的结构。在断代上也采用了比较科学的分组分期。

经过研究祭祀动词为核心的祭祀卜辞，郑继娥[19]整理出来祭祀语言的特点如下。

①大多数动词都能带以天干为日名的祖先作为对象，不论是以名词形式还是以介词"于"引导的介词短语，且以带"于"式居多。

②5个祭祀动词"祷、御、告、酒、宁"后面可以同时出现祭祀原因、对象和牲品3种名词作宾语，是后代汉语中未见之现象；祭祀动词所带双宾的次序最多的为"对象－牲品""牲品－对象"。

③如果有祭祀的时间，动词后所带对象的日名与祭祀时间的天干一致，或是与卜日一致。祭祀动词带表示时间或空间的词语时，前后均可出现，但同时出现的现象很少。

④祭祀动词的致祭者一般不出现。

⑤多个谓语动词与宾语的次序有多种，但动词谓语之间的语义由于缺乏明确的判断因素，只能保守地分析出表示先后、并列、兼语式3种关系。实际上，2个动词或3~4个动词的连用，其语义应复杂得多。

⑥在出组和黄组出现的周祭卜辞、王宾卜辞很有特点。而卜旬中附祭先王卜辞和合祭卜辞结构，也已定型化。在这些句型中，各有一些不同的动词出现，虽然不多，但形式上各有特点。

2.3.3　甲骨文拓片特点

张玉金[15]提到甲骨文专家学者研究时所依据的材料，主要就是殷墟甲骨文，殷墟甲骨文的原始资料是甲骨文拓本，即黑底白字的拓片，这种资料原来很不容易收集齐，但近来状况大为改观。现在最重要的原始资料是《甲骨文合集》，共有13大本。但第13本是摹本（白底黑字），这种资料的可信度不如拓本高。可见甲骨文拓片在甲骨学研究中的地位至关重要。

甲骨文是书写在龟甲和兽骨上的文字，由于龟甲和兽骨质地本身并非平滑如镜，又深埋地下经历了几千年的岁月沧桑，加上发掘和运输的污损，损坏已很严重，字形的边缘已经非常模糊，呈现出非常明显的锯齿形态。这样受污损的字形不利于甲骨文字形的进一步使用[20]。因此，基于甲骨片进行墨拓而形成的拓片，由于甲骨片受到腐蚀、发掘损坏及甲骨片质地本身等原因，导致会有许多噪声点[21]。

甲骨拓片上的噪声点具有如下特点[21]：①噪声区域的亮度低于甲骨文字形笔画的亮度；②噪声区域呈离散状态，连通区域面积较小，区域面积呈正态分布。相比之下，甲骨拓片上字形图像的特征如下。①分形：甲骨片在地下深埋几千年，由于受到腐蚀，甲骨文字形图像边缘部分与整体具有相似性，具备分形特征。②笔画区域连通性：甲骨文字形的笔画一般是单连通区域，个别笔段会出现断裂。③像素值空间的聚敛性：甲骨文字形笔画的像素亮度较高，而且比较连续，且在某个像素值区域比较集中。甲骨拓片示例如图2-2[22]所示。

图2-2　甲骨拓片示例

来源：摘自《俄罗斯国立爱米塔什博物馆藏殷墟甲骨》。

第二章 甲骨学研究

从图 2-2 可以看出，甲骨拓片的确有很多噪声，如拓片图残缺不完整，甲骨字出现断裂、残缺等，而且由于拓片是黑底白字，因此，由于甲骨片本身的裂纹或烧灼形成的兆纹经过墨拓后形成的白色字迹，很容易被当作某个甲骨字的一部分。

史小松等[23]认为甲骨拓片扫描图像只有黑白二色，即除了文字之外就是由于时间长久部分损伤形成的噪声，而其中部分笔画也可能出现断裂，所以不进行普通的去噪处理，以免断裂的笔画被当作噪声除去。其经过多次实验发现，噪声形成的连通区域与文字连通区域无论在形状上还是在大小上都存在显著区别，因此采用删除小面积区域的方式去除部分噪声。

2.4 甲骨文考释与缀合

现代甲骨学的研究离不开计算机科学的支持，当前甲骨文信息处理的研究仍然处于辅助甲骨学专家从事科研的阶段。计算机可以辅助专家的地方总的来看包含两大部分：甲骨文考释与甲骨文缀合。因此本节简要介绍甲骨学研究中的考释和缀合情况。

2.4.1 甲骨文考释

所谓甲骨文字考释，就是利用其他古文字材料和传世字书把过去不认识的甲骨文字释读出来，从而把不易理解的甲骨卜辞讲解清楚，为其他研究做准备。甲骨文字考释一般包括"字形考订"和"辞例解释"两部分。前者为"考"，后者为"释"，合在一起就是"考释"。甲骨文字考释跟其他门类古文字的考释一样，最基本的方法也是比较法，或谓"字形比较法"。研究者需要把未识的甲骨文字形体跟已识的金文、简帛等古文字形体（包括字书收录的大篆、古文、籀文等形体）作比较，根据后者的音、义信息推知这个甲骨文字的音、义内容，达到破译甲骨文字的目的。例如，甲骨文中的"日""月""牛""大"等字，3000 多年来形体并没有太大变化，稍微熟悉《说文》的人通过把它们跟小篆进行比较，完全能够正确释读出来[24]。

2016 年 10 月 28 日，全国哲学社会科学规划办公室委托中国文字博物馆在《光明日报》刊发了《关于征集评选甲骨文释读优秀成果的奖励公告》，公告称"对破译未释读甲骨文并经专家委员会鉴定通过的研究成果，单字奖励 10 万元；对存在争议甲骨文做出新的释读并经专家委员会鉴定通过的研究成果，单字奖励5万元。"除此以外，"对破译未释读甲骨文并经专家委员会鉴定通过的研究成果，经全国哲学社会科学规划办公室审核后，可认定为承担1项国家社科基金年度项目"。由这则公告也可以从侧面看出，甲骨文考释具有极大的难度。

目前，已经释读出甲骨文字1500个左右，余下的不足3000个甲骨文字是没有考释出来的未释字。这些未释字，不少是人名（族名）、地名用字，都是前人留下来的"硬骨头"，释读难度非常大。这里所说的未释字，是指一个甲骨文字的形、音、义没有被充分揭示，不知道相当于后世古书中的哪个字，表示文献中的哪个词。例如，甲骨文中有相当数量表示地名（或国族名、人名）的字，用法比较清楚，甚至可以通过辞例结合现有认识确定这个地名的大致方位，但就是无法辨认这个甲骨文字的形体，或者可以辨析形体，但没有后世的字与之对应，不少地名用字都是未释字。还有一些字，字形结构十分清楚，意义方向也可以锁定，但就是不知这个字是后世的哪个字[25]。

同其他古文字考释工作相比较，甲骨文字释读至少存在以下困难[25]。

①甲骨辞例单一，缺少变化，可以提供有效释读的关键辞例相对较少。

②殷商传世文献严重缺失，跟后世的西周文献、战国秦汉文献数量相比，几乎等同于零。没有比较充分的古书材料与甲骨卜辞材料合证，这对甲骨卜辞语言的理解、甲骨文字的释读极为不利。

③考释结论很难通过新的卜辞材料获得验证。一个文字考释结果出来后，还要接受新的材料的不断验证。

当前运用"字形比较法"考释甲骨文字，给甲骨文研究者提出了更高要求。从共时层面讲，不仅要对每一个甲骨文字形体的笔画特征烂熟于心，还要对同一个甲骨文字的不同异体情形有深入把握，总结出哪些笔画区别字形，哪些笔画不区别字形，通用无别；同时，还要对甲骨文字的类组差异、异体分工等现象有深入理解，全面梳理甲骨用字情况。从历时层面讲，要对每一个已识字形体的历时演变序列有深入把握，梳理、总结基本构字偏旁的历时演变规律，逐一描写基本构字偏旁在不同时代呈现出来的不同样式，用动态的眼光审视每一个古文字形体。唯有如此，才能透过纷繁复杂的字形变化，看到不同字形之间的"同"，找到前人不能发现的形体联系，从而运用"字形比较法"破译甲骨文字。字形考订之后，还需要把考订的结果放到所有的甲骨卜辞中去，验证它的可信性。如果用这个释读结果去通读甲骨卜

第二章 甲骨学研究

辞，辞意顺畅，了无滞碍，则证明字形释读是可靠的；反之，则要重新检查字形考订的科学性。如果经过反复查验，字形比较没有任何问题，则需要运用音韵学的知识，将释读结果予以破读，并列举疏证证明，进而疏通卜辞文意。在串讲卜辞文意时，为了增加论证的说服力，甲骨文研究者通常需要历史学、地理学、考古学等相关领域的知识[24]。

甲骨文字考释还有其他诸如"辞例推勘法""偏旁分析法"等方法。"辞例推勘法"主要通过不同辞例的互相比较、分析，归纳出甲骨未释字的语义特征和范围，锁定释读方向，虽然多数情况下不能直接得出释读结论，但却是"字形分析法"的重要补充，具有突出地位。不少经典的甲骨文字考释就是从辞例推勘入手，提供未释字的语义范围线索，最后得出释字结论[24]。

甲骨文考释是甲骨刻辞词义研究的基础。王宇信在《甲骨学通论》中指出，在已发现的甲骨文5000个单字中，目前无争议的可识字仅有1000多个。已释读的甲骨文字虽然是辨析和整理刻辞词义的基础，但是甲骨文字考释却以甲骨文造字表词、用字表词原理为重要根据，对字的释读最终要从它的表词情况去说明[26]。

实际上，破译一个甲骨文字异常艰难，需要做大量的前期准备工作。对于专门的甲骨文研究者而言，需要对全部甲骨卜辞材料十分熟悉，掌握所有甲骨文字的基本情况，尤其是未释字的情况更要烂熟于心。另外，还要对前人时贤的研究成果十分了解，前人的哪些意见可以吸收，哪些意见不可信从，等等。而且还要对殷商以后的古文字材料比较熟悉，如西周金文、战国秦汉简帛资料等。但是熟悉、掌握甲骨文和其他古文字材料，只是甲骨文考释的准备工作，除此以外，还需要研究者具有一定程度的文字、音韵、训诂等学科知识。文字学知识可以帮助我们确定和阐释待考甲骨文字跟后世古文字形体之间的关系。训诂学知识可以帮助我们确定待考甲骨文字跟传世古书中某个词的对应关系，并且提供适当、准确的书证。音韵学知识则帮助我们判断上述对应关系是否成立，以及提供音理上的证明。三者密切配合，缺一不可，任何一方面的缺失都可能导致考释活动的失败[25]。

由以上描述和分析来看，现阶段完全以计算机来自动实现甲骨文考释还远远达不到要求，因为考释过程中对专家的经验知识有着极高的要求，而这些隐性知识恰恰是难以形式化给计算机进行处理的。所以，目前甲骨文信息处理的研究是服务于甲骨文专家的。

2.4.2 甲骨文缀合

随着甲骨学研究的深入，不仅要求甲骨文的材料要多，而且还要求材料要"全"。所谓"全"，就是把原来本是一版，残碎后著录在不同书中的甲骨缀合起来，使它们"重聚一堂"。甲骨文经过缀合复原的处理，才能找出各辞之间的相互关系，恢复当时的卜辞文例等，从而成为我们认识商代社会的重要史料[1,27]。

甲骨文出土以后，由于埋藏于地下长期的保存及后来发掘出土的原因，导致甲骨分裂破碎。而在甲骨出土早期，由于当时古董商为了利益而大肆收购，或按片数征收，导致甲骨也受到了人为的破坏。又由于甲骨在占卜之前经过整治工序，而且反面也要经过钻凿烧灼，所以非常容易破碎。此外，地下深埋的3000多年时光，地层的压力和水的浸润，使甲骨还在"埋藏时期"就已破损很多。发掘时的翻动，也不断使甲骨断裂。出土后在辗转流传过程中，也不断使一块变成数块。而在著录时，墨拓不当也极易使甲骨破碎。甲骨在古董商手中几经转卖、传拓并数易其主，本为一版的残碎甲骨不免身首异处，分属于不同的藏家[1]。由于甲骨收藏分散，使得同一片甲骨分散见于多本图录之中，占卜文字也因此支离破碎，不能连读，对于研究商代历史就有了一定的障碍。因此，对甲骨加以连缀释读，就成了甲骨学研究的一个重要前提[28]。

据目前不完全统计，出土的甲骨数量已达15万片之多，近来仍时有出土。甲骨文缀合大致分为3个阶段。第一阶段始于清末民初，著名学者王国维最先展开了甲骨缀合工作，从而连缀了商代先王上甲到示癸的顺序，并由此纠正史记讹误，确定商史基本正确。之后董作宾在王氏所缀的世系卜骨上，加缀善斋的一块碎片，使这版著名的世系卜辞更加完整。董氏后来在《殷历谱》等书中又多有缀合。郭沫若在其出版的《卜辞通纂》《古代铭刻汇考》《殷契粹编》等中都有一些缀合成果。此外加拿大学者明义士等也有缀合。第二阶段为1939年曾毅公出版缀合专著到1977年。期间1955年，郭若愚、曾毅公、李学勤根据《甲编》《乙编》拓本进行拼缀，共拼合甲骨482版，编纂《殷墟文字缀合》。1961年，屈万里《殷墟文字甲编考释》根据实物拼缀甲骨223版。1957—1972年，张秉权拼缀《乙编》及出版《殷墟文字丙编》。1975年，严一萍出版《甲骨缀合新编》，共收各家及作者缀合684版（不收《乙编》缀合）。1976年，严氏又出版《甲骨缀合新编补》。这一阶段，学者缀合所凭借的材料主要是考古发掘所出甲骨材料来缀合专书，均有一定发现。1978年《甲骨文合集》出版以后，近些年来，随着甲骨研究的不断深入，甲骨缀合进度也在日益加快。1999年，蔡哲茂出版《甲骨缀合集》，缀合361例。2004年，出版《甲骨缀合续集》，扩充至543例。2008年，林宏明出版《醉古集》，收录缀合382组[28]；2013年，林宏明出版《契合集》，收录缀合382组（新缀合431例）。2010年，黄天树等出版《甲骨拼合集》，收录截至2010年7月15日的缀合成果326例；2011年，黄天树等出版《甲骨拼合续集》，接续了《甲骨拼合集》的流水号，收录自2010年7月15日至2011年7月15日间新缀合成果第327则至第595则（共269则）；2013年，黄天树等出版《甲骨拼合三集》，收录了2011年7月至2012年11月间的新缀合成果219则（第596则至第814则）；2016年，黄天树等出版《甲骨拼合四集》，收录了2012年12月至2014年12月间的新缀合成果201则（第815则至第1015则）。至此，黄天树等所缀合的甲骨已经超过了1000则。

甲骨缀合示例如图2-3[29]所示。

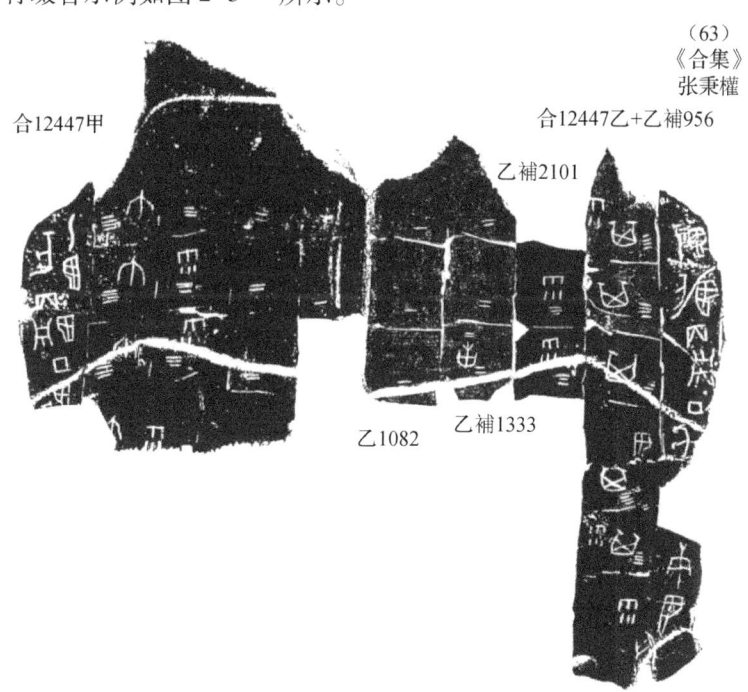

图2-3　甲骨缀合示例

来源：摘自《醉古集——甲骨的缀合与研究》。

从图 2-3 可以看出，甲骨缀合是将原来本是一版，残碎后著录在不同书中的甲骨缀合起来。因此对缀合者的要求极高，是一项较为复杂而且学术性极强的工作。缀合者既需要对各种甲骨文著录了如指掌，还需要有大量的甲骨卜辞文例释读的经验积累。

在缀合甲骨时，首先要求学者有广博的甲骨学知识。不仅要熟记龟甲（腹甲、背甲）、肩胛骨（左骨、右骨）的各部位及正、反的特点和龟、骨的区别，还要能依据拓本（或摹本）准确地判断其在龟（或骨）上的所在部位，而且还要熟悉甲骨的整治及卜法、文例、行款，卜辞与卜兆、兆序的关系等。此外，还要熟练地将甲骨分期断代，并了解和全面掌握甲骨材料的著录范围、出土区域及研究和缀合的成果等。其次，要求缀合者有较强的记忆力和敏锐的眼光，在缀合时要耐心、细心，应具有不怕烦琐和一丝不苟的科学精神[1]。

有学者归纳了以下 5 种缀合甲骨的主要方法[1]。

（1）类聚

此为事前之准备工作，亦即储积缀合资料之方法。顾类聚，必凭分期断代、拓片性质（腹甲、左右背甲、左右胛骨）卜辞事类等分置之；一俟积聚有成，施于缀合，必获事半功倍之效。

（2）比勘

此为做缀合最基本、最确切、最必需之紧要方法，包括以下 5 个方面。

①部位：缀合之前，必先确定欲缀素材之部位；部位之认定，为施行缀合之第一要义。

②文例：各时期之卜辞，虽各有其特征，然亦有其通则可循。如逆兆为常例，而顺兆、跳兆、犯兆等则为特例；至其行款之左右而下行，则皆为求对称也。

③辞例：虽属同一事类之卜辞，固有常例可循；但因时期之异，遂有详略之差，有正问、反问之别。

④书体：各期皆有其特具之书体风格，尤以人地名之差异，不仅可据之断代，亦为缀合之最佳依据。

⑤征候：就版面言，如卜兆之刻画，术语与卜兆、卜辞之关系，记兆数字之契刻，剩辞残字，卜辞行款错落之致，版面剜刻之情形等，均其显著之征候。施行缀合时，均宜详为比对，求其正确。至于折痕，则无论面背，必求其密合。

第二章 甲骨学研究

(3) 范例

此为作甲骨缀合之应用法。小则可施于同文异版,大则可行于成组卜甲或骨之缀合。范例包括标本和互范两类。

①标本:以既得之完整,或较完整之卜甲或卜骨为标本,并以另纸描绘其轮廓为矩矱;将所采集、类聚之残碎素材,据其部位,浮置于矩矱内,与标本缜密比勘,施予缀合。设遇不能密接时,则暂予遥缀。

②互范:以既得之同性质、同类例素材,相互为缀合之标本而寻觅其残佚之他片,施予缀合。

(4) 推理

所谓的推理并不是将甲骨拓本(或摹本)真正缀合在一起,而只是根据甲骨文例拟补(即推测出)的残断部分,不能说是已经将甲骨缀合了。

(5) 密合与遥缀

①密合:缀合之最高标的,在求缀合素材之密合,期使其复原如初,而考知其全体大用……然密合之义,非仅折痕而已;他如烂字残辞或其他各种征候之复原,均须无间,始谓之密合。

②遥缀:……然缘素材散佚,即时无法密合,无已,暂以遥缀为之,亦为缀合方法之一。所谓"遥缀",各片也不是互相缀连在一起,因而也不能说是已经将各片缀合了。《甲骨文合集》中的遥缀片是将相关的片编在一起,分别作此号的甲、乙、丙等部分。

王国维、郭沫若、董作宾、曾毅公、郭若愚、李学勤、严一萍、张秉权、桂琼英等老一代甲骨文专家,在甲骨文缀合领域进行了大量开创性的研究工作,成功缀合了一大批甲骨。然而,传统的甲骨片缀合过程工作量很大,如果全靠人力来整理将是十分困难的[30]。随着科学技术的现代化,也有学者把电子计算机技术引入甲骨文缀合工作。1973年,海外有学者开始利用计算机缀合甲骨。1974年,中国也有学者在利用电子计算机缀合甲骨方面进行探索[1,30]。童恩正等[31]为电子计算机缀合拟定了若干规则,然后进行缀合实验。实验结果表明缀合率达40%左右。

使用电子计算机缀合甲骨的实验虽然取得了可喜的成功,但还存在用人工录制标本信息工作量大、缀合的准确率不高等缺陷。因此,目前主要还是靠甲骨学者广博的甲骨学知识和丰富的经验及良好的记忆力,并心细如发的追求去缀合甲骨[31]。

因此,现阶段甲骨缀合工作继续以人工缀合为主,通过对于甲骨骨版、甲骨边缘等甲骨形态学和甲骨文字内容的相互关系进行拟缀。利用计算机进行甲骨缀合的研究成果虽然有，但是大部分操作是将整版打散，然后形成训练集，在此基础上进行算法的设计。这与实际的甲骨碎片特征相去较远，因此，目前比较合理的操作方式是计算机辅助专家进行甲骨缀合，让计算机做筛选和排除之类的工作，真正的缀合及验证仍然强依赖于甲骨文专家。

2.5 本章小结

本章主要介绍了甲骨文及甲骨学的基本情况，由于甲骨学涉及的内容非常多，又因为笔者并非甲骨学专业出身，所以本章绝大部分内容均直接来源于甲骨文著作，其内容紧紧围绕利用计算机进行甲骨文考释和甲骨文缀合需要掌握的甲骨学基础知识进行概要描述。包括甲骨学涉及的相关学科及与相关学科的关系、甲骨文文字特点、甲骨文语法特点、甲骨文拓片特点等。本章还简要介绍了甲骨文考释和甲骨文缀合的基本情况，为甲骨文信息处理定下了基调。其他有关甲骨学的详细知识需要仔细研读其他甲骨学著作。

参考文献

［1］王宇信，魏建震. 甲骨学导论［M］. 北京：中国社会科学出版社，2010.

［2］宋镇豪，刘源. 甲骨学殷商史研究［M］. 福州：福建人民出版社，2006.

［3］王宇信. 甲骨学通论：增订本［M］. 北京：中国社会科学出版社，1999.

［4］百度百科. 甲骨学［EB/OL］.［2018 - 12 - 01］. https：//baike. baidu. com/item/% E7% 94% B2% E9% AA% A8% E5% AD% A6/5521147.

［5］江铭虎. 自然语言处理［M］. 北京：高等教育出版社，2006.

［6］马如森. 殷墟甲骨学：带你走进甲骨文的世界［M］. 上海：上海大学出版社，2007.

［7］胡厚宣. 殷墟发掘［M］. 上海：学习生活出版社，1955.

［8］高明. 中国古文字学通论［M］. 北京：北京大学出版社，1996.

［9］王宇信. 建国以来甲骨文研究［M］. 北京：中国社会科学出版社，1981.

［10］胡厚宣. 论殷人治疗疾病之方法［J］. 中原文物，1984（4）：27 - 30.

［11］熊晶，高峰，吴琴霞. 甲骨文计算机辅助翻译技术研究［J］. 科学技术与工程，2014，14（2）：179 - 182.

［12］百度百科. 甲骨文［EB/OL］.［2018 - 12 - 03］. https：//baike. baidu. com/item/% E7% 94% B2% E9% AA% A8% E6% 96% 87/16914？ fr = aladdin.

第二章 甲骨学研究

[13] 沈建华,曹锦炎.甲骨文字形表［M］.上海：上海辞书出版社,2008.
[14] 沈建华,曹锦炎.新编甲骨文字形总表［M］.香港：香港中文大学出版社,2001.
[15] 张玉金.二十世纪甲骨文语法研究的回顾暨展望［J］.古籍整理研究学刊,2002（1）：43-50.
[16] 郑邦宏.近十多年来的甲骨语法研究［J］.齐齐哈尔大学学报（哲学社会科学版）,2015（1）：5-7.
[17] 张玉金.甲骨文语法学［M］.上海：学林出版社,2001.
[18] 郑邵琳.近百年来甲骨刻辞句法研究综述［J］.三峡大学学报（人文社会科学版）,2013,35（3）：37-39.
[19] 郑继娥.甲骨文祭祀卜辞语言研究［M］.成都：巴蜀书社,2007.
[20] 顾绍通,马小虎,杨亦鸣.基于字形拓扑结构的甲骨文输入编码研究［J］.中文信息学报,2008（4）：123-128.
[21] 顾绍通.甲骨拓片字形图像复原方法［J］.中文信息学报,2010,24（2）：116-122.
[22] 宋镇豪,玛丽娅.俄罗斯国立爱米塔什博物馆藏殷墟甲骨［M］.上海：上海古籍出版社,2013.
[23] 史小松,黄勇杰,刘永革.基于阈值分割和形态学的甲骨拓片文字定位方法［J］.北京信息科技大学学报（自然科学版）,2014,29（6）：7-10.
[24] 王子扬.考释未识的甲骨文字之难［EB/OL］.［2018-10-20］.https：//baijiahao.baidu.com/s? id=1608193530702545844&wfr=spider&for=pc.
[25] 杨子.认出一个甲骨文,国家奖励十万?——现阶段考释甲骨文字有多难［EB/OL］.［2018-10-02］.http：//www.360doc.com/content/16/1120/02/10603700_607878641.shtml.
[26] 王晓鹏.甲骨文考释与甲骨刻辞义位的归纳［J］.古汉语研究,2006（2）：41-47.
[27] 王宇信.新追求 新境界 新进步：甲骨文断片缀合不断取得新成果［J］.南方文物,2012（1）：107-123.
[28] 尤柔螭.甲骨文缀合［EB/OL］.［2018-11-03］.http：//www.kaogu.cn/cn/kaoguyuandi/kaogubaike/2013/1025/34252.html.
[29] 林宏明.醉古集：甲骨的缀合与研究［M］.台北：万卷楼,2011.
[30] 王爱民,葛彦强,刘国英,等.计算机辅助甲骨文缀合关键技术研究［J］.计算机测量与控制,2010,18（7）：1612-1614.
[31] 童恩正,张陞楷,陈景春.关于使用电子计算机缀合商代卜甲碎片的初步报告［J］.四川大学学报（自然科学版）,1975（2）：63-71.

第三章 计算甲骨学研究

由前述章节已知,甲骨文的研究经过近120年的发展,已形成一门多学科交叉渗透的综合性学科——甲骨学。甲骨学与语言文字学、历史学、考古学、古代科技史等学科有着紧密的联系,因此需要综合多个学科领域的知识来进行研究。然而,传统的甲骨学研究方法在应对当前的研究问题时显得力不从心,实际上阻碍了甲骨文的研究进展。计算甲骨学[1-2]则是利用计算机科学和信息技术改善传统的研究方式,突破甲骨文研究瓶颈的有效手段。

计算甲骨学概念最先由笔者于2012年在项目申请书中提出,但并未给出严格定义。简单来说,计算甲骨学是一门结合甲骨学、语言学、逻辑学、哲学、计算机科学、机器学习、人工智能、数学和统计学、文献计量学等学科来进行甲骨文信息处理研究的综合性交叉学科。

计算甲骨学就是为了解决现有甲骨学研究中面临的两大主要问题——甲骨文考释和甲骨文缀合,结合大数据、人工智能和机器学习等先进的技术和手段,尝试从新的角度寻找到一条有效路径。概括而言,计算甲骨学的研究主要涉及甲骨文数字化、甲骨文数据化、甲骨文语料库、甲骨文机器翻译、甲骨文图像处理与模式识别、甲骨文知识表示与推理、甲骨文大数据平台等方面。

3.1 甲骨文数字化及数字化出版

3.1.1 甲骨文数字化

甲骨文数字化是当前古文字信息化处理的重要基础工作。要让计算机能够处理甲骨文资料,第一步的任务就是做甲骨文数字化。甲骨文自1899年首次发现以来,经过120年一代又一代的研究者的辛苦劳动,已经形成一大批甲骨文著录、文献等。早期的著录、文献存在大量的手写版本,当前的著录、文献大都存在图文混编情况,且甲骨文数字化出版都要求计算机能够方

第三章 计算甲骨学研究

便地识别和编辑甲骨文。甲骨文的数字化处理包括以下几个方面[3-4]：①甲骨拓片的图像去噪处理；②甲骨拓片字形的计算机辅助复原；③将甲骨文点阵字形转化为计算机可以识别和处理的轮廓字形；④甲骨文字形的编码输入和识别输入，使得甲骨文字形可以像现代汉字一样在计算机屏幕上显示出来；⑤甲骨文字形的识别；⑥甲骨文字体和其他字体风格融合的艺术变形。

在甲骨文图片去噪方面，顾绍通等[5]提出了一种基于自适应阈值的甲骨拓片图像去噪处理方法。该方法的思想：甲骨拓片图像中的噪声是由于受到腐蚀、发掘损坏及拓片质地本身等原因产生的，噪声区域具有区域面积小、正态分布等特点，通过计算自适应阈值，将噪声区域面积和阈值进行对比，将小于阈值的噪声区域视为噪声，对其进行填充。这一方法通过贝叶斯风险函数来估计甲骨拓片上噪声区域面积的优化阈值，对噪声区域进行填充，从而去除拓片中的背景噪声，保留甲骨拓片图像上的字形笔画区域。该方法虽然图像去噪效果比较明显，但是计算处理过程比较复杂。

在甲骨拓片上字形复原方面，由于甲骨文的刻录载体——龟甲和兽骨质地本身并非平滑如镜，又深埋地下经历了几千年的岁月沧桑，加上发掘和运输的污损，龟甲和兽骨损坏已很严重，字形的边缘已经非常模糊，呈现出非常明显的锯齿形态，这些对于甲骨文字形的识读和研究带来极大不便，因此需要进行甲骨字形复原。如何针对甲骨拓片上噪声的特点和甲骨文字形边缘的特征，有效去除甲骨拓片图像上的噪声，并对甲骨拓片上字形图像进行复原，是甲骨文信息化处理的一个重要问题。顾绍通[6]提出了一种基于分形几何的甲骨拓片字形图像复原方法。采用统计的方法计算甲骨拓片字形图像边缘的分形维数特征，对甲骨文字形的不同笔画和不同笔段分别进行不同的压缩变换处理，进而对甲骨拓片字形图像边缘进行平滑。其基本原理：为了既对字形边缘进行平滑，同时又保持甲骨文字形笔画的基本走向和基本形状，对字形轮廓上特征点的坐标与其相邻点的坐标进行加权处理，经过加权处理后，字形边缘变得平滑，同时又保持了甲骨文字形笔画的基本走向和基本形状。这种方法平滑字形边缘的效果较好，但是该方法需要反复计算字形边缘的分形维数，时间复杂度高，而且提取笔画轮廓端点的方法也不够智能，只是部分代替了手工劳动，在字形复原过程中，还需要一定的人工交互。

在甲骨文字形的数字化方面，要解决的关键问题是选择何种字形描述技术。郑芳林[7]采取三次B样条曲线来拟合还原甲骨文字符，开发了一个造字系统。该系统在 MS-DOS 环境下可以对包括 ASCII 字符、汉字和甲骨文字形进行处理。但是该方法与 Windows 环境不能相互兼容。肖明等[8]利用 HIGH-LOGIC 公司的 TrueType 曲线轮廓造字软件，按照直线和二次 B 样条曲线拟合算法，自动将扫描的点阵图形抽成尽可能接近原稿的数字化信息，生成一个独立的可运行于 Windows、Linux 环境下的 TTF 格式字库。李胜明等[9]采用三次样条 B 样条曲线拟合还原字符轮廓技术对甲骨文字形进行处理。但该方法无法对甲骨文字形进行前期预处理。马小虎等[10-11]开发出了一个针对甲骨文字形特点的字形处理系统，在算法上采取顺序对曲线上的每个点与它左右两边相邻点的夹角求平均值的方法，来增加特征点提取的精确度，以及使用对缓慢弯曲的较长曲线插入一个额外特征点的方法，提高了字形拟合的精度。该系统不仅可以对点阵字形进行拟合，还可以对点阵字形进行适当的预处理，提高了字形质量。但是，该系统只能对经过预处理的字形图像进行数字化拟合，无法处理未做预处理的有噪声点的图像。栗青生等[12]提出了甲骨文字形动态描述库的建设方法，利用有向笔段和笔元对甲骨文进行动态描述，为甲骨文中异体字和未识别的甲骨文的字形描述找到了一个解决方法。同时，由于描述字形的是文本字符并且是有次序的阵列，因此更方便了机器识别。

在甲骨文编辑编码及输入方面，也有了一些重要研究成果。要想在计算机中输入和显示甲骨字，就要解决甲骨文机内码和机外码的对应问题。所谓甲骨文机内码，就是在计算机系统内部存储、处理甲骨文字形时所用的代码。而甲骨文机外码，就是甲骨文字的输入码，是能够通过键盘把甲骨文字形输入到计算机中而设计的编码，它按照某种规则将每一个甲骨文字形和一个符号串或一个数字串对应起来，从而把甲骨文字形输入计算机中。顾绍通等[13]利用 Unicode 作为甲骨文的机内码，将甲骨文字形放在自定义区域（Private Use Area, E000-F9FF），按照建设通用甲骨文字库的要求，制作了通用甲骨文字库。该字库采用与现有的 Windows 系统完全兼容的 TTF 格式，有较强的实用性。甲骨文字形的异体字繁多，一字多形的情况非常普遍，有的甲骨文甚至存在 300 多种不同的写法。而该字库并没有收录甲骨文中的这些异体字，因此并不能完全满足甲骨文异体字的出版和印刷需要。甲骨文编码要解决的问题是如何将甲骨文字形从字库中调出来。通常根据提取汉字特征的类别不同，将编码方案划分为 3 类[3]：①按照字形特征进行编码，称为形码；②按照汉字的字音特征进行编码，称为音码；③将汉字的形、音特征

第三章 计算甲骨学研究

结合起来进行编码,称为形音码。李继明[14]提出了甲骨文象形编码方案,利用甲骨文构字部件象形的特点,采用 26 个英文字母和 10 个数字对甲骨文字形进行编码。肖明等[8]运用模糊数学和 Petri 网方法研究甲骨文的部件(字根)形成和码元的确定规则,采用 25 个英文字母和 7 个阿拉伯数字作为码元,与甲骨文中的 500 多个字根相对应,实现一字一码的编码方案。尚君[15]通过对 1056 个甲骨文字头,2602 个字形进行部件拆分,统计归纳出 341 个基本部件,采取以形码拆分为基础,以成字部件为依据的形音码结合的设计方案。周晓文[16]利用小篆造字软件来拟合甲骨文字形,设计了甲骨文字库,并对拟合出来的甲骨字进行了编码,对 2600 余字形拆码分析而归纳出 341 个常用基本部件。但是,上述方案所归纳出的构字部件均是针对部分甲骨文字形分析得出,并不全面。顾绍通等[17]通过对《殷墟甲骨刻辞类纂》中的甲骨文字形进行分析和整理,归纳出了 569 个甲骨文字根,将其分别编置在标准键盘的 26 个键位上。通过 26 个字母就可以输入《殷墟甲骨刻辞类纂》中 3673 个甲骨文(含异体字合文)。这种编码方案虽然利用了甲骨文拼音两方面的因素,但是由于甲骨文中很多字形无法识读,使得拼音编码适合的字形只占很少一部分,拼音编码也存在很多重码的情况,对缺少甲骨文常识的初学者和甲骨文爱好者而言,无法在重码的甲骨文字形中选择想要的字形。另外,该方案的部件编码虽然考虑到部件与键盘字母的相似性,但是仍然有部分部件无法做到这种相似关联,编码规则难学难记,而且编码的重码率高,效率很低,会增加使用者的记忆负担。栗青生等[12]设计的甲骨文动态描述库中,参照现代汉字的书写方法,引入有向笔段和笔元的概念。笔元相当于现代汉字的笔画,一个甲骨文字笔元的多少与这一文字的结构有关。由于笔元具有方向性,使得同一笔元的描述方法有多种。参照现代汉字的书写原则,笔元的描述按照"由左到右,由上到下,由外到内"的顺序去描述。该方法对 5917 个甲骨文的笔元进行了统计和分析,最终分成两类基本的笔元(表 3-1):一类是折线笔元(将甲骨文字中的横、竖、撇和捺线都视为特殊的折线);另一类是弧线笔元。

表 3-1　甲骨文基本笔元

折线笔元	―	∣	╱	╲	∧	∨	⟨	⟩	△	□
	横线	竖线	撇线	捺线	上折线	下折线	左折线	右折线	三角线	矩形线

弧线笔元	(	)	⌒	⌣	～	∫	○
	左弧线	右弧线	上弧线	下弧线	横波浪弧线	竖波浪弧线	椭圆线

笔段的方向性确定了笔元描述的一致性规则，以便对甲骨文字的编码和识别。例如，横线的方向性是从左到右，竖线的方向性是从上到下，撇线的方向性是从右上到左下、捺线的方向性是从左上到右下。将上述两类笔元设置方向如下。

（1）折线笔元的有向笔段

组成折线笔元的有向笔段比较简单，通常由 1～4 个有向笔段组成，例如，横线、竖线、撇线、捺线只有 1 个有向笔段，上折线、下折线、左折线和右折线有 2 个有向笔段，三角形线有 3 个有向笔段，矩形线有 4 个有向笔段。

（2）弧线笔元的有向笔段

组成弧线笔元的有向笔段比较复杂，通常最少设定由 5～10 个有向笔段组成，考虑到不同弧线的书写顺序不同，将书写方向不同的弧线描述为不同的弧线。表 3-2 描述了各个弧线笔元的有向笔段组成。

表 3-2　甲骨文弧形笔元的有向笔段

名称	左弧线	右弧线	上弧线	下弧线	横波浪弧线	竖波浪弧线	椭圆线
有向笔段图	(	)	⌒	⌣	～	∫	○
有向笔段数量	5	5	5	5	6	6	10

在甲骨文字形识别输入方面，也有一些研究成果。周新伦等[18]提出一种两级分类的识别方法：首先，将待识的甲骨文字符抽象为一种图，并提取其拓扑特征进行第一级识别；然后，给出一种广义笔画定义，并在此基础上提取有关的特征进行第二级识别。李锋等[19]提出一种基于图论方法识别甲骨文的理论和技术，把甲骨文当作无向图来处理，提取它的图特征，并以此为识别依据。通过对甲骨文进行识别来代替甲骨文输入编码，可以避免输入编码的弊端，但是甲骨文由于本质上还是一种图画文字，结构上难以准确区

分笔画,因此,甲骨文字形识别的准确率还有待提高。吴琴霞等[20]针对甲骨文字形多变、异体字多等特点,通过对甲骨字的构成分析,提出一种基于语义构件的甲骨文字库自动生成方法。该方法以动态描述库为基础,通过算法提取甲骨字的构件特征信息,将甲骨文笔元进行重组生成语义构件,再给语义构件加上特征描述生成构件知识库。通过仿射变换重复使用语义构件自动生成任意甲骨字。该方法能有效解决甲骨文无字库输入的实现,还可以解决甲骨字编码、构件统计、未释字的考释等。聂艳召等[21]通过对甲骨文的笔画特征进行分析,将构成甲骨字的笔画归纳为点、横、竖、撇、捺、弯、曲、框、圆9种笔画,在此基础上设计了甲骨文自由笔画输入法,可以为甲骨文研究者提供方便快捷的输入途径,提高输入效率。高峰等[22]针对甲骨文字整理过程中大量模糊字形难以识别的问题,提出了一种基于语境的统计分析和Hopfield网络相结合的模糊匹配识别方法。该方法利用语境分析生成的候选字库得到对应的甲骨文语义构件向量,然后结合Hopfield网络的识别结果,计算出待识别的模糊甲骨字的匹配度,最后根据匹配度确定目标甲骨字。

顾绍通等[17]把甲骨文的基本笔画形式大体上分为三大类:点、直、折。将甲骨文字形的部件特征进行分析之后,确定了569个部件,将它们分别编置在标准键盘的26个键位上。通用甲骨文字库中所有的字形都是由这569个部件组成。这些部件一部分是甲骨文中可以独立成字的独体字,另一部分是不能独立成字,但是在甲骨文中却很常见的构字部件,这些部件都是甲骨文中常用的组字部件,其组字频率很高。他们从数以千计的甲骨文字形结构拓扑图形中可以归纳出4种基本结构:独体结构、左右结构、上下结构和包围结构。顾绍通等所提出的甲骨文输入法编码的基本思想是将甲骨文的每个码元与键盘上的字母对应起来,这样甲骨文部件与键盘上的字母形成了一种映射关系。所谓"码元"是指按照一定的规律组合成不同的字形的一些构字的基本单位。要想在计算机上输入一个甲骨字,首先要找出构成这个字形的码元,根据码元与键盘上的字母的映射关系,在甲骨文输入状态下输入这几个编码,就可以将甲骨文输入到计算机中。对于少数可以见字识义的字形,根据现代汉语拼音方案,直接以其现代汉字的读音作为输入码,以提高编码的易用性。

秦绿叶[23]研究了甲骨文字库建设和输入法,归纳了甲骨文字库的建设流程包括3个方面:文字的收集和计算机识别、甲骨文文字的图形处理、甲骨文文字造字格式的选用。在输入法研究方面，根据汉字的一般输入方法，也将甲骨文的输入操作分为拼音输入法、编码输入法和可视化输入法三大类：拼音输入法在输入甲骨文时是通过输入拼音寻找相应的楷书，然后通过楷书的形态去对应甲骨文；编码输入法就是给每个隶定的形态字制定一个有规律的编码（这个编码规律一般是根据部首来进行编制的），将这个编码作为这个隶定字的识别符号，然后这个隶定的字再和多个形态的甲骨文相联系；可视化的输入法遵循"所见即所得"的原则将传统的输入法界面加以扩展，通过鼠标点击输入甲骨文字，而不是编码输入，这样既形象又不需要记忆。针对如何在网页上显示甲骨文字的问题，秦绿叶也介绍了两种技术：甲骨文字库的自动装载和CSS技术、甲骨文字的矢量化和SVG技术。

胡金柱等[24]基于现代编码思想，运用模糊信息分析理论，建立了甲骨文信息处理的模糊信息模型。分析了甲骨文的部件（字根）和码元的确定规则，使用32个字符（25个英文字母和7个阿拉伯数字）作为码元，与甲骨文中的500多个字根相对应，实现了一字一码的编码方案，对甲骨文进行了有效的编码。并运用信息论中的熵理论，分析了这种编码的效率和科学性，得出甲骨文编码的最佳码长大致接近于3，从而为5000多个甲骨文字进行科学编码提供了理论基础。

综上所述，各种甲骨文的编辑编码及输入问题都多少存在一些缺陷。实际上，甲骨文字本身就是图形图像，如果直接从图像直观地选择甲骨字进行输入，则在一定程度上避免这些问题。因此，刘永革等[25]设计了可视化甲骨文输入法，考虑因素基于以下3个方面。第一个方面是考虑甲骨文字的特点，甲骨文是古人占卜时在甲骨上刻的文字，很不规范，甲骨文这种独有的特点表现出它一定的原始性：①一字异形情况多，字的结构不大固定，即一个字即可以正写也可以反写，偏旁可以左右（上下）移动，字的笔画或多或少，如父、卜、得、雨等；②异字同形情况多，如山与火，月与夕等；③存在合文现象，即把2个或3个字刻写在一起，在行款上占1个字的位置。这些特点决定输入法不使用形码。第二个方面是考虑甲骨文字的研究现状，目前发现的甲骨文有15万片，单字有6000多个，但认识的（或公认的）字，只有1000多个，也就是说大部分的字人们不认识，读不出音，这些特点决定输入法不使用音码。第三个方面是考虑甲骨文字的使用频率，甲骨文字的使用并不像汉字那样频繁，它不要求高速输入，研究甲骨文字是为了了解殷商时期的社会历史，并不是创造新的文字记录，从近几十年的研究

第三章　计算甲骨学研究

文献可以看出,甲骨文字在一篇文章中出现的次数并不高。可视化甲骨文输入法包括两部分:字库和输入法程序。字库采用的是香港中文大学的甲骨文字库,该字库采用《甲骨文合集》《小屯南地甲骨》等 7 种权威的甲骨文著作,所选用的甲骨文字依据甲骨卜辞所见较常见字形,经过甲骨文专家重新临摹并加校勘、释文,共收录 6199 个甲骨文字。可视化甲骨文输入法程序如图 3-1 所示。

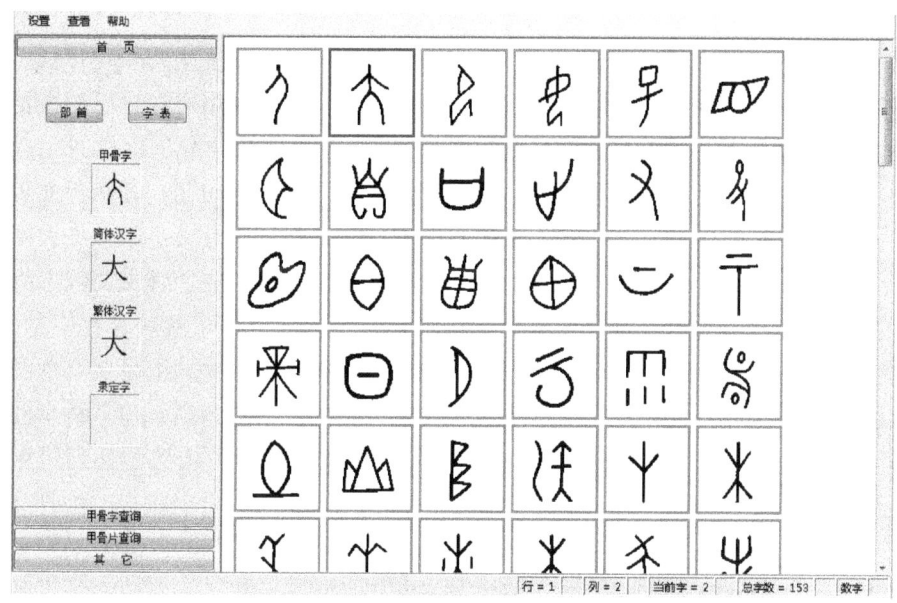

图 3-1　可视化甲骨文输入法界面

在甲骨文字体艺术变形方面,甲骨文数字书法也吸引了一批研究者的目光。马小虎等[26]针对甲骨文字形特殊的几何特征和拓扑结构,提出了一种基于曲线轮廓描述的甲骨文笔段提取和字体变形方法。该方法首先使用二次贝塞尔曲线拟合甲骨文字形轮廓,然后利用拟合曲线提取轮廓特征点,找出甲骨文笔段,根据笔段特征将其进行分类,再提取各种不同风格书体的笔段轮廓生成模板,最后按照轮廓模板变形甲骨文笔段从而生成新的字形。吴琴霞等[20]基于甲骨文语义构件,通过仿射变换和重复使用构件也可以自动生成任意甲骨字。栗青生等[27]提出的基于汉字结构和风格的字形生成模型,可以将汉字字形抽象为汉字结构和汉字风格两种模式,并在结构中将汉字笔画抽象为连续的笔元,通过笔元的特征点构造笔元向量、径向量、弦向量和轭向量，进行笔画风格的重建。该方法可以用于甲骨文风格艺术变形。熊晶等[28]将汉字特征点用字形动态描述库记录，在此基础上提出一种新的Webfont汉字的自动生成方法，使得用户无须下载字库，即可以在网页上生成符合自身需求的Webfont汉字。若将汉字的字形动态描述库替换成甲骨文字形动态描述库，也可以生成不同风格的Webfont甲骨字。

3.1.2　甲骨文数字化出版

在甲骨文数字化出版方面，主要考虑涉及甲骨文文献的出版印刷问题。例如，如何在期刊编辑出版时输入和排版甲骨字？如何让用户在自己的机器上正确浏览含有甲骨字的文献？吴琴霞[29]归纳出甲骨文数字化存在的问题包括：①甲骨文文献收集整理问题；②甲骨文图像化存在问题；③甲骨文数字化字符集存在问题；④甲骨文数字化检索问题。并从甲骨文字库生成和甲骨文编码两个方面给出了甲骨文数字出版对策。她指出，在甲骨文文献出版和印刷领域存在甲骨字难以输入和难以定形两个问题。要想解决这些问题，就需要解决甲骨文的定形和定序问题。定序就是在已经建立的甲骨文字形图档库和甲骨文字形库基础上，综合甲骨文字形特征、字义特征，建立科学的甲骨文编码方案。杜燕军等[30]针对甲骨文相关作品出版与传播中遇到了甲骨文字难编辑、难检索等问题，研究了一种利用甲骨文矢量字库实现甲骨文数字化出版的方法，适合微软、方正、InDesign等排版系统。但即使采用操作便捷的InDesign排版时，对甲骨字的排版仍然需要编辑人员有较高的甲骨文专业知识，遇到甲骨文生僻字，仍然费时费力。

为解决《殷都学刊》面临的甲骨文数字化出版问题，杜燕军等[31]拟在甲骨文已有的研究成果基础上，采用云计算技术结合现代数字出版技术、融合国际化传播理念构建《甲骨文数字出版云平台》。其主要建设目标、功能如下。

①云端甲骨文矢量字库、甲骨学辅助研究系统。用户可以随时随地远程查询、调用云平台上的甲骨文矢量字，实现甲骨文数字云排版，使甲骨文矢量字库在国内外得到广泛应用，推动甲骨文数字出版国际化标准的制定。用户可在线使用甲骨文辅助研究功能，基于云平台开展"甲骨学""殷商文化"学术研究，推动相关学科研究从国内走向国际，从线下研究走向在线研究，从当地平台研究走向云平台研究，实现"甲骨学""殷商文化"数字化出版、国际化传播。

②海量云存储功能。满足《殷都学刊》的出版数据存储需要，同时具有远程开放、协同出版功能。

③基于云端平台的多种检索方式、多元化阅读功能，为期刊读者、作者、编辑、审稿人实现国际化提供平台支撑，实现期刊服务业态转型升级。

④基于云端平台的交互功能，支持多用户、多形式终端（如手机）在线交流，从而给读者、作者、专家学者提供了一个学术交流与互动的平台，也是编辑及时发现学术创新思想萌芽，进行出版选题决策的平台，可实现创新驱动期刊国际化发展。

⑤平台具有出版数据的智能采集、分析功能，对期刊受众进行精确定位，实现期刊出版的智能化推送，为期刊从专家智力决策出版向数据决策出版转轨提供技术积累，以提高出版的科学性、前瞻性。

洪飏[32]以《新甲骨文编》的编纂为例，研究了数字化背景下古文字字编类工具书的编纂与出版问题。对其编纂体例、排版印刷用字、同形字和异体字的归部及具体编纂过程中要注意的问题等都分别加以剖析总结，以帮助于古文字工具书的编纂和方便学术界使用。他指出在数字化背景下，可以充分利用相关软件，先用高清扫描仪将甲骨拓片扫描制成电子文档。利用专门的抓图软件在电子文档上切割字形，加以黑白翻转，除去与笔画无关的墨痕，最后呈现出白底黑字。这种做法在一定程度上纠正了过去误摹或者误识的字形。利用这种方法对传统的甲骨文字形处理进行了校验，取得了不错的效果。同时，他提出在甲骨文的数字化出版时需要注意以下几个问题：①漫漶不清的字的处理；②不见于《说文》的已识字的处理；③依据字形检索时需要注意的问题，如《说文》的编排原则是"据形系联、以类相从"，但是有些部首的编排却是存在问题的。

3.2 甲骨文数据化

甲骨文数字化的主要工作就是将甲骨文的著录、文献等资料进行扫描，变成计算机能够存储、显示、处理的数据。但是仅仅是数字化远远不能达到甲骨学研究的需要，如甲骨文字检索等。因此，有必要对甲骨文进行数据化操作。

甲骨文的数据化对象主要包括甲骨文著录和著录中记载的甲骨片信息两大类。自1899年首次发现甲骨文以来，大批学者从事甲骨文研究，取得了丰硕成果，出版了大量甲骨文著录。这些著录使甲骨文由"古董"变成了可资学术研究的"金石资料"[33]，已成为目前甲骨文专家学者从事学术研究的第一手资料。但是，甲骨文研究者收集、查阅和整理这些著录需要耗费大量的时间和精力，而且著录中不可避免存在一些遗漏，如章秀霞[34]在《〈北京大学珍藏甲骨文字〉著录片校重》一文中校出 136 例错漏，著录还存在出处标示错误现象[35]。研究学者们为校重和勘误付出了巨大的努力和辛勤劳动，但是传统的人工方式的研究手段阻碍了甲骨文研究的进展，信息技术和数字化手段为这些问题提供了有力的解决方案。

甲骨文著录就是通过墨拓、摹绘、照相、文字叙述等手段将甲骨文客观地记录公布在纸张、网络等媒介上的工作，记录内容包括甲骨本身的形状、卜甲和卜骨上的卜兆和钻凿、甲骨上雕刻的花纹等信息[36]。殷墟甲骨文发现一百多年后，甲骨文先后出土了 15 万余片，几代学者在搜集、整理这些甲骨片的基础上编纂出版了一批工具书。随着计算机技术的发展，甲骨文数字化逐渐受到研究者的重视。顾绍通[36]认为甲骨文数字化处理包括甲骨拓片图像去噪、拓片的计算机辅助复原、甲骨文点阵字形转化、甲骨字编码、字形识别和甲骨文字体艺术变形等多个方面。吴琴霞[29]从甲骨文数字出版的角度总结了甲骨文数字化存在的问题：甲骨文文献的收集整理、甲骨文图像化、数字化字符集、数字化检索等。这些研究是站在计算机技术和信息处理的角度分析问题，而没有充分考虑甲骨文研究者的使用需求，而且未涉及甲骨文著录的信息管理。朱添[37]研究了如何在数字化阅读时代背景下，编纂内容更丰富、检索更便捷、学术性与可读性俱佳的甲骨文电子工具书。该研究考虑了甲骨文研究者的实际需求，但是未专门研究甲骨文著录的信息综合处理和关联分析。

上述研究大部分是甲骨文的数字化内容，这些研究还不能解决如下问题：如何查询某片甲骨在所有著录中的收录情况？如何查找哪篇缀合甲骨各碎片的著录出处？如何查询某片甲骨的出土地和收藏地，并获取与该片甲骨有相同出土地或收藏地的其他甲骨片？如何通过用户的查找推送主题相关的其他甲骨信息？为解决这些问题，我们提出构建甲骨文著录综合信息化系统的方案，在该信息化系统中实现甲骨文的数据化。

构建甲骨文著录综合信息化系统旨在服务于甲骨文专家和研究者，将甲骨文发现以来近 120 年来出版的著录进行数字化、数据化，最终达到知识服务智能化的目的。信息化系统框架如图 3-2[38]所示。

第三章 计算甲骨学研究

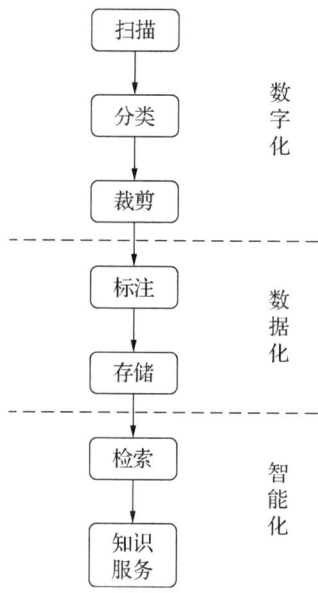

图 3-2 甲骨文信息化系统框架

从图 3-2 可以看出，在数字化阶段的任务是将纸质的出版著录利用高清扫描仪进行扫描，并根据不同方式进行分类。例如，按照编写形式分类，按照内容形式分类等。由于甲骨文著录记录了各种形式的甲骨片，这些甲骨片都具备各自的独有信息，如载体、卜辞、钻凿、兆纹等，这些都是著录数字化的对象，因此需要将著录中的每一片甲骨裁剪下来，作为一个研究对象。

在数据化阶段，由于数字化的单位是比特，故数字化的文档无法被现有搜索引擎搜索到，而一旦数字化文件被数据化之后，则可以充分发挥信息检索优势。因此，数据化是提供智能化知识服务的基础。该信息化系统通过对甲骨文著录进行碎片化标注实现著录信息的数据化，并存储到关系数据库和图数据库中。甲骨文著录及著录中的甲骨片标注信息如图 3-3、图 3-4 所示[38]。

在智能化阶段，主要提供甲骨文的知识服务。目前，"以图搜图"的检索方式在甲骨文信息处理中的应用尚不成熟。智能化阶段的检索分为基于字粒度的著录检索和基于内容和关联分析的智能检索。通过利用数据化阶段的标注数据，融合知识图谱和推荐系统，可以为甲骨文专家提供智能化的知识

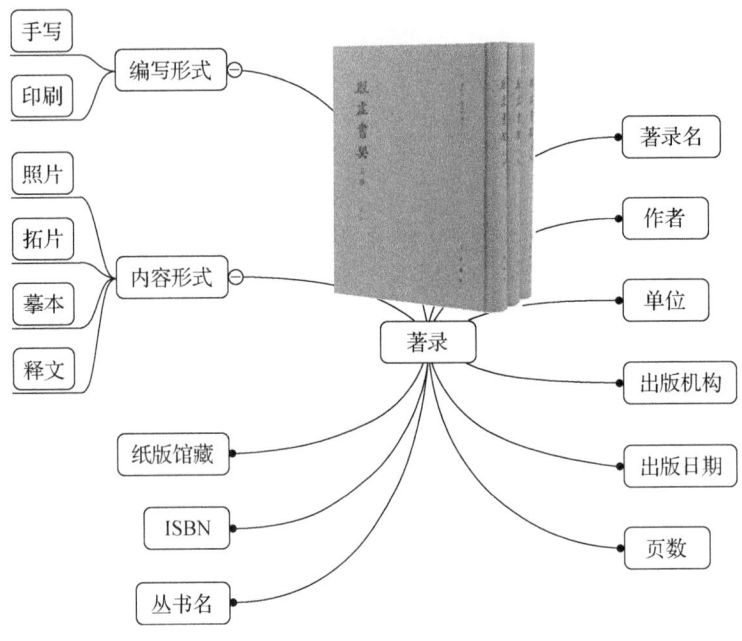

图 3-3 甲骨文著录标注信息

服务,包括甲骨文著录及甲骨片的关联分析与检索、基于知识推理的甲骨考释线索推送等。

甲骨文著录综合信息化系统主要服务于甲骨文专家及研究学者,为其提供全面权威的甲骨文著录及甲骨片研究信息。该系统的前端用户即甲骨文专家及研究者,系统后台管理端由软件工程师在专家学者的指导下实现甲骨文著录信息的管理和维护。系统功能如图 3-5[38]所示。

如图 3-5 所示的功能中,最主要、最常用的是查询功能,甲骨文研究者既需要查询甲骨文著录,也需要查询某一甲骨片。因此,查询均提供多种类型的综合查询,同时,提供关联查询功能。例如,查询收录了某一片甲骨的所有著录;某片甲骨是缀合甲骨中的一片,通过关联可以查询到缀合甲骨的其他甲骨片。系统的数据库设计是一个重要环节,其字段设计直接反映了碎片化标注的元数据信息。设计步骤主要包括需求分析、概念设计、逻辑设计、物理设计等阶段[39]。在遵循数据库设计三范式的基础上采用如下设计原则[40]:

①每个表设置与业务逻辑无关的主键;

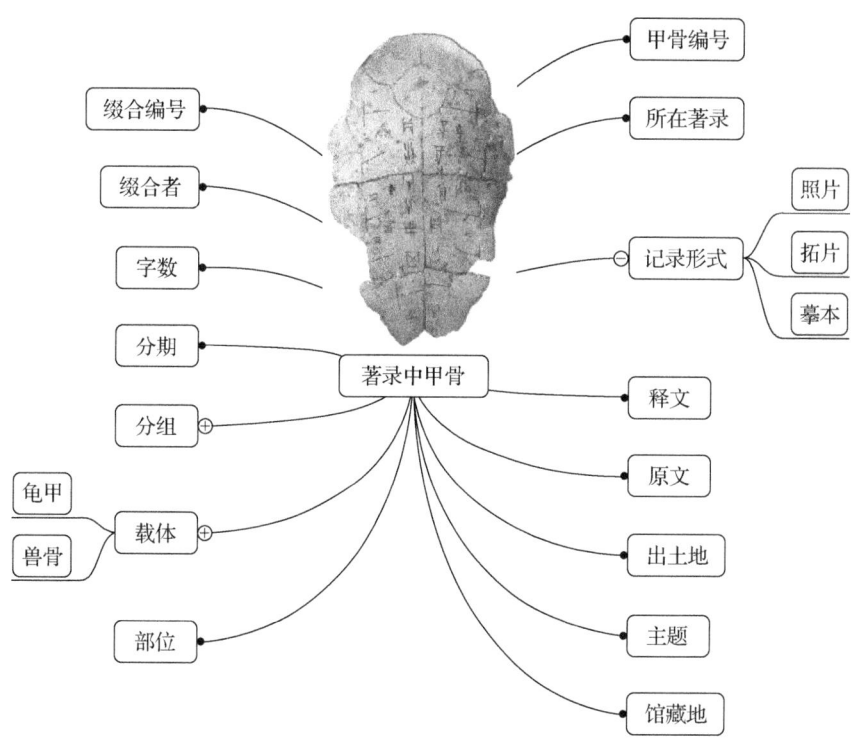

图 3-4　甲骨片标注信息

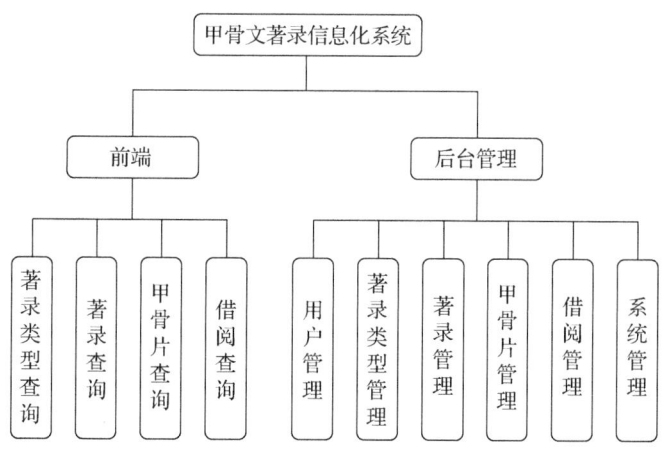

图 3-5　甲骨文著录信息化系统功能模块

②表中每个记录均是唯一的，不能存在含义相同的重复记录；

③一个字段只表示一个含义；

④数据库中的关键字为非空值，外键属性为非空值；

⑤总是包含两个 DATETIME 类型的日期字段：created（创建日期）、updated（修改日期），且这两个字段不包含额外的业务逻辑。

基于以上设计原则和步骤，该系统建立 7 个数据表：管理员信息表、著录类型信息表、著录信息表、甲骨片信息表、用户类型信息表、用户信息表、借阅信息表。现仅对其中最重要的著录信息表、甲骨片信息表这两个表进行说明。著录信息 t_obirecord 结构如表 3-3 所示。

表 3-3　著录信息 t_obirecord

字段名	数据类型	是否空值	说明
rid	int	Not Null（主键，自增）	唯一的著录 id
ISBN	varchar（20）	Not Null	著录的 ISBN 号
rname	varchar（200）	Not Null	著录名称
rTypeId	int	Not Null	著录类型，与著录类型表中 TypeId 关联
authors	varchar（200）	Not Null	著录作者
institution	varchar（200）	Not Null	作者单位
pulisher	varchar（100）	Not Null	出版机构
publishDate	datetime	Not Null	出版时间
price	float	Not Null	著录价格
count	int	Not Null	著录存本数量
introduction	varchar（500）		著录简介
rPhoto	varchar（100）		著录图片，存储内容为图片路径
pages	int	Not Null	著录页数
writeType	varchar（50）	Not Null	著录编写形式
contentType	varchar（50）	Not Null	著录内容形式
lib	varchar（100）		著录馆藏地

第三章 计算甲骨学研究

续表

字段名	数据类型	是否空值	说明
isEpub	char（1）	Not Null	是否有电子版格式，"1"表示有，"0"表示无
created	datetime	Not Null	创建日期
updated	datetime	Not Null	修改日期

甲骨片信息 t_obi 结构如表 3-4 所示。

表 3-4 甲骨片信息 t_obi

字段名	数据类型	是否空值	说明
oid	int	Not Null（主键，自增）	唯一的甲骨片 id
ono	varchar（20）	Not Null	甲骨片的编号，如 H13931B
rid	int	Not Null	出自哪部著录，与著录信息表中 rid 关联
page	int	Not Null	所在著录的第几页
showType	varchar（20）	Not Null	记录形式
partObi	varchar（20）		甲骨刻凿部位，若为待考证，则空
srcContent	varchar（200）		甲骨文原文，可能无字或模糊不可认，则空
scriptContent	varchar（200）		甲骨文释文，可能无字或模糊不可认，则空
obicount	int	Not Null	甲骨片上的甲骨字数量
digplace	varchar（200）		甲骨片发掘地点，可能未知，则空
saveplace	varchar（200）		甲骨片馆藏地点，可能未知，则空
theme	varchar（200）		甲骨卜辞主题，若为待考证，则空
carrier	varchar（20）	Not Null	甲骨片载体，即龟甲或兽骨

续表

字段名	数据类型	是否空值	说明
period	varchar（20）		甲骨片分期，若为待考证，则空
obigroup	varchar（20）		甲骨片分组，若为待考证，则空
whocompose	varchar（50）		甲骨片缀合者，若非缀合甲骨，则空
composeNo	varchar（50）		甲骨片缀合编号，若非缀合甲骨，则空
isEpub	char（1）	Not Null	是否有电子版格式，"1"表示有，"0"表示无
created	datetime	Not Null	创建日期
updated	datetime	Not Null	修改日期

甲骨文著录信息化系统管理页面如图3-6所示。

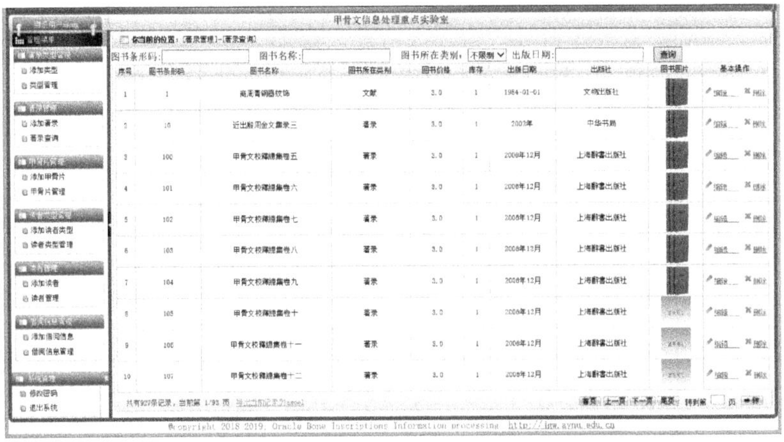

图3-6　甲骨文著录信息化系统管理页面

甲骨片信息管理页面如图3-7所示。该界面实现了甲骨文碎片化标注的功能，即进行甲骨文数据化处理。

甲骨文著录综合信息管理系统，不仅可以对甲骨文著录进行添加、查询、更新等操作，还可以对著录中记载的每一片甲骨进行管理和维护。目

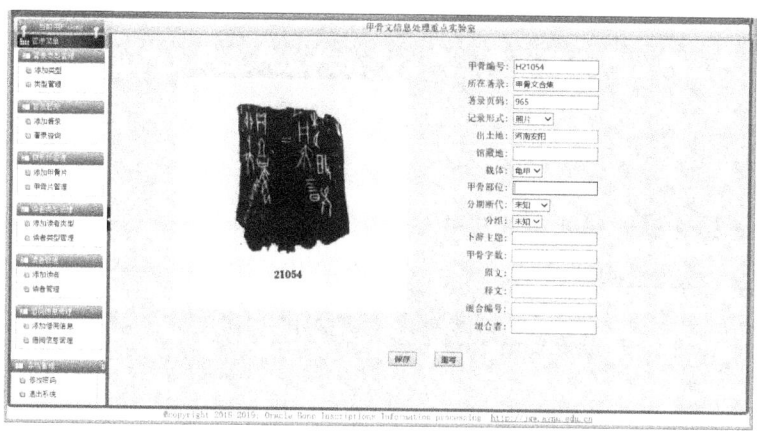

图 3-7 甲骨片信息管理页面

前，系统中可管理的文献有 926 部（其中著录有 174 部），甲骨图片有 86 321 张，满足甲骨文研究者的基本需求。

3.3 甲骨文语料库构建

甲骨学研究涉及的内容和形式繁多，包括甲骨片（照片、拓片、摹本格式）、甲骨文著录、甲骨文文献、甲骨文文本（释文、原文）、甲骨文字形（字模、字图）等。为便于计算机存储和处理这些信息，并为将来的数据分析提供便利，需要构建一系列文本库和数据库，我们统一称为甲骨文语料库。

吴琴霞等[41]认为甲骨文语料库是甲骨文研究的数字化平台，建立甲骨文语料库的目的就是运用计算机技术通过语料库来研究甲骨文。为了辅助甲骨文专家进行甲骨文考释，提出一种采用 XML + XML Schema 对甲骨文语料库进行结构化标注的方法，使不同类型的数据表示成统一的格式，为数据交换和共享提供了方便。具体实现方式是在已有的甲骨文语料库的基础上，在甲骨文领域专家的帮助下，对甲骨文语料库进行语料标注，标注时需要抽取出对甲骨文考释有帮助的信息，这些信息可以作为 XML 文档的词汇集，词汇集间的关系通过建立 XML Schema 模来明确标出各个词汇之间的关系。甲骨文词汇之间的关系如图 3-8[41]所示。

语料库的建设首要任务是元数据的抽取，元数据对语料库的研究具有重

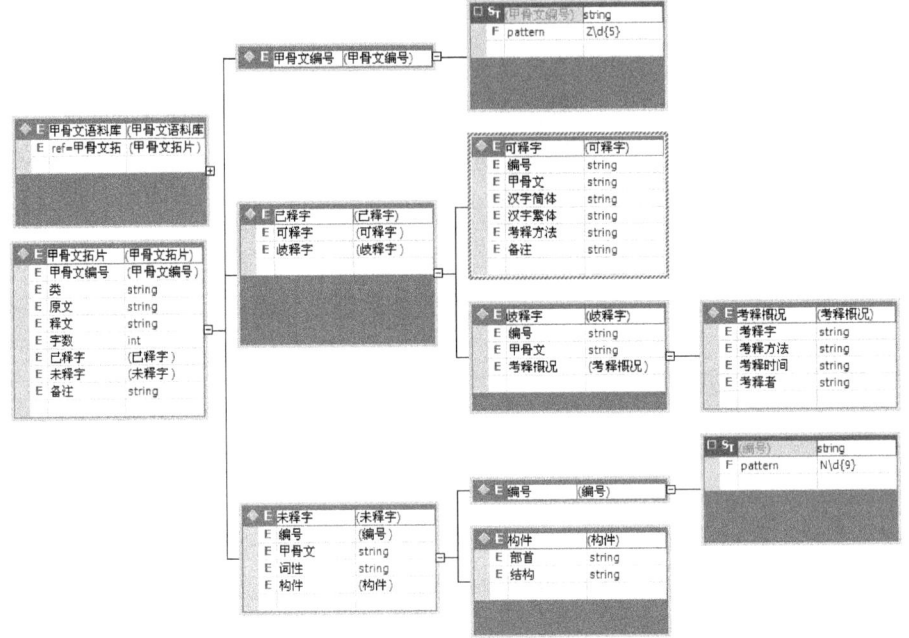

图 3-8 甲骨文语料标注 XML Schema 框架

要的意义。为此，吴琴霞等[42]提出了一种基于 XML 语言的甲骨文语料库元数据的抽取技术。甲骨文元数据以结构化的方式表达甲骨片上存放的卜辞信息，方便了信息的共享，可为后期甲骨字的考释研究提供丰富的语料信息。其抽取的甲骨文元数据可以表示为图 3-9[42]所示的树形结构。

图 3-9 中的虚线框表示可以省略的内容、* 表示可以有零个或多个元素。依据此树形结构，可以定义出元数据对应的 XML Schema 文档。甲骨文语料库元数据抽取方法：针对甲骨拓片上的卜辞信息进行元数据抽取，依据抽取出的结果定义出 XML 保存元数据的语法结构即 XML Schema，再基于 XML Schema 对采用 XML 存储甲骨卜辞信息进行验证，最终保存为语料库。甲骨文语料库元数据抽取模型如图 3-10[42]所示。

葛彦强等[43]研究了基于贝叶斯网络的甲骨文辅助考释专家系统语料库的构建方法。其结合甲骨文的字、文、图三位一体的特性，给出甲骨文考释的方法，即从结构考释、从上下文考释、从字形演化考释。再根据甲骨文辅助考释的推理过程，构造了甲骨文的贝叶斯网络。在此基础上，构建了包含特征属性语料库和案例库两个部分的专家系统语料库。其中特征属性语料库

第三章 计算甲骨学研究

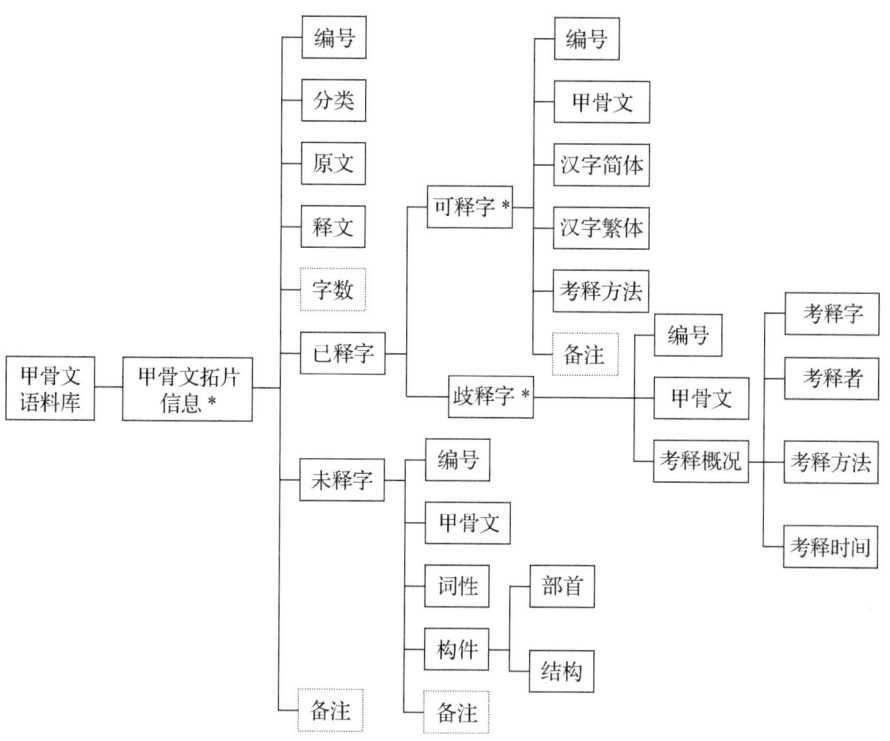

图 3-9 甲骨文元数据结构

注：图中的虚线框表示可以省略的内容，*表示可以有零个或多个元素。

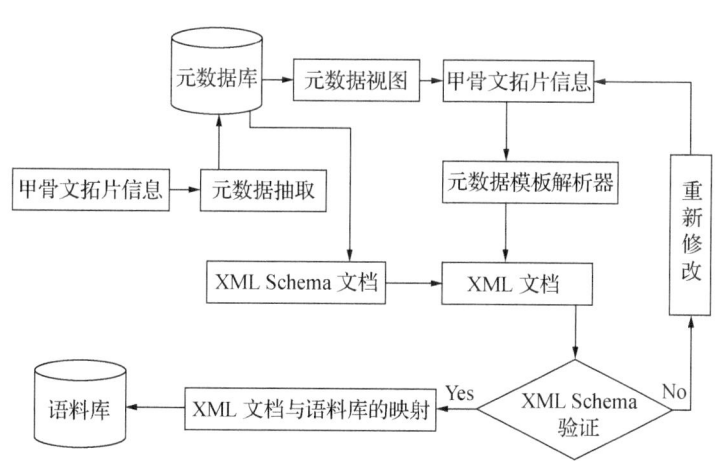

图 3-10 甲骨文语料库元数据抽取模型

着重建立甲骨文字库及规则库；而案例库中存储的是每一条专家考释案例，即目前甲骨文研究中已考释出来的甲骨字和经部分学者考释的但未得到公认的甲骨字。这些甲骨字采用的考释方法并不相同，而且是由不同的专家考释的。

邵文丽[44]为了研究甲骨文相关英语表述的对比分析，以语言与文化等理论为指导，利用语料库技术（词频、主题词、搭配、索引和语义韵），通过分别对两个子语料库中的具有代表性的高频主题词的索引行进行定性分析，从而实现中西甲骨文相关英语表述对比研究。其构建了甲骨文小型可比语料库，语料取自中国文字博物馆的英文简介中的甲骨文部分和《剑桥中国上古史》中的甲骨文部分。首先，利用 WordSmith 软件分别提取两个子语料库的主题词，然后进行主题词统计从而得到各自的主题词列表。观察分析两个列表，从中选取在两个子语料库的主题词列表上同时出现的高频且具有代表性的 3 组主题词 "oracle-bone inscriptions" "Shang" "divination"。利用 WordSmith 的索引功能，分别检索出这 3 组主题词的索引行。最后，对每一组主题词的索引行进行对比分析。其构建的中国文字博物馆甲骨文语料库如图 3-11 所示，剑桥中国上古史甲骨文语料库如图 3-12 所示。

甲骨文图文资料库是甲骨文语料库中的集大成者。该甲骨文图文资料库是安阳师范学院历史与文博学院韩江苏教授的国家社会科学基金项目"甲

N	Key word	Freq	%	RC. Freq	RC. %	Keyness	P	Lemmas Set
1	ORACLE	105	2.12	2		1,135.57	0.0000000000	
2	INSCRIPTIONS	101	2.04	1		1,100.10	0.0000000000	
3	BONE	81	1.64	37		744.47	0.0000000000	
4	CHARACTERS	63	1.27	35		565.26	0.0000000000	
5	YINXU	46	0.93	0		505.64	0.0000000000	
6	SHANG	38	0.77	0		417.64	0.0000000000	
7	BONES	36	0.73	20		322.81	0.0000000000	
8	CHINESE	34	0.69	58		252.92	0.0000000000	
9	DIVINATION	21	0.42	3		212.67	0.0000000000	
10	ZI	14	0.28	0		153.80	0.0000000000	
11	PIECES	24	0.49	91		146.64	0.0000000000	
12	DYNASTY	15	0.30	5		142.34	0.0000000000	
13	WANG	12	0.24	0		131.82	0.0000000000	
14	EXCAVATION	13	0.26	3		127.39	0.0000000000	
15	DONG	11	0.22	0		120.84	0.0000000000	
16	XIAOTUN	10	0.20	0		109.85	0.0000000000	
17	UNEARTHED	11	0.22	2		109.69	0.0000000000	
18	INSCRIBED	12	0.24	7		106.87	0.0000000000	
19	WERE	65	1.32	3,258	0.27	101.16	0.0000000000	
20	ANYANG	9	0.18	0		98.86	0.0000000000	
21	HISTORY	23	0.47	277	0.02	92.66	0.0000000000	
22	ZHENGZHOU	8	0.16	0		87.88	0.0000000000	
23	ZHOU	8	0.16	0		87.88	0.0000000000	
24	LI	8	0.16	0		87.88	0.0000000000	
25	OF	266	5.38	35,695	2.99	78.85	0.0000000000	
26	KINGS	9	0.18	7		76.99	0.0000000000	

图 3-11　中国文字博物馆甲骨文语料库

第三章　计算甲骨学研究

N	Key word	Freq	%	RC. Freq	RC. %	Keyness	P. Lemmas	Set
1	SHANG	109	1.06	0		1,039.45000000		
2	INSCRIPTIONS	57	0.55	1		533.19000000		
3	ORACLE	56	0.54	2		516.38000000		
4	ANYANG	48	0.47	0		457.46000000		
5	CHINESE	57	0.55	58		384.85000000		
6	ZHOU	39	0.38	0		371.65000000		
7	TEXTS	34	0.33	4		298.48000000		
8	BONE	41	0.40	37		283.42000000		
9	DYNASTY	31	0.30	5		266.46000000		
10	KINGS	28	0.27	7		231.89000000		
11	BONES	30	0.29	20		218.90000000		
12	CHINA	33	0.32	70		186.45000000		
13	WRITING	36	0.35	120	0.01	176.56000000		
14	BRONZE	22	0.21	11		167.79000000		
15	WU	18	0.17	1		163.68000000		
16	DING	17	0.17	0		161.96000000		
17	ARCHAEOLOGY	21	0.20	10		161.27000000		
18	ARCHAEOLOGICAL	20	0.19	9		154.78000000		
19	SITE	27	0.26	63		148.39000000		
20	XIA	15	0.15	0		142.91000000		
21	DIVINATION	15	0.15	3		126.74000000		
22	WRITTEN	30	0.29	155	0.01	124.51000000		
23	PERIOD	33	0.32	258	0.02	113.09000000		
24	CULTURE	21	0.20	57		110.19000000		
25	POTTERY	16	0.16	16		108.35000000		
26	THE	846	8.22	68,502	5.74	103.48000000		

图3-12　剑桥中国上古史甲骨文语料库

骨文图文资料库（04BZS003）"的研究成果，该项目是课题组长达10年的艰辛奋战、两次主动申请延期结项、以精益求精的态度得到的成果，最终以优秀结果结项。

甲骨文图文资料库由甲骨文图片库、释文库、原形文字库3个数据库组成，收录了《甲骨文合集》《甲骨文合集补编》《英国所藏甲骨集》等9种甲骨著录共72 264片甲骨。图文资料库的构建目标是"收集材料最全、检索手段最快、字形原貌最准，图、文、字并举"。虽然台湾成功大学的"甲骨文全文影像资料库"、香港中文大学的"甲骨文资料库"均在图文资料库方面进行了尝试，但这两种资料库一个重文字，一个重图像，均不完满。甲骨文图文资料库把图、文、字结合起来，是一个既全面又便捷的信息化资料库。课题初始阶段，主要任务是对权威资料进行扫描、裁切、编号，构建甲骨文图片库；依据相关研究成果建立释文库；建立甲骨文原形文字库。在整理甲骨文原形文字方面，用抓图软件截取的图片放大500倍，再进行黑白翻转处理，最后用Photoshop绘图程序对照甲骨文原形字，一笔一画地描写复原。因此，原形文字库质量好，准确性高。中期面临的主要难题：殷墟甲骨文时间跨度约两百年，因时代、地区、书写习惯差异造成了大量"同字异形体"，即粗看为同一个字，细看笔画结构却有差异。为此课题组不但将前人整理出的4000多个甲骨文字头扩展到5249个，还整理复原了41 980个甲骨文原形文字，大大充实了甲骨文字资源。后期面临的主要问题是甲骨字的计算机显示效果，因为先民刻写在甲骨上的文字，每一笔都有笔锋，笔画之间有鲜明的叠压关系，而计算机复原出的文字虽笔画准确，却方头方脑，也不存在叠压痕迹，故令人有"是图形而非文字"之感。最终课题组审慎对比了现有的几种检索方法，决定创新检索方式，建立可视化界面，即将甲骨文的153个部首全部显示在界面上，用户只需点击相应部首，便可通过汉字查找、编号查找、甲骨文原形字查找3种途径，便捷准确地实现检索。下面对甲骨文图文资料库的展示进行简要说明。

甲骨文图文资料库中实现了和甲骨拓片对应的文字序列，其内容涵盖了甲骨文的字、图、文多种信息，其中每个甲骨字均是以图片的方式存储和展现，目前有41 980个甲骨字（每个甲骨字是甲骨文专家对照甲骨片进行临摹的，不是原始的拓片截图，称为"字模"。这些字模含异体字，并且对异体字进行了合并处理，即将字形差不多的甲骨字归纳为一个"字模"，合并的操作也是由甲骨文专家完成）。图文资料库中的甲骨字展现形式如图3-13所示。

图3-13　以图片格式展示的甲骨字模

从图3-13中选择某个字，可以查询到包含该字的所有甲骨片，如图3-14所示。

选定某片甲骨后，该片的甲骨文原文及释文序列（和甲骨片上的内容是一一对应的）即可展现出来。为体现显示效果，选择字数较多的一片甲骨进行说明，如图3-15所示。

第三章 计算甲骨学研究

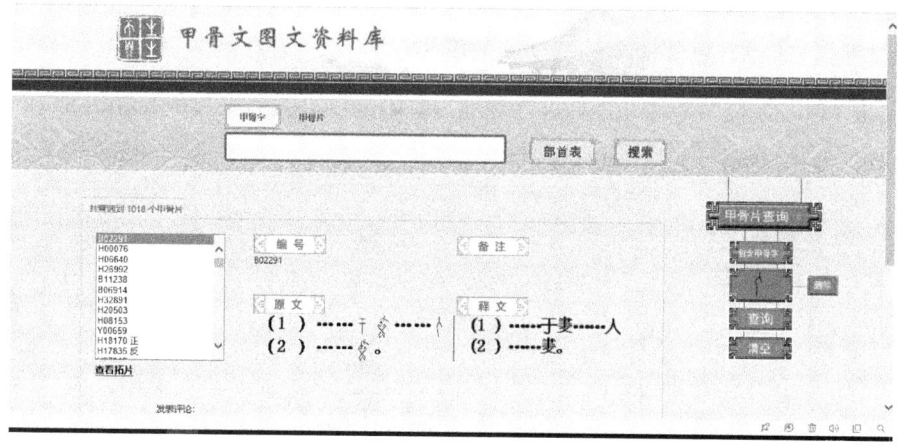

图 3-14 包含某个字的甲骨片列表及选定的具体某片甲骨

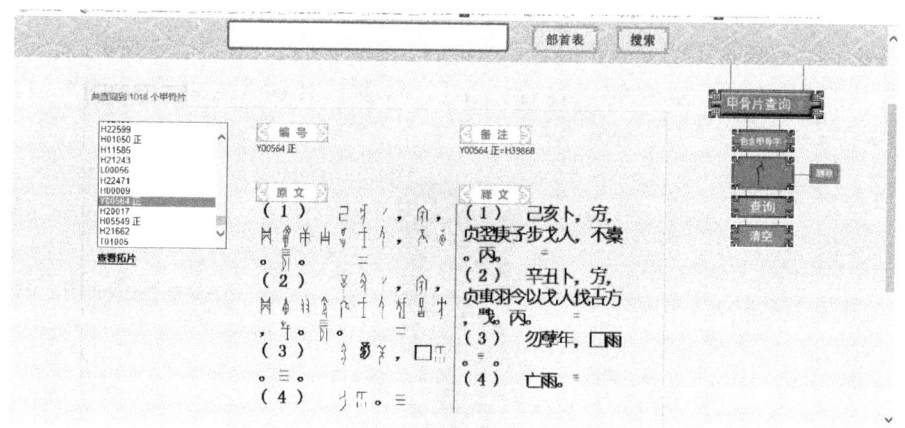

图 3-15 "Y00564 正"片的内容展示

图 3-15 中，原文就是同甲骨片上的字一致的内容展现（其中有缺失或模糊不清的用方框表示），其实现方式就是将上述的"字模"按文字内容进行图片拼合而成的。释文（释文并不是指翻译之后的现代汉语意思）是指经专家考释过的甲骨字对应的现代汉字，尚未考释出来的仍然以甲骨字原文显示。

原文和释文是同甲骨拓片对应的，通过"查看拓片"功能即可找到甲骨原始拓片，即前述涵盖字、图、文信息。现选择一例进行说明。例如，通

61

过片号"H22599"(该编号是甲骨文著录《甲骨文合集》中已记录的甲骨片编号)可以查看其原文和释文,如图3-16所示。

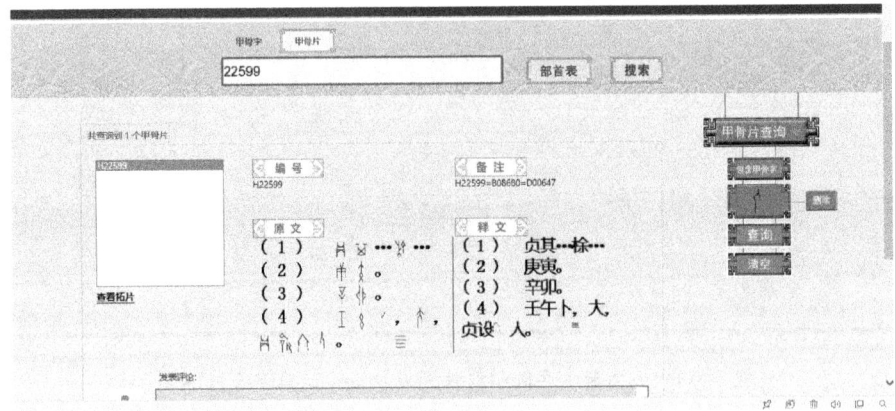

图3-16 通过甲骨片检索"H22599"片的信息

点击图3-16左侧的"查看拓片",得到该片的原始拓片如图3-17所示。

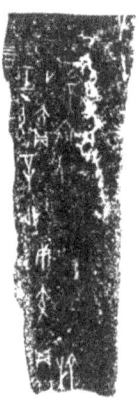

图3-17 "H22599"甲骨拓片

从图3-17可以看出,图3-16的文字序列均是甲骨文专家释读出来的,其顺序并非简单的"从左至右"或"从上而下"。在图文资料库中使用"字模"的优点就是不用直接面对甲骨片上的噪声,当然其带来的缺点就是丢失了原始拓片上字的相关特征。

3.3.1 甲骨文语义词典构建

计算甲骨学研究中,建立综合的甲骨文语义知识库已成为当前甲骨文研究的迫切要求,而语义词典则是构建语义知识库的基础。高峰等[45]从甲骨文语言特点出发,首先明确甲骨文语义分析原则,给出了甲骨文语义分类体系;然后按照配价原则描述对应的语义属性及语义搭配;最后构造一个半自动化的甲骨文语义词典生成系统,以便更好地服务于甲骨学研究。

甲骨文作为最早具备汉语语法体系的文字,虽有很多特征均延续到后代传世文献,但其有区别于其他古籍的一些特点,重点是文字和语法。甲骨文的文字特征有:①一字异形;②异字同形;③合文普遍,即 2 个或 3 个字刻在一起,在行款上只占一个字的位置[46];④少数高频字占总字量的高比重和在总字量中占极低比重的低频字占单字总数的极高比重的两端集中特征[47]。甲骨文的语法特征有:①特有的三宾动词[48];②完整的卜辞有前辞、命辞、占辞、验辞 4 个部分,但是大多数卜辞都省略了某些部分,常见的卜辞只保留了前辞和命辞[47]。

根据甲骨文的这些特殊性,参考 WordNet[49]的框架,并借鉴 HowNet[50]的思想,设计甲骨文语义词典。其中,WordNet 是基于英文的词汇语义网络系统,它将英文的名词、动词、形容词和副词组织为同义词集合,每一个集合表示一个基本的词汇概念,并在这些词汇概念间建立包括同义关系、反义关系和继承关系等多种词汇语义关系[50]。HowNet 是一个以汉语和英语的词语概念为描述对象,表达概念与概念之间及概念的属性之间的关系为基本内容的常识知识库。设计思路:对于甲骨文领域中的语义信息,应采用语法与语义分析并重的思想,语法分析在前,语义分析在后,用语义信息来限制多义词的义项、消除歧义,从而得到正确的句法结构。因此,甲骨文中的语义描述应当遵循以下规则[45]。

①用同义词集合表示一个概念。此原则借鉴了 WordNet 的做法,但又体现了不同的思想。主要涉及两方面的内容:一是针对甲骨字的异形体,从一字多体里面选取字频高的作为对应的甲骨字;二是针对甲骨文领域的名词而言。

②语义关系在概念之间体现。借鉴 HowNet 的构造思想,对概念的属性及其关系进行了描述。

③上下位关系是语义关系的主要关系。考虑到甲骨文的未考释的字数量

较多,另外,甲骨片的完整性不够等现实因素,在设计过程中以上下位关系为主。

在甲骨文知识的语义分类体系方面,结合目前权威的甲骨文著录及文献如《甲骨文合集》《甲骨文卜辞通纂考释》《甲骨文与殷商史》《甲骨文字研究》《甲骨文字典》等,通过了解殷商文化的相关信息,为了高度抽象地概括殷商时期人们所对应的客观世界,将客观世界作为语义的基类(base class),把事物[N]、运动[V]、状态[A]和过程[F]4类当作客观世界的继承类。

甲骨文领域的语义分类体系参考了大量的中文语义分类体系,并根据甲骨文词汇本身的概念特征进行了局部修改和调整,形成了甲骨文语义词典的语义分类体系,如表3-5[45]所示。

表3-5中,对事物类的类别划分、运动类的行为分类是属于甲骨文领域的特有体现。在事物、运动、状态、过程4个类中,只有事物[N]属于实体类,其他3类是事物类的属性关系类,是反映事物运动、变化、性状及持续时间的特征类。

表3-5 甲骨文语义分类体系

1级语义类别	2级语义类别	3级语义类别	4级语义类别
事物[N]	具体事物	生物	人类、鬼神、动物、植物
		非生物	自然物、人造物、排泄物、构形
		构件	生物构件、非生物构件
	抽象事物	事件、领域、疾梦、休咎、属性	
运动[V]	关联(表示存在、相当、包含和运动的关系)		
	心动(指生命体的心理活动及外部表现,如喜欢、盼望等)		
	行为	动作、感知、运动、命令、饮食、盥洗、住休、疾梦、生育、婚娶、农事、田牧、工事、征召、监伺、行军、征伐、侵扰、防御、刑讯、占卜、祭祀等属性	

续表

1级语义类别	2级语义类别	3级语义类别	4级语义类别
状态[A]	事件值（包含某一事件发生或者出现的状态）		
	物性值		包含视觉、触觉、色感、味觉、听感、形感、浓度、速度、长度、高度、大小、真假、好坏、价值、内容等
	人性值		年龄值、关系值等
过程[F]	时间		时间、时间值
	空间		空间、空间值

在甲骨文语义词典的设计中，借鉴配价语法、格语法等主流语义分析理论，参考SKCC的做法，采用语义分类与属性描述相结合的语义信息表述方法。语义分类采用面向对象的思想，上下级之间属性易于传递和继承，但子类的边界和交叉很难克服。因此，在语义分类的基础之上，首先对不同类的信息进行语义描述，最后完成语义搭配。

先介绍事物类属性的描述。事物类是所设定四大类的核心，分别从分类、构件、形状、颜色、物态、关系、属性、功能8个方面进行描述，建立静态语义网并形成基础语义库。

然后介绍运动类属性的描述。运动类通过述语配价来完成。述语配价是指在一个特定的语义环境中，一个动词与其周围对象之间的支配关系。配价是属于语义范畴的动词的静态信息，对于一个具体的动词或形容词而言，其配价是相对稳定的。在理论上说，一个甲骨卜辞句子中，直接受动词支配的对象最多不超过3个。如果支配1个成分我们称一价动词：[O，1 | A]，如"夭""生""丧"等。如果支配2个周围成分称作二价动词：[O，S，2 | A]，如"说""吃""抢"等。如果支配3个周围成分我们称作三价动词：[O，S1，S2，3 | A]，如"赐""穿"等。

最后介绍状态类和过程类的属性描述。状态类和过程类主要进行语义范畴的分析，以确定其语义指向。通过状态类和过程类的属性与事物类和运动类的属性建立联系。一般主要针对甲骨文领域的少数的兼类词或多义词而设计，因事物类和运动类占据主导地位，只要运动类的配价属性确定，状态类和过程类只是作为配备的附加信息存储。

有了语义分类体系，可具体刻画词语的语义属性。具体做法是先对一个实词确定其语义分类归属，然后进行词与词之间的语义搭配描述。语义搭配主要是对一个实词的配价数及该实词对其语义配项成分的限制要求。甲骨文语义词典设计时，对每个实词，一般要求指明它对语义配项成分（限于名词成分）的语义限制。语义限制一般用名词所属的语义类来表示。下面举例描述本文的语义模型中一个实词可能有的3种配项成分的语义搭配限制情况。

①主体：动作或性状的发出者或承担者，事物的参照者。例如，癸巳卜殻贞旬无祸（释读：癸巳日占卜，卜官殻贞问："未来的十日内没有灾祸吧？"）。该句中，动词"贞"的主体是"殻"，语义要求是"卜官"。

又如，土方征于我东鄙（释读：土方国在我国东部边陲征战）。该句中，名词"鄙"的主体是"我"，语义要求是"方国"。

在卜辞句"贞今夕其雨疾（释读：贞问：'今天夜里有雨？很大吗？'）"中，形容词"疾"的主体是"雨"，语义要求是"自然物"。

②客体：动作或变化的影响者，事物的关联对象。例如，甲申卜不其网鱼（释读：甲申日占卜，贞问不会用网捕到鱼吗？）。该句中，动词"网"的客体是"鱼"，语义要求是"动物"。

又如，王其往逐鹿获（释读：商王去逐猎鹿，会有所获吗？）。该句中，动词"逐"的客体是"鹿"，语义要求是"动物"。

③邻体：事件中的受益者或受损者。例如，辛亥卜宾贞畣格化氏王系（释读：辛亥日占卜，卜官宾贞问："畣格化会给商王献系奴吗？"）。该句中，动词"氏"的邻体是"系"，语义要求是"奴隶"。

高峰等[45]设计的甲骨文领域语义词典半自动化构建的系统模型的主要流程分为数据预处理、语义关系识别、人工修改鉴别3个步骤。如图3-18所示。

图3-18中，语义词典构建的预处理工作主要是通过整理甲骨文语料库，将甲骨文释文文本存入数据库，再进行分词处理。该语义词典已整理72 151片甲骨卜辞文本，语料约75万字。根据徐中舒的《甲骨文字典》和陈年福的《甲骨文词义论稿》构建了相应的甲骨文领域的基础语义词典，手工收录词条1461条。采用文献[51]中基于词典、句法规则和句法分析相结合对甲骨文语料进行分词，通过未登录词识别规则进行检查，将满足未登录词条件的新词加入词库。分词后，经审核后的词典词条达到4957条。基本符合甲骨文信息处理中对甲骨字的语义检索要求。

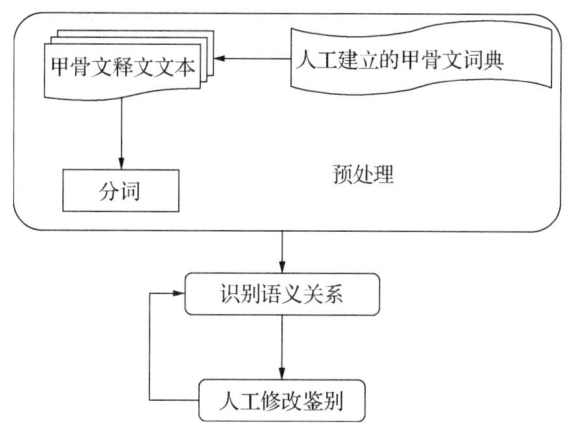

图3-18 甲骨文语义词典构建模型

3.3.2 甲骨文分词算法

随着甲骨文研究的不断推进，面临的问题越趋复杂，计算甲骨学则充分利用计算机科学和信息技术实现甲骨文信息处理。但是甲骨文自动识别和理解是一项难度极大的任务，而甲骨文的分词技术是甲骨文信息处理重要的基础工作。

当前，汉语的自动分词研究很多并取得了重要成果。这些分词研究总体上可以分为3类：基于词典和主题词表的、基于词频统计的和基于知识理解的。付英英等[52]依据文献计量学的原理与方法，对2004—2008年发表的有关中文分词研究领域的论文进行了分析研究。通过对中文分词研究作者分析和文献分布分析，对中国在中文分词领域的研究现状进行了探讨。Huihsin Tseng等[53]开发了一种基于条件随机场的中文分词系统，该系统提供了一个含有大量语言学特征的框架，如字符识别、语言形态学和叠词等。Mengqiu Wang等[54]提出了一种方法，该方法使用高效的双重分割算法充分结合了两种分词框架的优势。该模型简单易于实现。Zhiguo Wang等[55]提出了一种新的基于格的分词框架，先将中文句子拆分成词语格，再利用基于格的词性标注和基于格的解析器，从顺序词性标注和构建层次树两个方面进行处理。

另外，现已有很多汉语分词工具，如Lucene、SCWS、中科院ICTCLAS分词系统[56]、HTTPCWS、哈尔滨工业大学LTP平台[57]、斯坦福分词工具和 IKAnalyzer 等。其中，中科院 ICTCLAS 分词系统最为流行，并在多次评测中获得一等奖。但是在甲骨文分词方面，它并没有体现出优势。利用 ICTCLAS 分词系统对甲骨文文本进行自动分词，平均正确率只有 50%。

由于甲骨文有着自身独特的语言特征，因此需要专门开展针对甲骨文的分词研究，即需要研究面向计算甲骨学的分词算法。该方法综合了甲骨文词典、词频、词性标注等，其中的两个关键技术是甲骨文词义消歧和未登录词的识别。

甲骨文虽然是中国最早的文字系统，但是它的很多特点都延续到现代汉语，如象形、会意、形声、指事、转注、假借等造字方法、语法、句法等。Huiying Cai 等[58]通过对权威专著《甲骨文字典》中 2703 个甲骨文字进行平面测查，发现甲骨文中单音节词占优势，单义词占优势，单义词占总次数的 77.2%，远超出同义词；名词数量大大超过动词；名词中专有名词占压倒优势，单义词中专有名词占 81.7%，多义词中专有名词占 77.5%；实词数量大大超过虚词，虚词共 26 个，单义词 26 个，占单义词总数的 4.5%，多义词中虚词义项 20 个，占 3.3%。

甲骨文作为最早具备汉语语法体系的文字，虽有很多特征均延续到后代传世文献，但其有着区别于其他古籍的一些特点：①一字异形；②异字同形；③合文普遍，即 2 个或 3 个字刻在一起，在行款上只占 1 个字的位置[46]；④少数高频字占总字量的高比重和在总字量中占极低比重的低频字占单字总数的极高比重的两端集中特征[47]；⑤甲骨文特有的三宾动词[59]；⑥完整的卜辞有前辞、命辞、占辞、验辞 4 个部分，但是大多数卜辞都省略了某些部分，常见的卜辞只保留了前辞和命辞[46]。

根据上述的甲骨文语言特征，我们构建了甲骨文电子词典，这是实现甲骨文分词的基础。甲骨文词典的结构是根据词性和词频来设计的。甲骨文词典的维护和扩展是一项重要内容。表 3-6 显示了甲骨文词典的结构。

表 3-6 甲骨文词典结构

列名	数据类型	描述
1	Id	char（6）	词的编号
2	Jtz	varchar（20）	简体中文
3	Ftz	varchar（20）	甲骨文原文或繁体字

续表

列名	数据类型	描述
4	Ldz	varchar（20）	甲骨文隶定字
5	Jgz	varchar（20）	甲骨字
6	Bh_set	varchar（20）	甲骨片编号
7	Cl	char（1）	词性
8	Cp	int	词频
9	Yylb	varchar（10）	语义类别
10	Load	boolean	是否在内存

目前的甲骨文词典规模为4881项词条（包括异体字和合体字），其中，单字词4687个，两字词174个，三字词有20个。

甲骨文分词步骤描述如下：首先通过甲骨文词典获得初步的分词结果，然后根据甲骨文句法规则和句法分析对初步结果进行再次划分，划分的结果通过句法分析排歧后再进行分词序列优化，得到最终的分词结果。通过未登录词识别规则进行检查，将满足未登录词条件的新词加入词库。甲骨文具体的分词流程如图3-19所示。

我们基于滑动窗口算法设计了甲骨文分词算法。滑动窗口算法源自计算机网络，将其引入计算甲骨学研究，可以实现甲骨文分词。通过设定窗口变量的大小，根据甲骨文卜辞内容是否出现在滑动窗口内部来判定其是否为一个词。具体算法描述如下。

输入：甲骨文释文 $O_0O_1O_2\cdots O_{n-1}$ 和窗口大小 len。

输出：切分之后的甲骨词。

算法描述：

for $i = 0$ to $n - 1$

for $j = 0$ to $n - len$

if 子串 $O_{i-1}O_i\cdots O_{i+len-2}$ 在甲骨文词典中存在，但是其他子串如 $O_iO_{i+1}\cdots O_{i+len-1}$，$O_{i+1}\cdots O_{i+len-1}O_{i+len}$ 并不存在于甲骨文词典中；

then，子串 $O_{i-1}O_i\cdots O_{i+len-2}$ 是一个甲骨词，将其从甲骨文释文中移除；

$i = i + len - 1$；

$j = i + len - 1$；

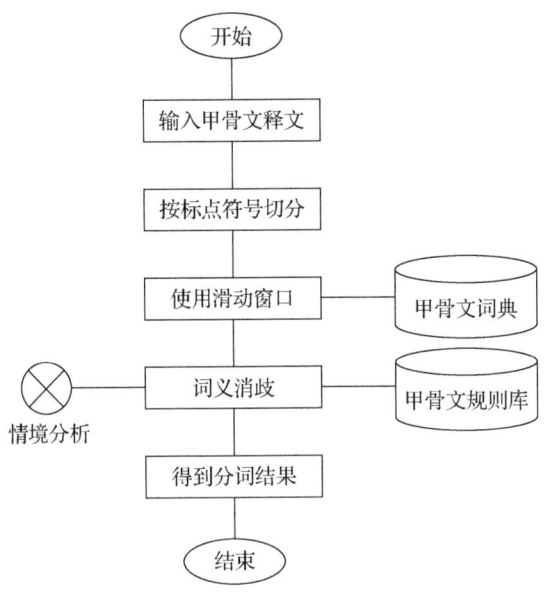

图3-19 甲骨文分词流程

elseif，滑动窗口中其他子串均不存在于甲骨文词典中；

$i++$；

$j++$；

else，进行词义消歧处理。

现假设滑动窗口的大小为3，则算法的初始化状态如图3-20所示。

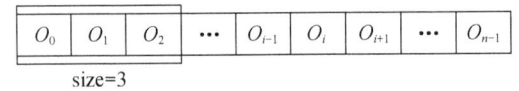

图3-20 算法初始化

实际上，滑动窗口的大小 n 是可变的。$n \in [2, len_{max}]$，其中 len_{max} 表示甲骨文词典中最长词的长度大小。

图3-21 显示了一种特定情况，即在滑动窗口大小为3时，其中的子串存在于甲骨文词典的数量不止一个。此时，需要进行词义消歧来进一步判断。

由于甲骨文词典中的单字词占绝大多数，当滑动窗口大小为2或者3

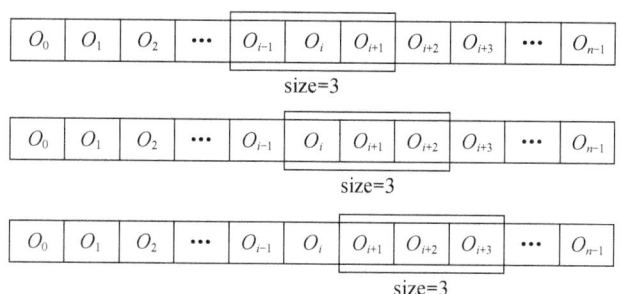

图 3-21　甲骨文词典中存在三字词的情况（滑动窗口大小为 3）

时，最终所有不在滑动窗口内出现的甲骨字将被自动判定为单字词。

甲骨文分词中不可避免的问题是词义消歧，因为甲骨文中很多词具有多种词性，如某个词兼具名称词性和动词词性。在这种情况下，需要利用甲骨文语法规则处理词义消歧问题。

甲骨文语法有词、短语和句子 3 个级别。其中，词可以从甲骨文词典中自动获取，短语由词构成并且是句子的组成部分。张玉金[60]研究了几种常用的甲骨文语法规则。甲骨文短语结构有 11 种，甲骨文句式可以分为主谓句、非主谓句、省略句和倒装句。表 3-7 显示了甲骨文短语的结构类型，其中，SP 表示主语，PP 表示谓语，OP 表示宾语，AtP 表示定语，AdP 表示状语，CP 表示补语。

表 3-7　甲骨文语法类别

	结构类型	功能	形式化描述
1	主谓结构	单句	SP + PP→P1：DJ
2	动宾短语	动词	PP + OP→P2：V
3	定中短语	动词/形容词	PP + CP→P3：V，A
4	状中短语	名词	AtP + N→P4：N
5	中补短语	动词	AdP + N→P5：V
6	联合短语	动词	SP + PP + PP→P6：V
7	连谓短语	动词	V + N + V→P7：V
8	兼语短语	动词/名词/副词	V，N，D→P8：V，N，D

续表

	结构类型	功能	形式化描述
9	同位短语	名词	N + N→P9：N
10	数量短语	名词	M + Q→P10：N
11	介宾短语	副词	P + N→P11：D

同样地，可以根据甲骨文的特点，在表3-7的基础上构建甲骨文句法规则库。

基于甲骨文语法规则库，可以处理一个词的多种词性情况，但是仍不能解决图3-21所述的问题。因此，需要分析甲骨文的语境和上下文。

图3-21中，切分出来的甲骨字组合不止一种情况，哪种切分方法是最为恰当的呢？此时需要考虑词的上下文或情境。我们针对甲骨文语料库中的所有甲骨字进行了共词分析，统计了每个甲骨字的前字和后字的同现概率。通过同现概率有助于判断哪一种组合是最恰当的词。图3-22显示了某一个指定甲骨字的情境分析统计情况。

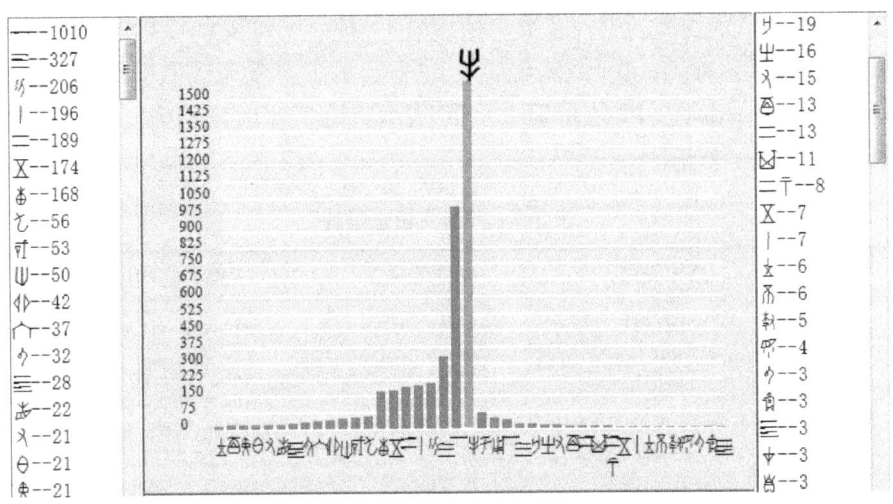

图3-22 甲骨文字的情景分析

图3-22中，被统计字左边表示与该字同现并位于其左侧的甲骨字的统计分布，右边表示与该字同现并位于其右侧的甲骨字的统计分布。图中可以很明显地看出与被统计字同现时比例最高的组合。为解决图3-21所述的问

题，可以将滑动窗口内显示的甲骨字进行情境统计分析，并选择同现概率最大的一组作为最终的分词结果。

为验证甲骨文分词算法的准确性，我们采用 72 151 片甲骨上的卜辞文本作为样本进行实验，这些卜辞共包含 6199 个甲骨字，所用的甲骨文词典中有 4881 个词。我们选择当前较为流行的几种针对现代汉语的分词进行对比实验。

表 3-8 显示了本书的方法与其他一些分词方法或工具如中科院 ICTCLAS 分词工具、哈工大 LTP 平台、斯坦福分词工具、海量智能分词和盘古分词工具的实验对比结果。

表 3-8　实验对比

	准确率	召回率	F 值
ICTCLAS 分词工具	50.00%	47.62%	48.72%
LTP 平台	37.78%	24.60%	29.58%
斯坦福分词工具	47.14%	53.17%	49.53%
海量智能分词	66.67%	33.33%	44.44%
盘古分词工具	59.37%	46.03%	50.75%
甲骨文分词算法	91.36%	94.25%	92.78%

表 3-8 的结果显示，我们设计的甲骨文分词算法适合计算甲骨学的信息处理研究，并且较之其他现代汉语分词方法有着更大的优势。在计算这些评价参数时我们没有考虑词性问题，主要原因是该方法基于甲骨文专业词典并遵循甲骨文语法规则，并利用情境分析支持滑动窗口算法。召回率高的原因是甲骨文中单字词占比很高，实验过程中还发现分词准确率随着甲骨文语料库的质量提升而提高。该分词方法为后续甲骨文信息处理的其他研究奠定了基础。

3.4　甲骨文机器翻译

研究甲骨文面临的首要问题是如何识别和理解甲骨文字，因此甲骨文的识别和白话释读是两个重要的研究内容。目前已出土的甲骨片约 15 万片，已经发现的甲骨字有 5249 个，其中认识或基本认识的甲骨文字仅约占总数的 2/5。人工方式的甲骨文研究难度极大，目前甲骨文字只有少数人能够辨识和翻译，培养一名甲骨文专家需要一二十年甚至更长的时间，而且专家对甲骨文的辨识和翻译依靠长期的学术钻研和经验积累，这种经验知识并不利用知识的有效共享。这些问题严重阻碍了甲骨文的研究进展。随着计算机科学和信息技术的发展，甲骨文的研究已迈入"计算甲骨学"时代。利用计算机科学和信息技术改善传统的纯人工的研究方式，使计算机成为甲骨文研究的有力助手，为解决或缓解这些问题提供有效途径。

目前，利用计算机进行甲骨文白话释读的研究则极少，考虑到利用计算机技术和信息技术实现甲骨文的白话释读实际上是将一种语言转换成另一种语言，机器翻译则是实现这种转换的首选技术，因此甲骨文机器翻译的系统性研究是一项开拓性工作。

3.4.1 古籍文字机器翻译研究

甲骨文属于古籍文字，国内已有针对古籍文字的机器翻译研究。王爽等[61]设计和实现的基于实例的古文机器翻译系统 EBMTAC，避免了复杂的深层次语法树和语义分析；Miao Fang 等[62]利用统计模型研究了中国古诗在英文翻译时韵律自动选择的问题；郭锐等[63]指出，快速准确地构建大规模古今汉语平行语料库及检索和输入句子最相似的源句子是基于实例的古今汉语机器翻译必须解决的问题。袁冬等[64]研究了基于实例的甲骨文机器翻译。宋继华等[65]系统地研究了大型古今汉语平行语料库中的开放资源的构建方法。

虽然机器翻译近年来取得了长足的进步，但仍然面临很多问题。翻译质量还是不能令人满意，翻译结果不通顺甚至意思完全无法理解的情况大量存在[66]。在此背景下，机器翻译发生了由全自动翻译技术向辅助翻译技术的转变，计算机辅助翻译就是这种转变的体现[67]。计算机辅助翻译已在市场上获得巨大成功并形成了完整的产业，一些高校已经开设了专门的计算机辅助翻译专业课程[66]。

目前，由于甲骨文的古籍特性，利用计算机实现全自动甲骨文机器翻译系统的条件尚不成熟，而且甲骨文信息处理的研究离不开甲骨文专家的参与和指导，而计算机辅助翻译作为一种人机交互系统，不仅可以提供甲骨文词汇、术语、短语、常见句的翻译，还能从已翻译过的文本中查找相同或相似的甲骨文句子的译文，使甲骨文专家避免不必要的重复劳动，实现专家知识

第三章 计算甲骨学研究

的共享和重用。

甲骨文是现存最早的成系统的汉字,主要记录的是商代晚期祭祀占卜的情况,因此甲骨文也称"卜辞"。受其文字载体(龟甲和兽骨)限制,甲骨文几乎均以句子形式存在。一条形式完整的卜辞结构具备4个部分:前辞(也叫叙辞,记录占卜日期和贞人);贞辞(也叫命辞,记录贞问的内容);占辞(记录商王看过卜兆做出的判断);验辞(事后验证的结果)。甲骨卜辞有相当一部分句式结构和内容文字是重复出现的,这正好符合计算机辅助翻译的应用环境:当翻译文本的重复率达到一定的比率时,才能有效地利用翻译记忆系统[68]。

甲骨文语法内容可以分为6个方面:词法、短语、句子成分、单句、复句和句类[60]。词法中,甲骨文词类包括名词、动词、形容词、数词、量词、代词、副词、感叹词、介词、连词、语气词等11种。甲骨卜辞中,名词数量虽然是第一,但是其中大多数是人名、地名及很多还无法解释其真正含义的音义。动词数量位居第二,且动词是句子的核心和重心[48]。甲骨文短语功能类型分为名词性短语、谓词性短语和副词性短语3种。甲骨文句子成分与后世文献大多相似,也有一些独特之处,如两种特殊的宾语前置句——"惠+宾+动"式和"唯+宾+动"式;甲骨文补语可以出现在动语和宾语之间;特有的三宾动词等。单句有主谓句、非主谓句、连谓句、由使令动词构成的兼语句、并列句、省略句、变式句、被动句(尚处于萌芽状态)等。复句同后世汉语一样分为联合复句和偏正复句两类。甲骨文句类分为4种:陈述句、疑问句、祈使句和感叹句。其中,疑问句最常见,陈述句次之,祈使句和感叹句则很罕见[60]。

江铭虎[69]通过对权威专著《甲骨文字典》中2703个甲骨文字进行平面测查,发现甲骨文中单音节词占优势,单义词占优势,单义词占总词数的77.2%,远超出同义词;名词数量大大超过动词;名词中专有名词占压倒优势,单义词中专有名词占81.7%,多义词中专有名词占77.5%;实词数量大大超过虚词,虚词共26个,单义词26个,占单义词总数的4.5%,多义词中虚词义项20个,占3.3%。

甲骨文原文是没有句读的,而且甲骨字有很多都是异体字。甲骨文释文是经专家考释过的与原文对应的简体或繁体中文(无对应汉字或没有考释出来的甲骨字仍然以原始形态出现)。释文已经添加了句读符号,统一了异体字的表示形式,并且对一些残缺的或错刻的甲骨文字进行了补充,因此本文研究的对象是甲骨文释文，甲骨文释文与原文可通过甲骨文字典进行转换。

目前，比较成熟的计算机辅助翻译软件有 SDL Trados、Déjà Vu X、雅信 CAT、译经 Transwhiz 等，但是这些软件在进行甲骨文辅助翻译时存在一些障碍：系统要求源语言和目标语言为不同的语言，而甲骨文释文和现代汉语为同种语言；在构建翻译记忆库和术语库时，无法输入和存储甲骨字（甲骨文释文中存在部分甲骨字）。因此，甲骨文计算机辅助翻译系统需要专门研究和设计。

3.4.2 甲骨文计算机辅助翻译系统

计算机辅助翻译涉及的技术有双语语料库的构造、语料管理和语料对齐技术、翻译句对检索算法等。甲骨文计算机辅助翻译的工作流程如下。

①收集权威的无争议的甲骨文释文及其译文，建立翻译记忆库。记忆库存储单元是由甲骨文释文–现代汉语译文句对构成的翻译单元。

②在翻译过程中，输入待翻译的甲骨文释文后，系统将自动搜索翻译记忆库，寻找与待译句子相匹配（相同或相似）的翻译单元；从匹配结果中找出与原文最接近的翻译单元，返回参考译文，并统计匹配度。用户可以根据自身需要对参考译文进行选用、修改或弃用等操作，若是选用或修改，则做出相应标记。

③翻译记忆库是一个不断学习和逐渐扩充的过程。记忆库可以自动记录新的翻译单元，但是只有那些做出标记并经过甲骨文专家修改或确认的翻译单元才会最终更新到翻译记忆库中。因此，随着系统使用时间的积累，翻译记忆库中的语料资源将日益丰富，翻译结果也将越趋精确。

在上述基础上，设计出甲骨文计算机辅助翻译流程如图 3-23 所示。

图 3-23 中，若待翻译的甲骨文释文句存在于翻译记忆库中，则直接输出相对应的现代汉语翻译句；若翻译记忆库中没有待翻译释文句，则将源句进行分词后进行匹配，匹配过程中需要利用术语库、甲骨文电子词典和甲骨文语法句法库。匹配后输出参考译文，若经专家修改和审核后，可以将相应的术语和翻译句对分别加入术语库和翻译记忆库；若未经专家审核，用户可以自行处理，即对参考译文采取选用、修改或弃用等操作。

计算机辅助翻译的主要模块和技术为术语管理、翻译记忆库管理和检索匹配算法。

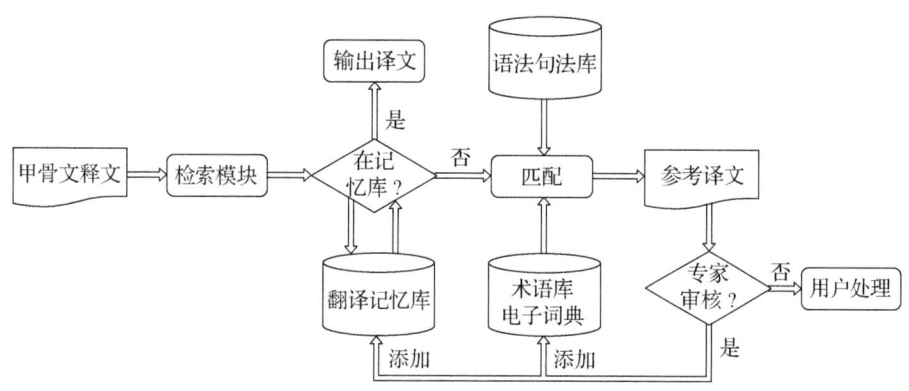

图 3-23　甲骨文计算机辅助翻译流程

（1）术语管理模块

计算机辅助翻译中，通常利用双语语料库等电子资源和其他非电子资源，从中提取术语并建立双语对应的术语库，术语库为翻译过程提供术语支持。

甲骨文计算机辅助翻译系统中的术语均来自权威的甲骨文著作，术语满足专业性、科学性、单义性和系统性的要求[70]。术语库以甲骨文电子词典的形式存储和更新，记录了甲骨词及其现代汉语对照词、词性、词频、同义词、甲骨片信息等。

甲骨文电子词典中记录了词的双语对译信息。目前，词典共收录词条4881个（含异体字和合文），其中单字词4687个，二字词174个，三字词20个。在使用过程中，未登录词经过甲骨文专家确认后可以扩充到术语库中。术语库的构建是一个不断扩充和完善的过程。

（2）翻译记忆库管理模块

翻译记忆库中，一个翻译记忆单元包含了原语的文字切分段和其对应的翻译，切分段可以是单词、短语、一句或数句、章节等[70]。甲骨文计算机辅助翻译记忆库的切分段为词、短语和句子，其核心内容是甲骨文释文-现代汉语的双语语料库。甲骨文释文-现代汉语双语语料库的建设考虑以下几个方面。

1）建库目的

甲骨文释文-现代汉语双语语料库目的是为甲骨文计算机辅助翻译服务的，是帮助信息工作者和甲骨文专家从事甲骨文研究的。语料库只考虑甲骨文释文到现代汉语的单向翻译需要，语料均收集甲骨学领域的可靠译文，以权威性为主，而不盲目追求语料的范围和大小。

2）双语语料的搜集

甲骨文释文 – 现代汉语双语语料来源于 72 112 片甲骨上的 129 519 条句子。从这些句子中选择那些已经过甲骨文专家考释和确认的没有争议的句子及其对应的现代汉语翻译。目前，双语语料摘自著作《甲骨文精粹释译》的 692 片甲骨的共 2425 条卜辞释文及其对应的 2425 个现代汉语翻译句。

3）语料的处理及对齐

由于甲骨片上的卜辞均为句子或短语，因此双语语料初始即设计为句对齐的。目前，没有可以借鉴的甲骨文对齐语料，由于甲骨文语料的数量是有限的，为保证对齐质量，句子一级和短语一级的对齐均为人工方式，而词一级的对齐为自动方式。

语料处理与对齐的关键技术是甲骨文分词，甲骨文分词也是甲骨文文本处理的一个重要步骤。我们采用基于甲骨文词典、甲骨文句法规则和句法分析相结合的办法实现分词操作，分词流程如下：第一，从甲骨文语料库中抽取相应的甲骨文卜辞文本；第二，基于甲骨文词典完成语句的粗切分；第三，通过自底向上的方法进行语法分析；第四，完成词义消歧和未登录词的处理，这一阶段需要用到甲骨文语法规则库，经检验正确的未登录词将加入甲骨文词典；第五，将分词结果进行优化。该系统中使用的甲骨文分词流程如图 3-24 所示。

（3）检索匹配算法

检索匹配的任务是针对输入的待翻译句子，从翻译记忆库中快速查找到相同或相似的匹配翻译单位，并返回参考译文。参考译文是翻译记忆库中与待翻译句子匹配度最高的相似甲骨文释文句子所对应的译文。检索匹配算法主要包括匹配度计算和检索算法。

假设用 S_o 表示待翻译的甲骨文释文句子，用 S_e 表示翻译记忆库中的甲骨文释文句子，从句子词语集合相似度和编辑距离两个方面进行匹配度计算。S_o 与 S_e 的匹配度 $Sim(S_o, S_e)$ 计算如下：

$$Sim(S_o, S_e) = \alpha \times Sim_c + \beta \times Sim_d \qquad (3-1)$$

式中：Sim_c 表示 S_o 和 S_e 的词语集合相似度，采用 Jaccard 相似度计算，即

$$Sim_c = \frac{|W_{S_o} \cap W_{S_e}|}{|W_{S_o} \cup W_{S_e}|} \qquad (3-2)$$

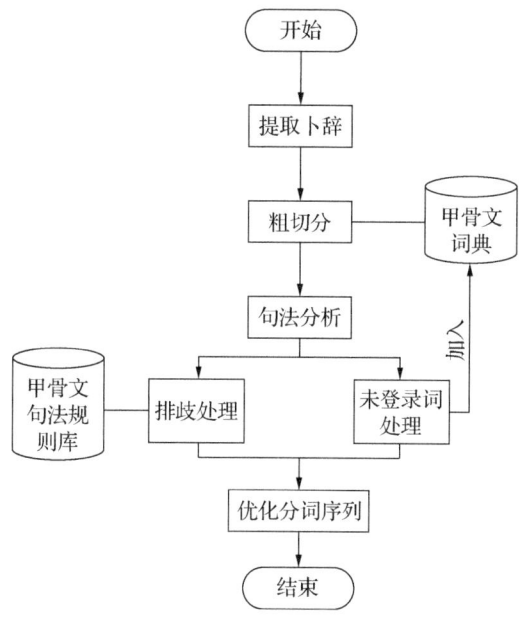

图 3-24 翻译记忆中甲骨文分词流程

式中：W_{S_o} 和 W_{S_e} 分别为 S_o 和 S_e 分词后构成的词语集合。

Sim_d 是基于编辑距离计算的相似度，即：

$$Sim_d = 1 - \frac{EditDist(S_o, S_e)}{L_{max}(S_o, S_e)} \quad (3-3)$$

式中：$EditDist(S_o, S_e)$ 为 S_o 和 S_e 的编辑距离，$L_{max}(S_o, S_e)$ 表示 S_o 和 S_e 的句子长度的最大值。

式 (3-1) 中，α 和 β 为权重参数，且 α + β = 1。

为提高检索速度，引入信息熵[63]的概念，即计算甲骨文释文中各词的信息熵，设定其最小阈值 D，信息熵低于 D 的词不参与检索。基于我们的前期研究，该翻译记忆系统采用的算法描述如下[64]：

步骤 1：将输入的待翻译句子 S_o 进行分词，剔除信息熵小于阈值 D 的词，得到词集合 W。

步骤 2：对每个词 $w_i \in W$，通过词的倒排索引从翻译记忆库中检索出所有包含 w_i 的句子，得到句子集合 S_i。

步骤 3：求 S_i 的并集得到句子集合 S。

步骤 4：对每个句子 $s_i \in S$，利用式 (3-1) 求出 $Sim(S_o, s_i)$ 并按降序

排列。

步骤 5：取 $Sim(S_o, s_i)$ 值最大的句子 s_i 作为目标释文句。

步骤 6：输出目标释文句对应的现代汉语句，即为参考译文。

甲骨文计算机辅助翻译系统的输入为待翻译的甲骨文释文句，输出为相对应的参考译文，并显示匹配释文的相关信息和匹配度，如图 3-25 所示。

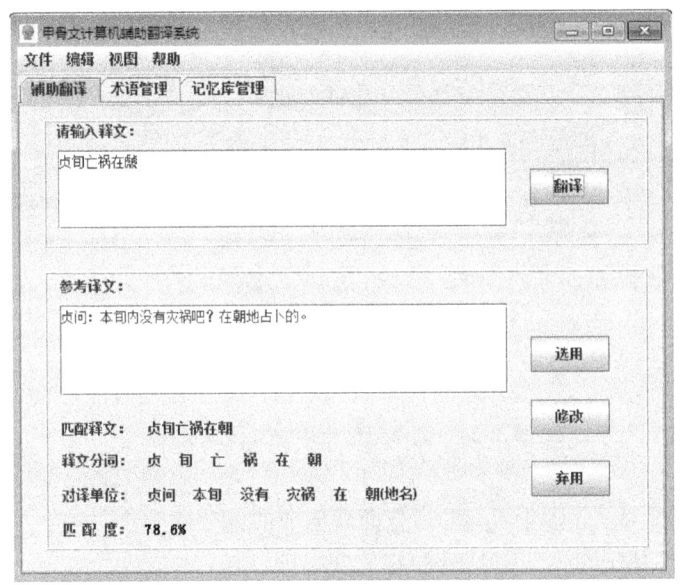

图 3-25　甲骨文计算机辅助翻译系统

图 3-25 中，待翻译句子为"贞旬亡祸在麓"，该句在翻译记忆库中没有完全对应的释文句，系统检索到最为相似的释文句为"贞旬亡祸在朝"，利用式（3-1）计算两者的匹配度为 78.6%（其中，α 和 β 取值分别为 0.4 和 0.6）。系统以"贞旬亡祸在朝"在翻译记忆库中的译文"贞问：本旬内没有灾祸吧？在朝地占卜的。"作为参考译文。通过比较两句的差别，用户可以根据参考译文得到最终翻译结果为"贞问：本旬内没有灾祸吧？在麓地占卜的。"经甲骨文专家审核后，此翻译句对可以添加到翻译记忆库中。

为测试该甲骨文计算机辅助翻译系统，我们随机选取 30 句甲骨文释文进行实验，其中 20 句为一般的甲骨文句子（即无残缺及未释字的释文句子），10 句为特殊句子（即存在省刻、错刻、缺刻或残辞等现象的甲骨文释文句或变式句)。实验中,选择 8 个句子(其中 4 个为特殊句子)进行封闭测试,22 个句子(其中 6 个为特殊句子)进行开放测试。实验结果:对一般句子,其平均正确率为 74.3%(其中翻译记忆库中存在的句子正确率为 100%),已能满足信息工作者的研究需求。但是,对特殊甲骨文释文句,翻译结果并不理想,平均正确率仅为 27.2%(翻译记忆库中存在的句子正确率仍为 100%),而且对有歧义的甲骨文句子,此方法无法较好地完成词义消歧。

目前,该系统的翻译记忆库中共有平行的对译单位 2425 句,虽然对齐质量较高,但是规模偏小;现有的句子匹配度算法只考虑词语集合相似度和编辑距离,没有考虑标点符号及词性的影响;对变式句及含有较多未释字的甲骨文释文句,翻译结果欠佳,甲骨文词义消歧也有待完善。

3.4.3 基于本体的甲骨文机器翻译优化

甲骨文机器翻译的优化方法是基于甲骨文词典和甲骨文本体来完成的,甲骨文本体的构建方法将在第四章详细介绍。基于本体的甲骨文机器翻译优化步骤如下:首先,将输入的甲骨文释文句子进行分词;其次,基于甲骨文词典,分词后的甲骨文词语将被翻译成现代汉语词语;再次,甲骨文本体输入的词语提供语义分析,帮助实现语义表达和词义消歧;最后,基于甲骨文语法规则库进行片段组合,最终输出现代汉语翻译句。甲骨文机器翻译优化流程如图 3-26 所示。

汉语中有大量的兼类词,因此需要确定哪一个是目标句中的真正词义。概念的语义相似度计算可以帮助我们选择出最为恰当的词义。

定义 $Dist(C_i, C_j)$ 为本体概念 C_i 和 C_j 之间的语义距离,可以通过式(3-4)进行计算:

$$Dist(C_i, C_j) = \sum_{k=1}^{n} \omega_{e_k} + \frac{N_{C_i} + N_{C_j}}{N_{C_i} + N_{C_j} + 2 \times N_{LCA}} \times \varepsilon \quad (3-4)$$

式中: $\sum_{k=1}^{n} \omega_{e_k}$ 表示本体中连接节点 C_i、C_j 的最短路径中各边的加权距离之和; N_{C_i} 和 N_{C_j} 分别表示节点 C_i 和 C_j 到最低共同祖先节点的加权距离; N_{LCA} 表示最低共同祖先到根节点的加权距离; ε 为一常数,根据加权系数确定。不同语义关系的权重设置如表 3-9[71-72]所示。

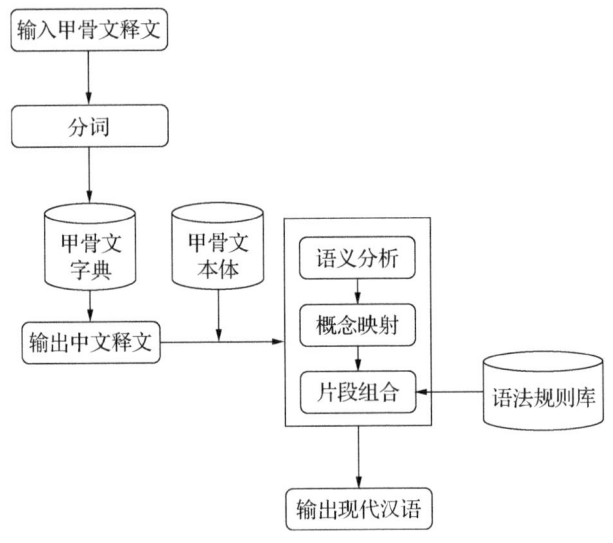

图 3-26　基于本体的甲骨文翻译流程

表 3-9　语义距离权重

	泛化关系	细化关系	同义词关系
泛化关系	2	3	1
细化关系	1	2	1
同义词关系	1	1	3

概念语义相似度和概念语义距离互为反函数。当语义距离为 0 时，语义相似度为 1；当语义距离为无穷大时，语义相似度为 0。语义相似度计算可以简述为式（3-5）：

$$Sim(C_i, C_j) = \frac{1}{Dist(C_i, C_j) + 1} \tag{3-5}$$

利用式（3-5）计算出各兼类词的所有语义相似度后，取最大值作为目标值。

为验证上述计算方法的有效性，我们做了相关实验。选择 30 个甲骨文句子作为测试样本，这些句子均为简单句，包括主谓句（S-P）和非主谓句（N-S-P）。

表 3-10 显示了基于本体的甲骨文机器翻译的平均正确率。正确率的判

定结果由甲骨文专家经过验证后给出。

表 3-10　不同类型句子的翻译准确率

句法	句型	句子数	平均正确率
（AV）+ S + V	S-P	7	62.2%
S + V	S-P	10	80.3%
（AV）+ S + AV + V	S-P	4	56.5%
S + V + CO	S-P	5	63.4%
AV + V + O	N-S-P	2	65.0%
（AV）+ noun	N-S-P	2	72.1%

表 3-10 显示的实验句子中，S 表示主语，V 表示谓语动词，AV 表示副词，CO 表示补语，O 表示宾语。用括号表示的部分如（AV）表示此元素可以省略。

实验结果表明待翻译句子中，简单句较复杂句有更高的准确率。大部分已分词的甲骨文词语在甲骨文词典中有对应的现代汉语，甲骨文机器翻译对甲骨文分词算法有较高的依赖性。甲骨文本体有助于词义消歧，如果源语言和目标语言的次序是一致的，则可以获得较高质量的翻译结果。由此可见，利用本体理论和技术，可以对甲骨文计算机辅助翻译系统进行优化。

3.5　甲骨文图像处理与模式识别

3.5.1　甲骨文检测与识别

甲骨文基础数据资料主要是以图像的形式存在，包括甲骨片的照片、拓片、摹本和 3D 模型等。而且，大部分甲骨文文献在出版时由于没有合适的文本输入方法，往往以甲骨字图片的方式嵌入到出版文献当中。因此，甲骨文信息处理必须对甲骨文基础数据进行图像处理。

图像处理是计算甲骨学的重要研究方向，是利用计算机处理甲骨文资料的有效手段，主要工作包括甲骨文字的检测和识别、甲骨碎片缀合等。检测工作要求在甲骨文图片资料上找到哪些图像是甲骨字图像，识别工作就是在甲骨文字检测的基础上确定检测到的是哪一个甲骨字，对已考释的甲骨字而言，还需要给出其对应的现代汉字字形。甲骨文上拓片的文字检测如图 3-27 所示，甲骨文字检测程序如图 3-28[73]所示。

图 3-27　甲骨拓片文字检测

图 3-27 中，用方框标出的是计算机检测到的甲骨文字或甲骨字构件（有的是残缺的甲骨字）。图 3-28 中，原始甲骨图像是从甲骨文摹本上检测到的甲骨字，经过程序识别，给出对应的现代汉字。

秦绿叶[23]在研究甲骨文字库建设时，指出针对甲骨文文字图形处理包括以下 3 个方面：①标准的甲骨文字模（加脚注）要求对有裂痕及残缺的甲骨文拓片上的字形进行填补，对明显不平的地方进行修整；②使用图像增强等技术手段处理图形模糊的拓片以恢复甲骨文原有的面貌，还需要对甲骨文的边界进行规整，得到较好的文字图像；③在处理时还应该注意到字形的特点，做到重心平稳、结构匀称、大小一致及比例协调。

史小松等[74]研究了基于阈值分割和形态学的甲骨拓片文字定位方法。为了将甲骨拓片中甲骨字信息从复杂的噪声中分离出来，首先对原始拓片进行选取合适的阈值实现对文字的粗略分割，然后运用形态学方法进行细定位。具体操作为先对图像进行阈值分割将拓片图像分为黑白两色，然后采用形态学形方法进行定位，以计算机的角度理解拓片的文字特征，利用图像处理中阈值分割对拓片文字区进行粗检测，再用形态学方法进行细定位，最终

第三章 计算甲骨学研究

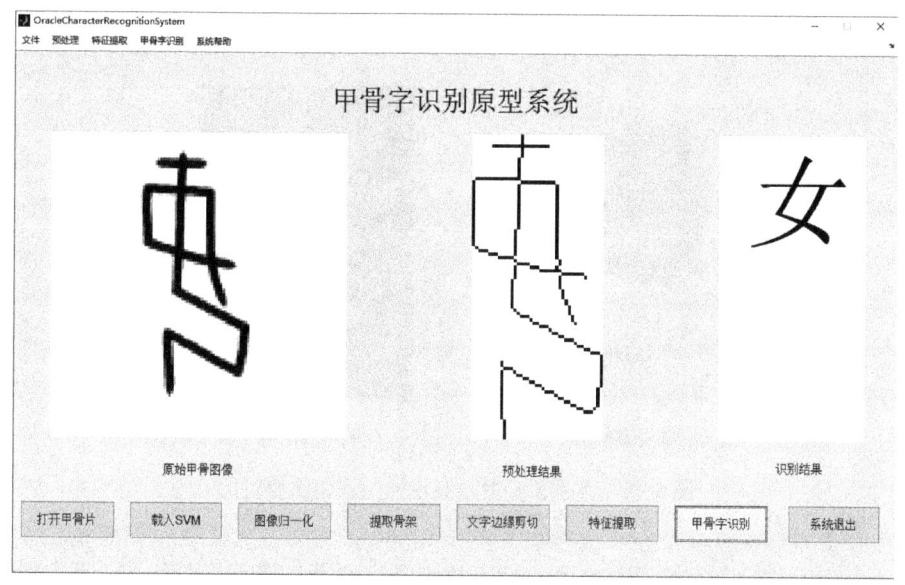

图 3-28 甲骨摹本文字识别

产生较好的定位效果。实现步骤主要包括预处理、大津法阈值分割、形态学处理等部分。甲骨文字定位过程如图 3-29 所示。

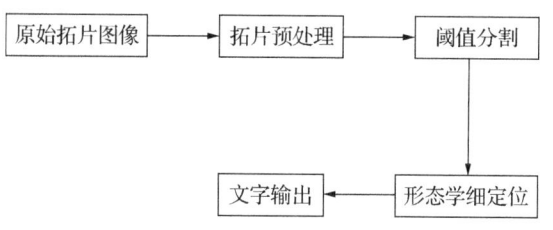

图 3-29 甲骨文字定位过程

甲骨文字定位过程中图像预处理采用的是图像增强方法，将图像中感兴趣的特征有选择地突出，而衰减其不需要的特征。输入为原始的甲骨拓片，为了消除图片中亮度不一致的背景，对图片进行背景估计，采用 imopen 函数和一个半径为 16 的圆盘形结构元素对输入的原始图像进行形态学开运算，去掉那些不完全包含在圆盘中的对象，来实现对背景亮度的估计，之后将背景图像从原始图像中减去，形成背景较为一致的图像，并通过调节图像的对比度形成一幅增强图像。以《甲骨文合集》中编号为 18499 的拓片为例，原始图像与增强图像的对比如图 3-30 所示。

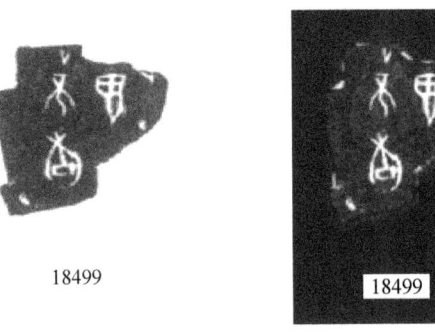

a 原始图像　　　　　　b 增强图像

图 3-30　甲骨文拓片原始图像与增强图像对比

该方法实验结果表明，第一类拓片中文字都能被准确定位出来，第二类中由于个别字某个笔画不连通会出现两个定位框，对此本实验采取了计算最小外接矩形之间宽度，将矩形坐标重合的和宽度小于某值的合并成一个矩形框，也可将大部分文字检测出来，对第三类拓片由于噪声较大且有的噪声已覆盖文字，用普通的去噪会在去噪的同时直接去除某些单字的部分笔画，定位准确率较低。文字定位效果对比如图 3-31 所示。

图 3-31 中，第一类拓片是指背景和文字都清晰，噪声少且单个文字笔画都连通的拓片；第二类是指背景和文字都较清晰，噪声少但是个别文字的某些笔画并不连通的拓片；第三类是指背景较模糊，噪声较多的拓片。从图 3-31 可以看出，该方法对一般的拓片文字能较准确地进行定位，但对于严重受噪声干扰，特别是干扰到文字边缘的或者曾经经过缀合等这些背景模糊的拓片常会出现错误定位，因此，甲骨拓片的背景去噪效果是一个重要因素。

甲骨片图像噪声很多，因此，去噪是甲骨文图像处理的一项基础工作。顾绍通[6]分析了甲骨文拓片中噪声的特点及字形图像边缘的分形特征，提出了一种基于自适应面积阈值和分形几何的甲骨拓片字形图像复原方法。通过贝叶斯风险函数来估计甲骨拓片上噪声区域面积的优化阈值，对噪声区域进行填充，从而去除拓片中的背景噪声。其分析认为甲骨拓片在地下深埋上千年，由于受到腐蚀、发掘损坏及拓片质地本身等原因，导致甲骨拓片有许多噪声点。甲骨拓片上的噪声点具有如下特点：①噪声区域的亮度低于甲骨

第三章 计算甲骨学研究

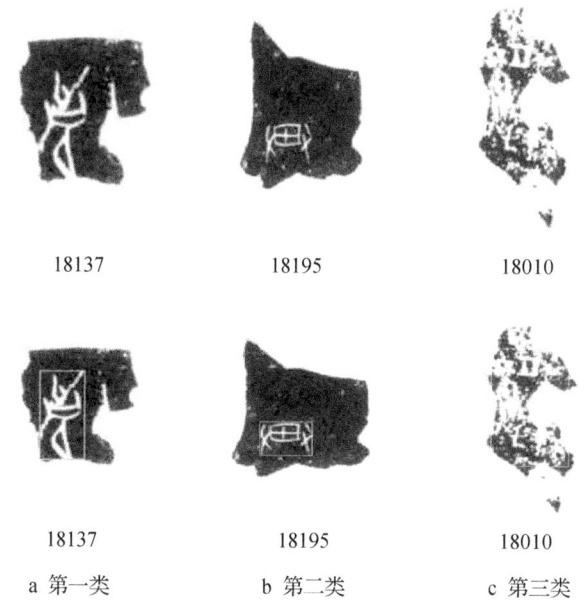

图 3-31 不同类型的甲骨拓片文字定位对比

文字形笔画的亮度；②噪声区域呈离散状态，连通区域面积较小，区域面积呈正态分布。相比较而言，甲骨拓片上字形图像的特征如下。①分形：甲骨拓片在地下深埋上千年，由于受到腐蚀，甲骨文字形图像边缘部分与整体具有相似性，具备分形特征。②笔画区域连通性：甲骨文字形的笔画一般是单连通区域，个别笔段会出现断裂。③像素值空间的聚敛性：甲骨文字形笔画的像素亮度较高，而且比较连续，且在某个像素值区域比较集中。

顾绍通[75]研究了基于拓扑配准的甲骨文字形识别方法，通过分析甲骨文字形的拓扑结构，确定甲骨文字形的拓扑顶点，具体分析了甲骨文字形拓扑顶点之间的拓扑关系，通过对拓扑顶点、拓扑关系、拓扑编码相应的数据结构来刻画甲骨文字形顶点之间的关系，将图画性质的甲骨文字形转化为拓扑图形，并对每种拓扑图形进行编码，实现了对甲骨文字形的拓扑描述。在此基础上，利用拓扑配准的方法，通过计算基准拓扑与待配准拓扑之间的欧氏距离，实现基于拓扑结构的甲骨文字形的配准，从而识别甲骨文字形。其中，提取甲骨文字形图像的拓扑顶点的过程如下：先对字形图像进行细化处理，按照从上到下顺序扫描细化后字形图像的每一行的像素，对每一个像素应用八连通模板进行判断，如果像素在所有方向均无连通区域，则这一点为孤立点；如果像素只在一个方向存在连通区域，则这一点为端点；如果像素在3个方向存在连通区域，则为三叉点。四叉点、五叉点、六叉点依此类推。二叉点是指数为2的顶点，这类顶点在甲骨文字形中比较特殊。从拓扑结构上来说，二叉点和弧线段、直线段不存在拓扑上的区别，但是有些二叉点却不宜与弧线段、直线段等同。因此，在具体处理中，需要对这两类二叉点区别对待。对于夹角大于90°的二叉点，可以将此二叉点关联的边视为弧线段或直线段。只需对夹角小于或等于90°的二叉点加以处理。

刘永革等[73]认为甲骨文字在出版物上大多是以图片出现，这给检索带来了困难，而且利用大数据进行甲骨文考释需要大量的已标注的甲骨图像数据库，而人工标注耗时耗力，且只有甲骨文专家能够完成这项任务。针对这些问题，他们采用支持向量机分类技术研究了甲骨文字图片的识别技术，采用Kappa系数和识别准确率进行评价，准确率达到88%。

3.5.2 甲骨文计算机辅助缀合

在甲骨文计算机辅助缀合方面，图像处理与模式识别技术发挥着重要的作用。在甲骨文的研究过程中，缀合破碎的甲骨片是一项重要的基础工作。安阳师范学院在甲骨文的计算机辅助缀合方面做了一些有意义的研究工作[76-80]。

由于甲骨质脆，又经历了3000多年的岁月，所以在出土时多已裂成碎片。只有尽可能地将这些碎片缀合在一起，才能更好地了解卜辞的文例、位置和语法规律，更全面地研究卜辞的内容。

据统计，甲骨出土的数量已多达15万片，今后新的考古发现还不可预料。王国维、郭沫若、董作宾、曾毅公、郭若愚、李学勤、严一萍、张秉权、桂琼等老一辈甲骨文专家，在甲骨文缀合领域进行了大量开创性的研究工作，成功缀合了一大批甲骨。然而，传统的甲骨片缀合过程工作量很大，如果全靠人力来整理将是十分困难的。能否设计出一种新的方法，使甲骨学家从这一繁重的工作中解放出来？这是学术界共同关注的问题。利用现代科学技术尤其是计算机科学和信息技术的发展，通过计算机来进行甲骨文辅助缀合碎片，成为整理甲骨的一种新手段。

利用计算机对甲骨文碎片进行缀合的尝试由来已久。1973年，国外首先开始用电子计算机作缀合甲骨的尝试；1974年，国内也有人从事这方面的研究。但国外用电子计算机只能做到完整的或大致完整的骨版的缀合，而且其方法也有继续改进的必要。中国学者探索的结果,可以将每一骨版的1/4以上的碎片进行缀合,其准确性也有所提高。但是,这些研究在理论上、技术上、方法上都有待进一步改进,和甲骨文研究的实际需求相比都还存在很大差距[78]。

目前,甲骨文缀合选择的条件包括时代、字迹、骨版、碎片、卜辞、边缘6项指标,除了"时代"一项以外,都是用图形显示的,因此只要在电子计算机上利用光读器设备,就可以直接输入图像,随着电子信息技术的发展,不断提高甲骨文缀合的自动化水平[78]。

王爱民等[78]研究了基于边界的甲骨片缀合系统,其整体框架如图3-32所示。

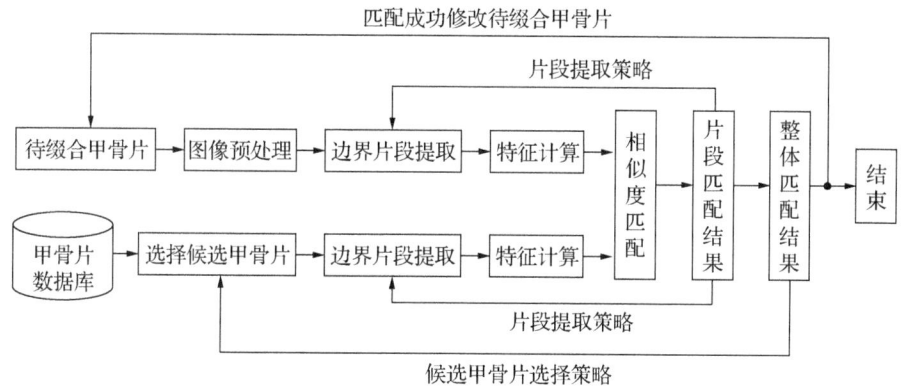

图3-32 基于边界的甲骨片缀合系统

图3-32中,待缀合甲骨片经过图像的预处理之后可以获取甲骨片的轮廓,整个系统通过逐段轮廓比较的方式从甲骨片数据库中寻找能够匹配成功的候选甲骨片。在甲骨片数据库中存储了能够搜集到的所有甲骨片的图像编码及甲骨片的轮廓信息。甲骨片数据库包括卜甲库和卜骨库两个数据库,都是从《甲骨文合集》《小屯南地甲骨》等7种权威的甲骨文著录中选择需要缀合的碎片的基础上建立的,所有甲骨碎片的选取,都经过甲骨文专家重新临摹并加校勘和释文整理。其中,卜甲数据库已经收录5829个待缀合的碎片,卜骨数据库收录2622个待缀合的碎片。

甲骨片图像预处理流程如图3-33所示。

图3-33中,甲骨图像预处理的主要目的是获取甲骨片图像的轮廓信息,其主要工作包括去噪、分割、分割结果后处理和轮廓跟踪等几个主要模

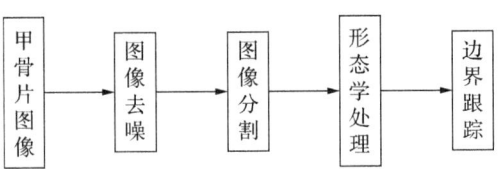

图 3-33　甲骨片图像预处理流程

块。去噪模块主要用于去除甲骨片图像成像过程中的成像噪声，为后续的图像分割奠定基础；图像分割模块的主要目的是检测出甲骨片图像区域，是整个系统成功与否的基础；形态学处理的主要目的是形成甲骨片的闭合图像区域，用以完整地表示甲骨片的轮廓信息；轮廓跟踪的目的是获取甲骨片的轮廓信息。为了后续轮廓匹配的需要，待缀合甲骨片的轮廓跟踪和建立甲骨片数据库时采用的跟踪方向相反。

该系统中，采用从数据库中逐段搜索能够匹配的轮廓片段的方式进行缀合，其关键问题是如何从待缀合轮廓中选择合适边界片段，以及如何从数据库候选轮廓中选择候选边界片段就成为整个系统能否运行的关键。一个简单的方式是设定一个固定的轮廓片段长度，从待缀合的轮廓和数据库中某一候选轮廓中直接截取该定长的轮廓片段进行匹配。但这种方法的问题是如何确定合适的固定长度。一种改进的策略便是从较小的匹配长度开始进行匹配，并设定一定的步长，随着匹配的成功再逐渐地增加提取轮廓的长度。但是，该方法的缺点是计算复杂度较大。

甲骨文计算机辅助缀合系统中，甲骨片轮廓片段特征的计算是一个关键问题，只有合理表示出轮廓片段的特征之后才有可能进行后续的匹配操作。如果把轮廓片段看成一个点集，通过计算每个边界点的形状特征值，再定义一个与各个边界点相关的自变量，则可以构成一个边界描述函数。如果具有明确的形状描述函数，而且这个函数也具有平移、选装、尺度变化等不变的特性，则设计合理的形状函数匹配算法将可以很好地进行甲骨片轮廓片段的匹配。实际操作中，除了直接按照轮廓片段有关的边界点进行特征计算外，通常还需要考虑待缀合的甲骨片和候选甲骨片的整体形状特性，如轮廓重心、半径等有关信息。

在计算甲骨片轮廓片段的特征时，数据库候选甲骨片的轮廓片段需要进行旋转操作才能与待缀合的轮廓片段进行耦合。在碎纸拼接技术中，最为经典的旋转方式[81]是设定给定的旋转步长，对轮廓片段旋转360°。每一次旋转后都与待缀合的轮廓片段进行耦合测试。这种方式计算量较大。贾海燕等[82]对这种方法进行了改进，只需要旋转10°左右，便大大减小了计算量。这种碎纸拼接的旋转方式在甲骨片缀合辅助系统中同样有效，也是缀合过程中必须要考虑的一个问题。

待缀合甲骨片的轮廓片段和数据库甲骨片轮廓片段经过特征计算之后可以分别用它们的特征向量 F_s 和 F_d 来表示，其相似度计算可采用欧氏距离。即如果 $\|F_s - F_d\|$ 小于给定的阈值，则认为该候选的甲骨片有可能在该轮廓片段上和待缀合甲骨片耦合。然而，因为 $\|F_s - F_d\|$ 的取值范围难以确定，因此阈值的选取较为困难。计算两个向量是否相似的最为常用的方法是计算它们的相似度：

$$Sim(F_s, F_d) = \frac{sum(\min(F_s(i), F_d(i)))}{sum(\max(F_s(i), F_d(i)))} \quad (3-6)$$

从式（3-6）可以看出，Sim 的取值在 [0，1] 的范围内，因此可以较为方便地设定阈值。

基于以上的设计，王爱民等[78,80]开发了一个甲骨文缀合辅助系统，如图3-34所示。

实验结果证明，当基础数据库中，存在目标甲骨碎片时，该系统可以自动将其找到。一般情况下，在基础数据库中会存在多个备选目标甲骨碎

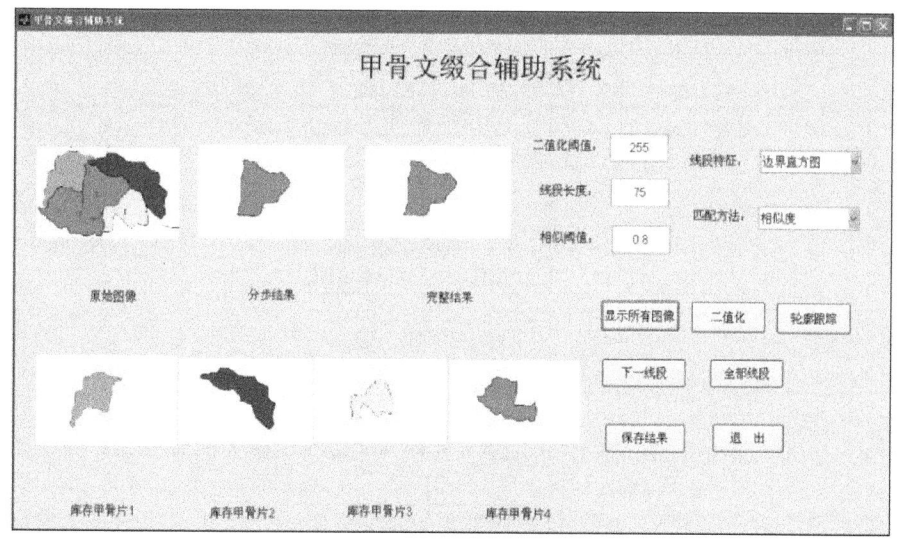

图3-34　甲骨文计算机辅助缀合系统

片——自动生成动态备选甲骨碎片数据库。在备选目标中确定最终的甲骨碎片，需要甲骨文专家基于"备选甲骨碎片数据库"通过人机交互手段，按照"时代、字迹、骨版、卜辞"等条件来实现甲骨文缀合，这将极大地改善传统的人工缀合方法，节省大量的人力和时间。

张长青等[76]也提出了一种甲骨文拓片计算机辅助缀合方法。该缀合过程主要包括图像的预处理和边界匹配两个主要步骤。其中，针对进行缀合的关键技术边界匹配，其提出一种从提取甲骨文拓片轮廓线出发，融合甲骨拓片本身特点，通过边界特征来判断两个轮廓是否匹配来达到拓片缀合的目的，实现了基于计算机辅助的甲骨拓片缀合算法。

针对甲骨片边界缺失的问题，张长青等[76]采用两种方法进行边界的增补：①手工处理，即预先通过人的主观判断，手工将边界上的缺口补全；②边界采样，多边形逼近，即在边界上进行间隔采样，获取一系列边界点，并将其连接，形成多边形，近似为拓片轮廓。

匹配度算法是甲骨片计算机辅助缀合的一个关键问题。针对两幅拓片图像，在完成图像的预处理后，即提取到甲骨拓片的轮廓后，张长青等[76]提出了如图3-35所示的匹配度算法。

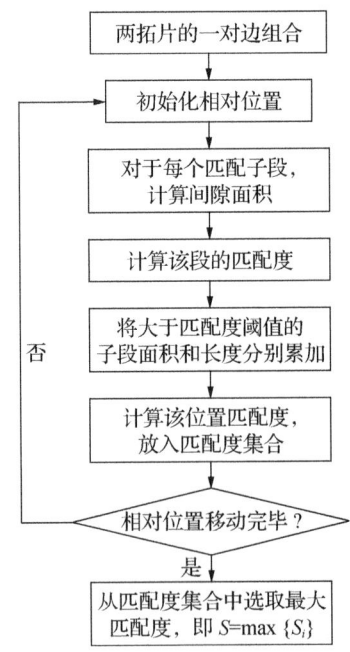

图3-35　匹配度算法

第三章 计算甲骨学研究

王爱民等[83]在研究龟甲类甲骨碎片计算机辅助缀合时,提出了基于碎片编码、在腹甲上的位置、碎片边界信息、碎片上文字笔画信息、碎片边界上的文字信息5个缀合规则。并设计了龟甲类甲骨文碎片计算机辅助缀合系统,该系统对于待缀合的甲骨碎片能自动生成基于"骨版+碎片+特征"三要素的动态疑似目标碎片数据库。在此基础上,通过人机交互根据卜辞类别、卜辞内容、贞人、时期、出土地点等非图片类缀合信息进行判断,可以快速辅助用户实现甲骨片的计算机缀合。该研究的主要贡献是借鉴了甲骨文碎片的人工缀合经验,提出了以碎片编码、在腹甲上的位置、碎片边界信息、碎片上文字笔画信息、碎片边界上的文字信息5个条件作为初步(计算机自动完成)缀合的依据。这些缀合依据和规则为甲骨文的计算机辅助缀合奠定了理论基础,详细规则请参见文献[83]。

3.6 甲骨文大数据知识服务平台

甲骨文是中华民族的瑰宝,具有重要的历史价值和科学研究意义。由于甲骨文的文物特性,研究者无法直接接触甲骨片实体,只能基于甲骨文著录和文献开展研究。而且,世界范围内的甲骨片实体正在逐渐老化、损毁、消失,因此对甲骨文的数字化保护工作势在必行。随着甲骨文成功入选《世界记忆名录》,甲骨文受到越来越多研究者的关注,甲骨文在数字化整理、基础数据管理及知识服务方面面临的问题日益突出。文字学专家、鲁东大学文学院教授吕永进[84]认为,目前甲骨文释读的"瓶颈"有如下几方面:一是未识者多为人名、地名等专有名词,因无文献参证,不便确认;二是方法上无大的突破,旧法释难字不足以有大作为;三是材料问题,大多研究者无法得到第一手资料,使研究颇受局限。

构建全面、权威的甲骨文文献数据库是甲骨文大数据知识服务平台的基础。甲骨文作为目前中国发现的最早的成系统的文字,也是四大文明古国中唯一流传不绝且至今仍在使用的文字系统,是中国文字的鼻祖。甲骨文为我们穿越3000多年历史时空隧道、近距离观察殷商社会、"拉长"中国上古史、了解中国源远流长的灿烂文明史和早期国家社会形态提供独特而真实可贵的第一手历史数据,对于加强中国上古史构建、文化遗产保护、文化传承、人文演进、科学发展的认识,具有极其重要的理论意义和实践意义。

甲骨文成功入选《世界记忆名录》给甲骨文的研究带来了新的发展机

遇和挑战。甲骨文的研究将开启新纪元。从事甲骨文研究必须依赖大量的甲骨文献资料，甲骨文研究也必须依赖于其出土的背景资料，考古发掘可以充分地验证甲骨文释读、研究的可靠性，并为其指明方向。如何对海量考古信息进行有效的管理，并充分利用这些信息进行研究？如何在海量的文献资料中找到需要的信息？如何通过智能信息检索为甲骨文专家提供考释线索？中国社会科学院学部委员宋镇豪先生指出"甲骨文专家最需要什么？是一个内容全面、功能完善的甲骨文献数据库"。复旦大学出土文献与古文字研究中心主任、长江学者特聘教授刘钊先生也指出"甲骨文研究最缺乏什么？就是文献数据库"。可见，建设甲骨文献数据库是必要而紧迫的。

由于历史原因，甲骨文散落在世界各地，甲骨文研究者无法获取实物，只能依靠拓片、照片、著录、学术文献等资源进行研究，因此，通过收集和整理现有的甲骨文，建立一个内容全面、形式丰富的甲骨文献数据库尤为必要。另外，甲骨文等文物随着时间的推移，终将破损和消失，甲骨文数据化工作是文物抢救性保护的有效措施，因此，基于甲骨文基础资料的数据化，构建甲骨文献数据库势在必行。

为解决这些问题，我们提出"甲骨文基础数据管理及智能知识服务平台"的建设方案，以期为甲骨文研究者提供海量的甲骨文文献和甲骨文基础数据及智能知识服务。

甲骨文大数据知识服务平台的建设框架如图 3-36 所示。

从图 3-36 可以看出，甲骨文大数据知识服务平台涵盖甲骨文数据化、数据存储、数据挖掘与分析、数据发布与共享、数据安全管理、智能知识服务等全部流程。从下往上分为数据层、元数据层、表示层、分析层、服务层、应用层等，并支持多终端用户访问。

数据层的数据为多源异构数据。数据采集需充分整合现有甲骨文数据资源，并不断扩充新数据。其中新建数据主要通过人工操作完成，以保证数据质量；网络数据主要通过 Web 挖掘完成，以提高工作效率。Web 挖掘的数据最终需要辅以人工校验，以期获得高质量的数据。

由于甲骨文数据来源不一、形式多样，为实现数据资源的有效发现、查询、一体化组织、有效管理和共享，需要建立甲骨文元数据。元数据包括著录元数据、甲骨元数据、文献元数据、缀合元数据、考古元数据等。

知识表示层位于元数据层之上。针对不同层次的需求，设计不同的表示形式，包括 Scheme、RDF（S）、OWL、Linked Data、本体、知识图谱、复

第三章 计算甲骨学研究

图 3-36 甲骨文大数据知识服务平台框架

杂网络。这些知识表示形式对应的甲骨文数据资源粒度不尽相同。例如，复杂网络是以甲骨片上每一个甲骨字为节点构建的；知识图谱包括上述各种元数据，并且其节点也可以细化到每一个甲骨字。

分析层主要是利用各种方法对甲骨文数据、元数据进行统计和分析，以期发现数据资源间的关联关系，并实现数据间隐含关系的挖掘。分析对象既包括甲骨文基础数据如著录、拓片等，也包括本体、知识图谱、复杂网络等知识表示层对象。因此，分析方法涵盖图像处理与模式识别、机器学习与数据挖掘、知识推理等。

服务层为甲骨文专家和研究者提供资源共享和智能知识服务。经过处理和分析后的甲骨文数据，可以作为研究资源为甲骨文专家及研究者提供服务。这些服务包括资源检索、在线阅读、甲骨文字库及输入法、多维度导航、个性化定制、知识推送、智能关联、专家咨询等。

用户使用服务层提供的服务需要一个应用入口，应用层即提供了这种入口。应用层包括两个应用网站：一个是浏览和共享甲骨文基础数据的学术资源网；另一个是提供知识服务的甲骨文大数据知识服务平台。这两个应用网站融合在一个多终端发布平台上，通过不同的链接分别进入。

终端用户通过个人电脑、手机、Pad 和微信端均可以进入应用层所述的多终端发布平台。

平台管理包括数据存储、安装部署、运行监控和安全管理四部分。与一般知识服务平台相比，该平台独特之处有两点：①在数据存储方面融合了结构化数据和非结构化数据、甲骨文图像和文本共存的图文资料分布式存储；②该平台计划以公益性质向甲骨文研究者开放，但同时必须保护甲骨文数据资料提供者的知识产权，因此，在安全管理方面采用授权准入方式，且提供不同级别的权限。在版权保护方面，允许用户在线浏览甲骨文基础数据，并提供受限下载服务。经申请并通过数据提供者授权和许可的资料，通过邮箱发送用户的请求资源，而不在平台提供广泛下载。

甲骨文大数据平台需要研究高效存储技术、特异性和多模态数据的预处理技术、甲骨字输入技术、精准性查找技术，设计集文献、著录、拓片、字形、部首、构件等甲骨学知识一体化的综合服务平台，为甲骨学家提供方便的基础服务。甲骨文大数据平台的核心基础是"三库一平台"，如图 3-37 所示。

①甲骨文字库。即在甲骨文专家指导下，收集整理全部甲骨文字（包括异形体），建立甲骨文字库，设计甲骨文 Unicode 编码，并开发适合甲骨文专家使用的甲骨文输入法。

②甲骨文著录库。即收集整理发现的全部甲骨片（拓片、照片、摹本、三维模型），梳理出每一片甲骨的身世（出土、现藏地、著录、缀合情况等），为甲骨文专家提供一个高质量、资料最全的甲骨文著录数据库。

③甲骨文文献库。即收集、整理、加工从 1899 年发现甲骨文至今出版发行的所有甲骨文文献研究资料，实现甲骨文文献的电子化、数据化，达到全文检索目的。

④甲骨文知识服务平台。在数据层面为全世界甲骨文专家提供资料齐全、权威、准确、方便使用的数据库。在知识服务层面，借助人工智能技术为甲骨文专家提供更全面、更智能的语义检索、图像检索、个性化推送等知

第三章 计算甲骨学研究

图 3-37 "三库一平台"示意

识服务。甲骨文大知识服务平台的构建流程如图 3-38 所示。

甲骨文知识服务平台收集甲骨文著录、专书、甲骨文学术文献、甲骨拓片、照片、摹本、3D 图像等学术资料，通过数字化实现统一的资源管理，并提供甲骨文知识服务。该平台的主要构建目标是建设基于内容和甲骨文单字粒度的最大、最全的甲骨文综合文献数据库，构建基于知识图谱的甲骨文智能知识服务平台，最大限度满足甲骨文专家学者的研究需求。

构建甲骨文大数据知识服务平台需要完成如下任务。

（1）甲骨文基础资源的数字化

具体工作包括收集和整理现有的甲骨文基础资源，将其数据化，以永葆甲骨文历史原貌。数据化对象包括甲骨文文献、甲骨文拓片、照片、摹本和三维模型。

（2）甲骨文文献数据化

由于目前数字化的大多是图像，故数字化的文件无法被现有搜索引擎搜

甲骨学知识图谱构建方法研究

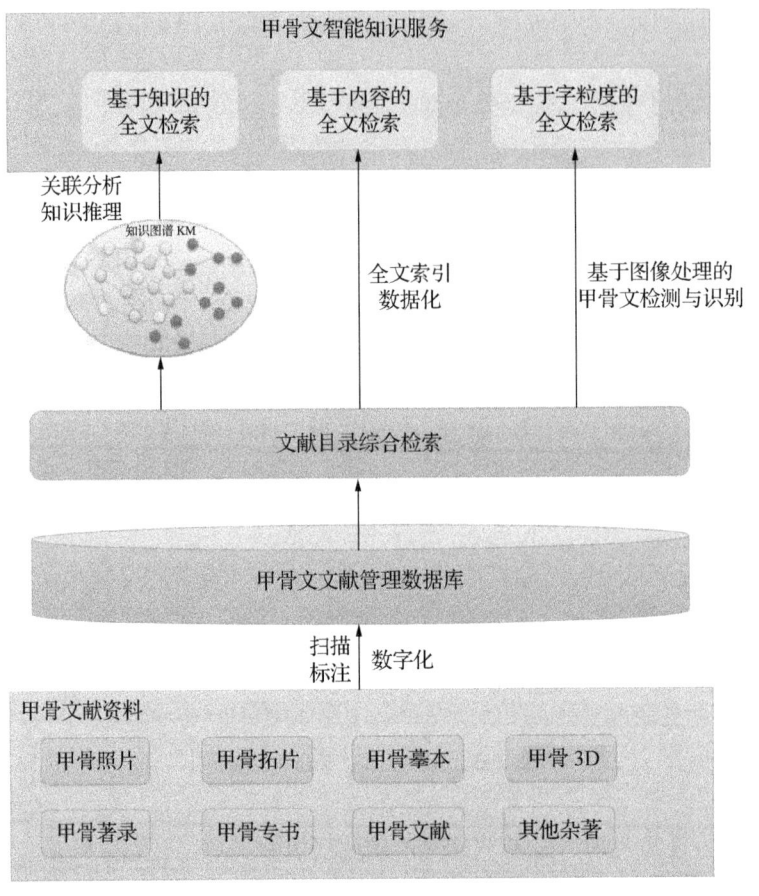

图 3-38　甲骨文知识服务平台构建流程

索到，而一旦数字化文件被数据化之后，则可以充分发挥信息检索优势。通过对甲骨文献的碎片化加工和标注，实现基于甲骨文字图和单字的全文检索。数据化的关键是对甲骨文文献的碎片化标注，而碎片化标注的核心则是在目录编改的基础上，按篇、章、节、段落四级层次对甲骨文文献进行拆分，在编改完文献目录以后可通过人机交互的方式拆分具体每个章节的内容，拆分按段落为基本单元，其中图片、表格单独按图像进行拆分并插入到相应位置，形成 XML 标注文档。碎片化标注流程如图 3-39 所示。

碎片化标注过程中，需要支持文献的智能自动拆分，加工人员设定好目录、版心等信息以后，程序自动拆分内容，并在 PDF 原版文件上绘制结果，

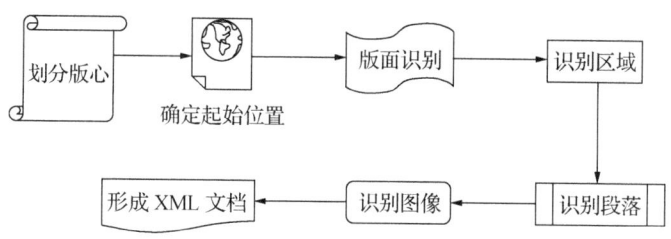

图 3-39 碎片化标注流程

由人工确认以后再生成 XML 内容，同时加工人员可进行增、删、改等二次操作。

（3）基于甲骨文文献知识图谱的智能服务

构建甲骨文文献知识图谱，建立甲骨文知识节点之间的关联关系，研究一种智能检索方法，实现当用户无法确定具体的检索甲骨字时，可以通过知识图谱的语义优势来检索相关文献，并基于关联分析和知识推理为用户推送相关度高的文献资源。

构建甲骨文大数据知识服务平台的意义重大。该知识服务平台对传承和弘扬中华传统文化、为面向大众普及甲骨文知识、降低甲骨文学习门槛，打造中原历史文化名城，发展汉字书法艺术，乃至改变现有小学生识字启蒙教育有着重要的社会效益；为推进甲骨文研究的发展，挖掘甲骨文宝藏，再现古代社会历史意义重大。甲骨文知识服务平台也是贯彻落实习近平总书记在全国哲学社会科学工作座谈会上所做的"要重视发展具有重要文化价值和传承意义的绝学、冷门学科……如甲骨文等古文字研究等，要重视这些学科，确保有人做、有传承"重要讲话精神的实际行动。平台研究成果不仅能发展甲骨文信息处理的理论和技术，并对其他学科如历史学、考古学、古代科技史、语言文字学、地理学等发展有着重要的推动作用。

3.7 本章小结

本章全面地介绍了当前计算甲骨学的研究内容和研究现状。从甲骨文基础数据的收集、整理、分析到甲骨文语料库的构建、甲骨文图像处理及模式识别、甲骨文知识工程，到最终构建甲骨文大数据知识服务平台，都较为详细地介绍了涉及的关键问题和关键技术。从服务于甲骨文计算机辅助考释、甲骨文计算机辅助缀合两个方面,对涉及的计算机科学和信息技术分别进行了介绍。

参考文献

[1] 熊晶,高峰,吴琴霞. 甲骨文计算机辅助翻译技术研究[J]. 科学技术与工程,2014,14(2):179-182.

[2] JJING X,NIU X,LAN Y. Word segmentation for computational oracle bone inscriptions.[J]. Metallurgical & mining industry,2015,7(4):224-229.

[3] 顾绍通. 甲骨文数字化处理研究述评[J]. 西华大学学报(自然科学版),2010,29(5):38-42.

[4] 顾绍通. 甲骨文数字化处理研究进展[J]. 广西民族大学学报(自然科学版),2008(1):80-82.

[5] GU S,FAN X. Computer-aided restoration of characters on Jiagu rubbings[C]. International Conference on Mechatronics & Automation,2009.

[6] 顾绍通. 甲骨拓片字形图像复原方法[J]. 中文信息学报,2010,24(2):116-122.

[7] 郑芳林. 一种通用造字系统及在甲骨文中的应用[D]. 西安:西北大学,1993.

[8] 肖明,赵慧,甘仲惟. 甲骨文象形码编码方法研究[J]. 中文信息学报,2003,17(5):61-66.

[9] 李胜明,谭支鹏. 建立甲骨文字库中的字处理技术[J]. 计算机技术与发展,2003,13(6):104-105.

[10] 马小虎,黄文帆,顾绍通,等. 甲骨文点阵字形转换为甲骨文轮廓字形的方法[J]. 语言科学,2004,3(3):3-11.

[11] MA X,GU S,YANG Y. Digitization processing and input method coding of jiaguwen[J]. Journal of computational information systems,2006(2):803-809.

[12] 栗青生,吴琴霞,王蕾. 基于甲骨文字形动态描述库的甲骨文输入方法[J]. 中文信息学报,2012,26(4):28-33.

[13] 顾绍通. 通用甲骨文字库设计及编码研究[D]. 徐州:徐州师范大学,2005.

[14] 李继明. 计算机文字信息处理技术新探:甲骨文象形码设计方案[J]. 中文信息学报,1996,10(3):20-31.

[15] 尚君. 甲骨文编码研究[D]. 北京:北京师范大学,2002.

[16] 周晓文. 古文字字库的设计与实现[J]. 民俗典籍文字研究,2003(1):375-380.

[17] 顾绍通,马小虎,杨亦鸣. 基于字形拓扑结构的甲骨文输入编码研究[J]. 中文信

息学报,2008 (4):123-128.

[18] 周新伦,李锋,华星城,等.甲骨文计算机识别方法研究[J].复旦学报(自然科学版),1996 (5):481-486.

[19] 李锋,周新伦.甲骨文自动识别的图论方法[J].电子与信息学报,1996 (s1):41-47.

[20] 吴琴霞,栗青生,高峰.基于语义构件的甲骨文字库自动生成技术研究[J].北京大学学报(自然科学版),2014,50 (1):161-166.

[21] 聂艳召,刘永革.甲骨文自由笔画输入法[J].中文信息学报,2010,24 (6):103-107.

[22] 高峰,吴琴霞,刘永革,等.基于语义构件的甲骨文模糊字形的识别方法[J].科学技术与工程,2014,14 (30):67-70.

[23] 秦绿叶.甲骨文字库建设和输入法研究[J].语文学刊,2009 (16):156-157.

[24] 胡金柱,肖明.关于甲骨文象形码输入法的编码原理研究[J].计算机科学,2002 (8):109-111.

[25] 刘永革,栗青生.可视化甲骨文输入法的设计与实现[J].计算机工程与应用,2004 (17):139-140.

[26] MA X, FAN X, YANG Y. Study on automatic generating new style jiaguwen based on outline description [J]. Journal of computational information systems, 2007 (3):3.

[27] 栗青生,徐强,肖建国,等.汉字动态生成的结构与风格模型[J].北京大学学报(自然科学版),2017,53 (2):219-229.

[28] 熊晶,栗青生,高峰,等.基于字形动态描述库的Webfont汉字生成方法[J].计算机应用与软件,2016,33 (5):61-65.

[29] 吴琴霞.甲骨文数字化与出版存在的问题及对策[J].兰台世界,2015 (23):44-45.

[30] 杜燕军,高峰,刘永革.甲骨文出版数字化实现方法研究[J].兰台世界,2015 (29):34-35.

[31] 杜燕军,刘永革.《甲骨文数字出版云平台》简介[J].中国科技期刊研究,2014,25 (1):108.

[32] 洪飏.数字化背景下古文字字编类工具书的编纂与出版:以《新甲骨文编》为例[J].辽宁师范大学学报(社会科学版),2016,39 (1):122-125.

[33] 黄俊霞.甲骨文搜集著录与资源库设计[J].安阳大学学报,2004 (2):40-42.

[34] 章秀霞.《北京大学珍藏甲骨文字》著录片校重[J].殷都学刊,2009,30 (4):18-21.

[35] 黄丽丽.《北京大学珍藏甲骨文字》著录与释文研究[D].金华:浙江师范大学,2015.

[36] 宋镇豪, 刘源. 甲骨学殷商史研究 [M]. 福州: 福建人民出版社, 2006.

[37] 朱添. 甲骨文工具书编纂出版的回顾与展望 [J]. 出版广角, 2018 (5): 41-43.

[38] 熊晶, 焦清局, 史小松. 甲骨文著录综合信息化系统设计与实现 [J]. 信息技术与信息化, 2018 (10): 63-66.

[39] 郝朝君. 关于软件开发中数据库设计理论与实践分析 [J]. 信息通信, 2016 (3): 164-165.

[40] 朱重佳. 基于SSM框架的网购商城的设计与实现 [D]. 北京: 北京交通大学, 2018.

[41] 吴琴霞, 刘永革. 基于XML/Schema甲骨文语料库语料标注的研究 [J]. 科学技术与工程, 2009, 9 (17): 5185-5188.

[42] 吴琴霞, 高峰, 刘永革. 基于XML语言甲骨文语料库元数据抽取的研究 [J]. 计算机技术与发展, 2012, 22 (5): 216-218.

[43] 葛彦强, 汪向征, 杨彤. 基于贝叶斯网络的甲骨文辅助考释专家系统语料库的构建 [J]. 计算机应用与软件, 2011, 28 (11): 125-127.

[44] 邵文丽. 基于语料库的甲骨文相关英语表述对比研究 [D]. 新乡: 河南师范大学, 2014.

[45] 高峰, 田喜平, 刘永革. 甲骨文领域语义词典的构建研究 [J]. 安阳师范学院学报, 2014 (5): 43-47.

[46] 刘一曼. 甲骨文字的特点及主要内容 [J]. 档案管理, 2000 (1): 40-41.

[47] 刘志基. 简论甲骨文字频的两端集中现象 [J]. 语言研究, 2010 (4): 114-122.

[48] 郑继娥. 甲骨文祭祀卜辞语言研究 [M]. 成都: 巴蜀书社, 2007.

[49] MILLER G A. WordNet: a lexical database for English [J]. Communications of the Acm, 1995, 38 (11): 39-41.

[50] ZHENDONG D, QIANG D. HowNet and the computation of meaning [M]. Singapore: Singapore world scientific, 2006.

[51] JING X, FENG G, YONGGE L. Word segmentation method for oracle bone inscriptions based on dictionary and syntactic rules [C]. The 7th International Conference on System of Systems Engineering (SoSE), 2012.

[52] 付英英, 孙济庆. 近五年我国中文分词研究论文计量分析 [J]. 现代情报, 2009, 29 (11): 161-162.

[53] TSENG H, CHANG P, ANDREW G, et al. A conditional random field word segmenter for sighan bakeoff 2005 [C]. Proceedings of the Fourth SIGHAN Workshop on Chinese Language Processing, 2005.

[54] WANG M, VOIGT R, MANNING C D. Two knives cut better than one: Chinese word segmentation with dual decomposition [C]. Meeting of the Association for Computational

第三章 计算甲骨学研究

Linguistics, 2014.

[55] WANG Z, ZONG C, XUE N. A lattice-based framework for joint Chinese word segmentation, POS tagging and parsing [C]. Proceedings of the 51st Annual Meeting of the Association for Computational Linguistics, Sofia, 2013.

[56] ZHANG H P, YU H K, XIONG D Y, et al. HHMM-based Chinese lexical analyzer ICTCLAS [C]. Sighan Workshop on Chinese Language Processing, 2003.

[57] CHE W, LI Z, LIU T. LTP: A Chinese language technology platform [J]. Journal of Chinese information processing, 2010, 2 (6): 13 – 16.

[58] CAI H, JIANG M, DENG B, et al. Method combining rule-based and corpus-based approaches for oracle-bone inscription information processing [C]. International Conference on Intelligent Computing, 2006.

[59] 郑继娥. 殷商甲骨文中的祭祀牲品再考察 [J]. 殷都学刊, 2008 (2): 19 – 22.

[60] 张玉金. 甲骨文语法学 [M]. 上海: 学林出版社, 2001.

[61] 王爽, 熊德兰, 王晓霞. 基于实例的古文机器翻译设计与实现 [J]. 许昌学院学报, 2009, 28 (5): 88 – 91.

[62] MIAO F, XIN J, QI Z, et al. Automatic choosing of English rhymes in translation of Chinese ancient poems [C]. Second International Symposium on Knowledge Acquisition & Modeling, 2009.

[63] 郭锐, 宋继华, 廖敏. 基于自动句对齐的相似古文句子检索 [J]. 中文信息学报, 2008 (2): 87 – 91.

[64] 袁冬, 熊晶, 刘永革. 面向甲骨文的实例机器翻译技术研究 [J]. 现代图书情报技术, 2012 (5): 48 – 54.

[65] 宋继华, 胡佳佳, 孟蓬生, 等. 古今汉语平行语料库的语料构建 [J]. 现代教育技术, 2008 (1): 92 – 99.

[66] 刘群. 机器翻译技术现状与展望 [J]. 集成技术, 2012, 1 (1): 48 – 54.

[67] 叶娜, 张桂平, 韩亚冬, 等. 基于用户行为模型的计算机辅助翻译方法 [J]. 中文信息学报, 2011, 25 (3): 98 – 103.

[68] 张政. 计算语言学与机器翻译导论 [M]. 北京: 外语教学与研究出版社, 2010.

[69] 江铭虎. 自然语言处理 [M]. 北京: 高等教育出版社, 2006.

[70] 钱多秀. 计算机辅助翻译 [M]. 北京: 外语教学与研究出版社, 2011.

[71] 戴维民. 语义网信息组织技术与方法 [M]. 上海: 学林出版社, 2008.

[72] SYCARA K, WIDOFF S, KLUSCH M, et al. Larks: dynamic matchmaking among heterogeneous software agents in cyberspace [J]. Autonomous agents and multi-agent systems, 2002, 5 (2): 173 – 203.

[73] 刘永革, 刘国英. 基于SVM的甲骨文字识别 [J]. 安阳师范学院学报, 2017 (2):

54-56.

[74] 史小松, 黄勇杰, 刘永革. 基于阈值分割和形态学的甲骨拓片文字定位方法 [J]. 北京信息科技大学学报 (自然科学版), 2014, 29 (6): 7-10.

[75] 顾绍通. 基于拓扑配准的甲骨文字形识别方法 [J]. 计算机与数字工程, 2016, 44 (10): 2001-2006.

[76] 张长青, 王爱民. 一种计算机辅助甲骨文拓片缀合方法 [J]. 电子设计工程, 2012, 20 (17): 1-3.

[77] 王爱民, 钟珞, 葛彦强, 等. 甲骨碎片智能缀合关键技术研究 [J]. 武汉理工大学学报, 2010, 32 (20): 194-199.

[78] 王爱民, 刘国英, 葛文英, 等. 甲骨文计算机辅助缀合系统设计 [J]. 计算机工程与应用, 2010, 46 (21): 59-62.

[79] 王爱民, 葛彦强, 刘国英, 等. 甲骨文计算机辅助缀合技术研究 [J]. 中国科技信息, 2010 (4): 43-46.

[80] 王爱民, 葛彦强, 刘国英, 等. 计算机辅助甲骨文缀合关键技术研究 [J]. 计算机测量与控制, 2010, 18 (7): 1612-1614.

[81] PAPAODYSSEUS C, PANAGOPOULOS T, EXARHOS M, et al. Contour-shape based reconstruction of fragmented, 1600 BC wall paintings [J]. IEEE transactions on signal processing, 2002, 50 (6): 1277-1288.

[82] 贾海燕, 朱良家, 周宗潭, 等. 一种碎纸自动拼接中的形状匹配方法 [J]. 计算机仿真, 2006, 23 (11): 180-183.

[83] 王爱民, 葛文英, 赵哲, 等. 龟甲类甲骨文碎片计算机辅助缀合研究 [J]. 计算机工程与设计, 2011, 32 (10): 3570-3573.

[84] 光明网. 甲骨文成功入选《世界记忆名录》走近最古老的成熟文字 [EB/OL]. [2018-12-25]. http://baijiahao.baidu.com/s?id=1585271132308258884&wfr=spider&for=pc.

第四章 甲骨学知识表示与推理

知识表示与知识推理是计算甲骨学中的重要研究内容，也是后续构建甲骨学知识图谱的重要数据来源，因此该部分内容单列一章进行阐述。

甲骨学知识表示除前述所介绍的甲骨文语义标注、甲骨文语义词典外，主要是甲骨文的本体描述和其他甲骨文语义信息及知识表示方法。甲骨文知识表示和推理为甲骨文语义信息处理提供基础理论、方法、技术和工具支持。充分利用前期基础研究成果如甲骨文卜辞语料库、甲骨文语义词典、甲骨文本体等，将其语义优势进一步规模化和实用化，为后续构建甲骨学知识图谱奠定基础。

在知识推理方面，对甲骨学研究成果及文献资料进行语义标注和知识挖掘。基于已构建的甲骨文本体和规则可以进行甲骨文语义挖掘和知识推理。

4.1 甲骨文本体

目前，甲骨文字只有少数人能够辨识，一方面，中国的甲骨文专家很少，培养一名甲骨文专家需要一二十年甚至更长的时间[1]；另一方面，甲骨文专家对甲骨文的辨识依靠长期的学术钻研和经验积累，这种经验知识仅存储在专家的头脑中，并不能实现知识的有效共享。如何利用一种有效的技术实现现有甲骨文知识的共享，并方便计算机对其进行理解和处理？本体作为共享概念模型的明确的形式化规范说明[2]可以为这个问题提供解决方案。基于此，我们提出构建甲骨文本体的解决方案，尝试利用本体技术实现甲骨文知识的有效共享，从而降低甲骨文研究的门槛。

为了给甲骨文基础数据提供语义信息，需要采取一种机器可读的表达形式。构建甲骨文本体可以为甲骨文数据提供语义表达及推理功能。根据甲骨文数据涉及的不同领域，分别建立甲骨文常识本体[3]、甲骨文内容本体[4]和甲骨文文献本体[5]3个本体库。

甲骨文常识本体描述的是甲骨文基础知识，包括甲骨文发现历史、考古记录、文字特征、语法知识等。其核心部分是一个构建在知网（HowNet[6]）体系上的"甲骨文知网"，即以甲骨文词语所代表的概念为描述对象，以揭示概念与概念之间及概念所具有的属性之间的关系为基本内容的常识知识库。

甲骨文内容本体是描述经甲骨文专家及历史学家考释出来的，反映商代社会人们的家庭关系、生活、农作、天气、战争、狩猎等事件及其相互关系的知识库。

甲骨文文献本体是依据甲骨文研究论文及专著建立的文献资源本体，主要包括文献的标题、作者、单位、主题、关键词、文献来源等信息。

构建甲骨文本体的数据源自权威的甲骨文专著、学术论文、甲骨卜辞拓片、甲骨文图文资料库、甲骨文数据库等，在本体构建过程中需要甲骨文专家的参与，在定义类及属性，以及它们之间的关系都需要经过甲骨文专家进行指导和确认。

4.1.1　甲骨文内容本体

虽然目前本体的构建方法并没有一个统一的标准，但是研究者们大多都认同本体构建是一个工程问题，需要一套科学的准则去指导本体构建。在众多的本体构建准则中，我们构建甲骨文本体遵循最有影响的 Gruber 于 1995 年提出的 5 条准则[7]。

①清晰性：指本体应能有效地表达所定义的概念的含义。

②一致性：指本体中定义的概念及公理是一致的，本体得出的推理与原先的定义是相容的。

③可扩展性：指本体应支持在已有的概念基础上定义新的术语而不需要修改原有定义。

④编码偏好程度最小：概念应该在知识层次上说明，而不应依赖于特定的符号层次的编码。由于不同的知识系统可能采用不同的表示风格，因此编码偏好应最小化。

⑤最小本体承诺：指对待建模对象的约束尽可能少。一般情况下，本体承诺只要能满足特定的知识共享需求即可。

甲骨文与现代汉语有着密切的联系，甲骨文中很多的造字法、语法等都延续到现代汉语，因此可以参考和重用现代汉语的分类体系，进行自顶向下逐步细化；同时，随着甲骨文研究的不断推进，越来越多的规律被发现，可以将现有成果进行总结和分类，进行自底向上逐步抽象。基于此，提出如图 4-1 所示的本体构建模型。

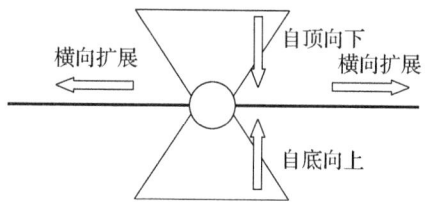

图 4-1　甲骨文本体构建模型

图 4-1 所示的模型称为"双向活动铰接法"，在垂直方向上，采用自顶向下和自底向上相结合的办法。自顶向下是先规划好本体概念的顶层类别，然后一步步向下具体化；自底向上是从领域术语集当中抽取出具体共同特性的术语归为一类，并一步步向上抽象。两个方向的交点称为"绞点"，"绞点"是一个恰当的层次，已经形成了本体的雏形。在"绞点"的水平方向上，可以向两侧横向扩展，不断充实概念及其属性、概念间的关系等。同时，"绞点"是活动的，因为这个恰当的层次不是一次就能达到的。本体构建过程是一个动态变化的过程，需要反复迭代、逐步完善。

构建甲骨文本体的目标是总结现有的甲骨文研究成果，提供甲骨文领域的知识共享，建立古汉语与现代汉语的联系，将甲骨文专家从烦琐的劳动中解放出来。并通过概念间的联系，发现甲骨文中更多的规律和本质问题，最终建立一个甲骨文知识共享库，为甲骨文学习者和爱好者提供一个交流和学习的平台，降低甲骨文的学习门槛。

甲骨文本体构建过程中，采用规范的命名方式进行本体的定义，可以使本体更易理解，而且有助于避免某些普通的建模错误。我们采用 Protégé 作为本体编辑工具，为其所有框架维护单一命名空间，概念采用中文字符，为便于对本体进行推理，属性及关系采用英文字符。属性采用前缀 has-和后缀-of 两者形式，多个单词组合时连写，除第一个单词外，其余单词首字母大写，如"hasAncestor"，单词统一采用单数形式，类的所有直接子类名统一不包括其父类名。

甲骨文本体构建的步骤参考了七步法[8]，七步法由斯坦福大学医学院提出，主要用于领域本体的构建[9]。

构建甲骨文本体首先需要明确本体的领域和范围。甲骨文本体关注的是经考古学家和甲骨文专家已经考释出来的、业界公认的、由甲骨文字反映出来的商代王室占卜记录，涉及王事、农业、天象、祭祀、征伐、往来、婚娶等社会内容，而并非关注甲骨文字的考释、识别、语法分析等。因此，需要考虑的主要是人物、事件、时间、空间等。

本体构建过程中，如果能充分利用已经存在的和甲骨文本体相关的其他本体是很有价值的。可以抽取、精炼和扩充现有本体的概念分类层次等，加快本体开发进度，减轻本体构建工作量。知网可作为重用本体为构建甲骨文本体提供概念分类层次。

知网[6]是一个以汉语和英语的词语所代表的概念为描述对象，以揭示概念与概念之间及概念所具有的属性之间的关系为基本内容的常识知识库。知网哲学的根本点是世界上一切事物都在特定的时间和空间内不停地运动和变化。它们通常是从一种状态变化到另一种状态，并通常由其属性值的改变来体现。知网的运算和描述的基本单位是万物（包括物质的和精神）、部件、属性、时间、空间、属性值及事件。对比甲骨文本体的领域范围和知网体系，借鉴知网的基本描述单位万物、时间、空间、部件作为概念分类的顶级层次。

提取甲骨文领域专业术语的途径主要有3个：①从甲骨文著作和论文等文献中人工挑选；②从甲骨文词典数据库中提取；③从Web页面自动抽取。这些列举出来的术语需要经过甲骨文专家的审核和确定，要求确定好的术语能大致表明既定领域范围内所关心的事物、事物的属性和它们的关系。

在定义甲骨文概念及概念的继承层次时，需要在甲骨文专家的帮助下，选择最能表达事物含义和属性的术语作为领域概念（或类），按照图4-1所建立的模型，采用自顶向下和自底向上相结合的办法。即可以采用先从最大的概念开始，然后通过添加子类来细化这些概念；也可以从最底层、最细的类定义开始，然后找到它们的父类。两种方法可以并行操作，并在达到合适的继承层次后不断扩展其兄弟类。

明确概念的定义及其分类层次是本体构建的关键，需要同甲骨文专家不断交流，针对甲骨文的知识特点来确定。例如，郑继娥[10]将祭祀对象分为天神、地示、先祖、先王先妣，在确定概念层次时，虽然他们均是商王的精神寄托，但由于天神、地示均是古人虚拟出来的，而先祖、先王先妣均是真实存在的，因此将前者归于"精神"类别，后者归于"人"类别。

另外，商代祭祀用的祭品包括有生命的动物牲、人牲和无生命的物品两大类，虽然用于祭祀的动物和人均是生物，但是它们作为祭祀的用品已经失去生命特征，因此将其划归到"物品"类。图 4-2 显示了甲骨文内容本体中的概念继承层次。

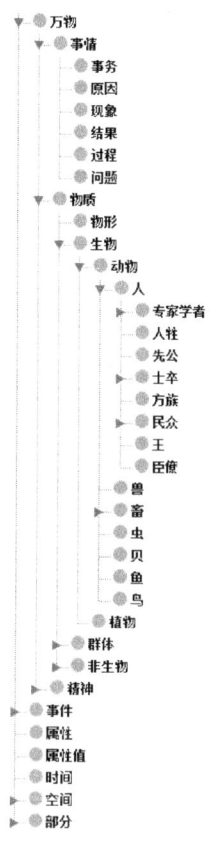

图 4-2　甲骨文本体概念继承层次

甲骨文本体属性的定义主要考虑两种：DatatypeProperty 和 ObjectProperty。前者属于该类的所有实例都具有的属性，称为"内在属性"。后者称为"外在属性"，通常用于连接概念间的实例，因此，属性有时也称为"关系"。属性定义包括属性的基数、属性值的类型、属性的定义域和值域等。如用于祭祀的牛，从年龄上可分为 1 岁牛、2 岁牛、3 岁牛等，从颜色上可分为戠、幽、黄、黎、白等[10]。则牛具有"年龄"属性，其属性值类型为整数；牛具有"颜色"属性，其属性值类型为字符串。

定义完本体中的类和属性之后，即可以为类添加实例，添加实例时需要确定与个体最接近的类，然后添加此个体作为该类的一个实例，并填充实例的各属性值。需要指出的是，包含个体实例的本体实际上已构成了本体知识库，它一方面描述了领域中的基本概念公理和关系公理等，对各种概念和关系进行了规范定义；另一方面在这些公理的基础上描述了客观世界中关于个体实例的事实，即成为事实库。构建甲骨文本体的一个目标是建立甲骨文知识库，因此，本体中存放的实例并不多，仅在要对某些很重要的实例做说明，或者要定义枚举类时才需要在本体中定义实例。通常是将本体与具体的个体实例分开的，实例存储在数据库中，因为在不同的范围内，构建知识库时包括的个体实例不同，但是它们的本体定义可以是相同的。

基于上述方法可以构建甲骨文内容本体，该本体中的商王世系片段如图 4-3 所示。

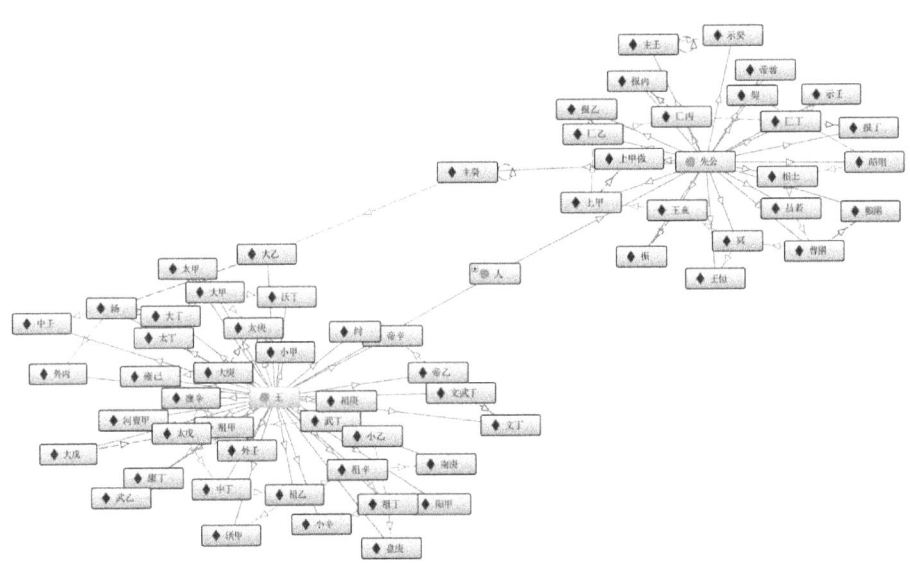

图 4-3　甲骨文内容本体中的商王世系

从图 4-3 可以看出，"王"和"先公"这两个类都是"人"这个类的子类。"王"是指商王的总称，该类下的实例就是殷商时期的历代商王；"先公"是指商王的祖先的总称，该类下的实例就是第一代商王（大乙，即商汤，为商朝的开国君主）在称王之前的历代祖先。

4.1.2 甲骨文常识本体

甲骨文与现代汉语是一脉相承的,两者在很多方面是相似的。甲骨文专家研究发现,甲骨文的句子结构和现代汉语之间的差别不大,构成甲骨文语法相关的造字法、用字法、词的分类和句型等,同现代汉语有许多相同之处。商代人对事物的认识也与现代大同小异:甲骨文所载卜辞大体可分为名物类(包括地理、天象、建筑、时间、方位、物品、人、鬼神、动植物、组织、称谓等)、行为动作类(包括生产、生活、军事行动、占卜、祭祀等)、性质状态类、数量类等;董振东构造的 HowNet[6] 规定了现代汉语最基本的运算单元,即万物(包括物质和精神)、部件、属性、属性值、事件、时间和空间等;冯志伟[11]构造的知识本体 ONTOL-MT 中初始概念有事物、时间、空间、数量、行为状态和属性等。可见甲骨文与现代汉语在概念的分类体系上是相容的,本体作为语义分析的基础,描述的是词汇背后的客观世界的本质概念及其关系,因此可在 HowNet 基础上抽象出甲骨文的概念知识,建立甲骨文常识本体。

HowNet 是用义原和角色关系来描述概念。义原在 HowNet 中是个重要的概念之一,它是从所有汉语词语中提炼出的可用来描述其他词语的不可再分的基本元素。HowNet 中的义原分类树把各个义原及它们之间的联系以树的形式组织在一起为语义计算提供了方便。我们借鉴 HowNet 的构建体系,建立了一个融合甲骨文和现代汉语的"甲骨文知网"。甲骨文知网构建步骤简述如下[3]。

①选取科学发掘的甲骨文语料为研究对象,整理甲骨文的已释字和未释字信息,并将进行统一的编码,给出每个甲骨字的唯一 ID。

②建立甲骨文的基本语义知识词典。词典样式遵照 HowNet 的描述体系,完成语料中涉及的甲骨字所对应的 DEF 和 RMK 记录。图 4-4 以已释甲骨字"山"字为例显示了"甲骨文知网"的构建。

③建立隶定字与 HowNet 的映射表。在每个隶定字与 HowNet 中意思相同的记录之间建立一个映射关系,并且把这个隶定字的 ID 记录到 HowNet 的 RMK 项中,如图 4-5 所示。

④未释字在甲骨文知网中的表示。目前还有大量的甲骨字尚未考释出来或者未得到专家的一致认可,这些字的语义尚不确定,因此,采用统一的表示方法,仅以 ID 区分不同的未释字,如图 4-6 所示。

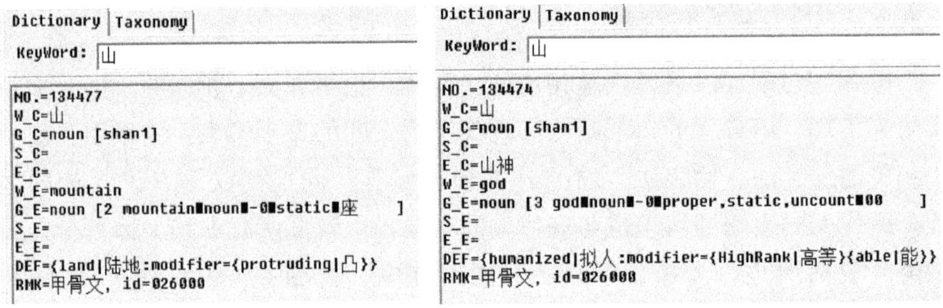

图 4-4　已释甲骨字"⩙"（山）的两个义项操作

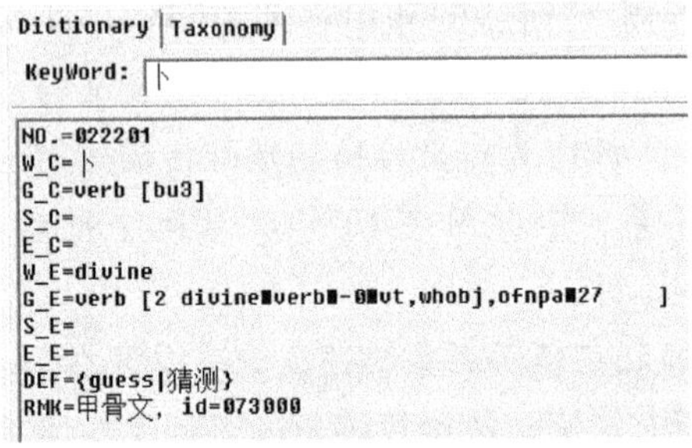

图 4-5　隶定字"卟"［隶定为"田"（卜）］的操作

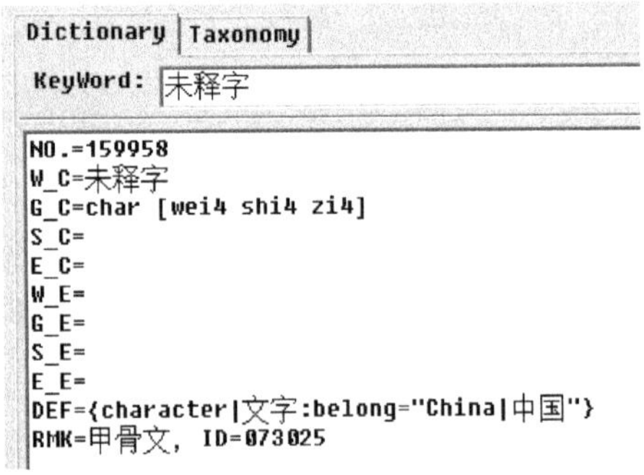

图 4-6　未释甲骨字"廾"的操作

4.1.3　甲骨文文献本体

构建甲骨文文献本体需要先确定本体中的类及属性。本体中的类即为本

第四章 甲骨学知识表示与推理

体构建过程中抽取的概念，它是本体构造中的一种特殊资源，它描述了具有共同特征或在某方面相似的资源集合。本体中的属性分为数据属性和对象属性两类。数据类型属性是对概念的描述，它是连接实体的一些文字值；对象属性是概念间的联系，在资源描述中充当谓语作用。甲骨文文献记录了甲骨文卜辞反映的相关内容，因此，在构建甲骨文文献本体时还需要考虑甲骨文内容本体。

通过分析甲骨文文献的特征，我们通过查阅甲骨文文献、提取专业论文关键词及向甲骨文专家咨询等方式抽取了一系列概念，包括甲骨文文献本体（表4-1）和甲骨文内容本体（表4-2）。

表4-1 甲骨文文献本体中部分基本类

父类	一级子类	二级子类
作者	—	—
图书	—	—
机构	高等院校、研究院所、图书馆、出版社	—
期刊	中文期刊	核心、非核心
	外文期刊	
论文	学位论文	学士论文、硕士论文、博士论文
	学术论文	期刊论文、会议论文
甲骨学	—	—
计算机科学	部分计算机类二级学科	部分计算机类三级学科

甲骨文文献本体中，由于甲骨文数字化离不开计算机科学，因此，表4-1中将与计算机学科相关的知识结构创建的一个上层类"计算机科学"。

根据上述分类，利用Protege构建甲骨文本体，其中甲骨文文献本体的类及其继承层次如图4-7所示，甲骨文内容本体的类及其继承层次如图4-8所示。

甲骨学知识图谱构建方法研究

表4-2 甲骨文内容本体中部分基本类

父类	一级子类	二级子类
万物	事情	占卜、征伐、田猎、祭祀
	物质	生物、非生物
时间	时间段	—
	时间点	日类、月类
空间	室内	亚、厅、宗、室、家、必
	室外	宅、门
	不定类	之、亳土、凡、夫、敦、毓、罄京、舟、雍
	方向	东、南、西、北、中、上、下、左、右、内、外、辟、立、方
部分	—	—

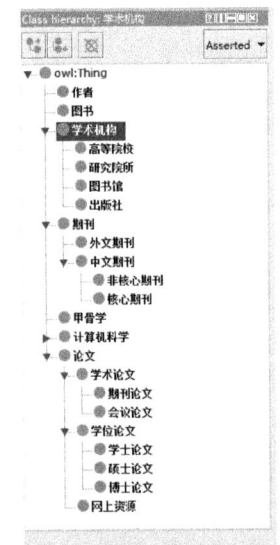

图 4-7 甲骨文文献本体类及继承层次

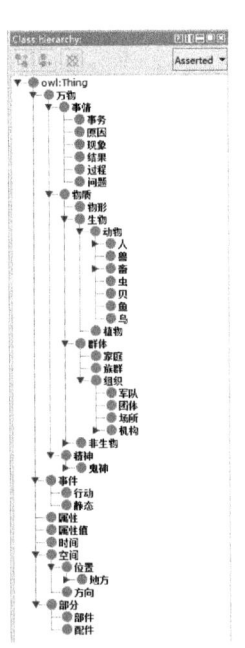

图 4-8 甲骨文内容本体类及继承层次

根据甲骨文文献特征及甲骨文文献记录的甲骨文内容特征，建立甲骨文文献本体的属性如图4-9所示，甲骨文内容本体属性如图4-10所示。

第四章 甲骨学知识表示与推理

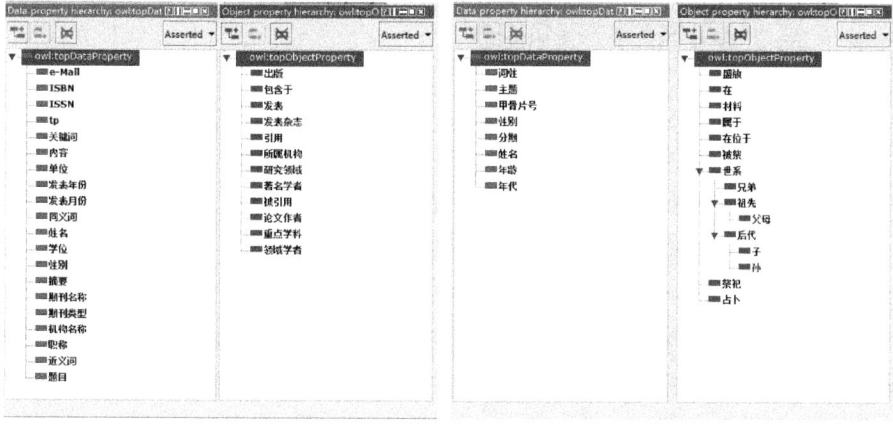

图 4-9　甲骨文文献本体属性　　　　图 4-10　甲骨文内容本体属性

当类和属性确定之后，就可以创建本体实例了，从而完成基础本体的构建。目前，甲骨文文献本体共 105 个概念，32 个属性（12 个对象属性和 20 个基本属性），2257 个实例；甲骨文内容本体共 87 个概念，23 个属性（15 个对象属性和 8 个基本属性），1442 个实例。构建甲骨文文献本体中专家学者片段如图 4-11 所示。

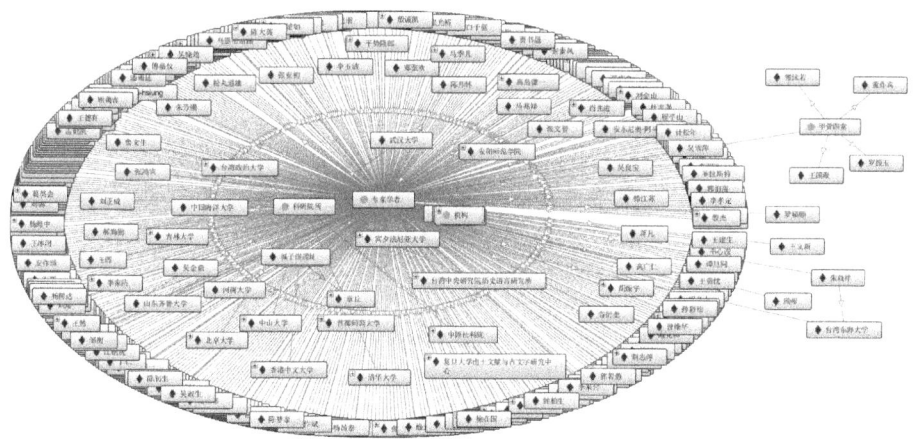

图 4-11　甲骨文文献本体专家学者片段

4.2 基于本体的检索优化

构建甲骨文知识本体之后，可以充分利用本体的语义优势进行信息检索优化。领域本体明确定义了领域内的概念及概念间的关系，同传统的基于关键字匹配的检索系统相比，基于领域本体的检索可以将结果限定在所涉及的领域之内，提高了检索的查准率，同时，通过本体的语义扩展，可以检索到与检索词相关的其他信息，从而提高检索的查全率。

利用本体概念之间的 is-a 关系、part-of 关系、same-as 关系等，可以对查询关键字进行扩展[12]，将扩展后的概念进行组合形成新的查询条件，可以实现语义检索功能。图 4-12 是利用 Baidu 检索"甲骨文"的结果界面。

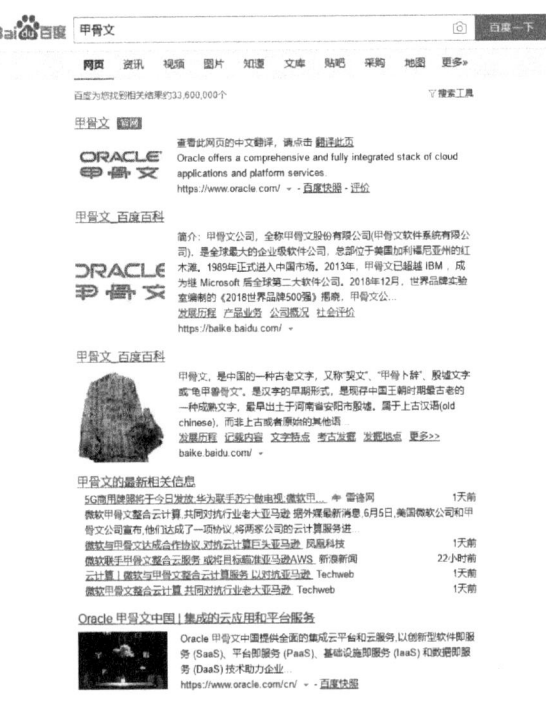

图 4-12 Baidu 中"甲骨文"检索结果

从图 4-12 可以看出，如果用户需要获取古籍甲骨文字方面的信息，会出现数据库公司甲骨文的干扰信息，这并不是用户所期望的。图 4-13 是基于甲骨文本体的"甲骨文"信息检索界面。

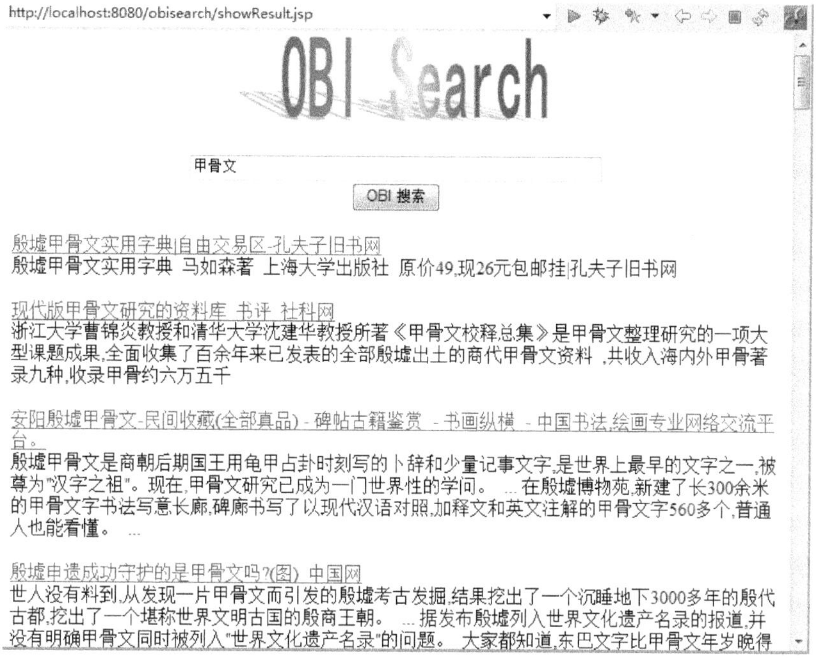

第四章　甲骨学知识表示与推理

图 4-13　基于甲骨文本体的检索优化

从图 4-13 可以看出，检索结果均限制在甲骨文等古文字及古籍信息的范围内，而且通过本体的解析还可以检索到"殷墟"等关联信息。可以看出，基于甲骨文本体的信息检索，在涉及甲骨文研究领域时，可以有效提高检索结果的查准率和查全率。

4.3　甲骨刻辞网络

在甲骨文计算机辅助考释方面，经过近 20 年的研究，已经取得了一些研究成果，但整体上还没有形成一个较为完善的甲骨文计算机考释模型，自动化程度及准确率还不够令人满意。为了能够通过计算机对甲骨文大数据进行计算机分析、处理，帮助甲骨文专家更容易地破译未释读甲骨字，刘运通等[13]提出了一种甲骨文刻辞网络表示方法。基于该刻辞网络，通过计算语义关联度，可以量化甲骨字考释难度。其主要思想：首先，把已有甲骨片数据进行电子化，对所有甲骨字（包括已释读的、未释读的）进行电子编码；然后再进行人工标注，标注出该甲骨字其所出现的甲骨编号和位置；再把所

117

有的甲骨刻辞构建为一个庞大的甲骨刻辞网络，通过网络节点间的关联关系，计算"未释读甲骨字"与"已释读甲骨字"之间的内在关联关系，把计算结果作为"未释读甲骨字"考释难度的一种量化标准。这个量化结果可以指导甲骨文专家学者选择性地针对考释难度较低的甲骨字先进行研究，从而提高甲骨考释研究的效率。

甲骨文刻辞网络的数据来源是《甲骨文图文数据库》，其中包含了72 151片甲骨的电子数据，总字数约80万（还有大量刻辞存在模糊、残缺、背景干扰信息而不能精确确定为文字），数据覆盖量接近50%。这80万个甲骨字，根据字形，被归类到6200个甲骨字（不包含残缺、模糊），其中已经释读的有1602个（有很多为同一个字的异构体）。所有甲骨字均进行电子编码，并进行人工标注，标明该字是否已经被释读。针对已经释读的甲骨字，则标明其对应的现代汉字。针对每个甲骨片，根据甲骨专家的研究成果书籍资料，将其存储为一句或一组甲骨刻辞电子数据；并存储每个字的电子编码，组成甲骨刻辞的电子大数据。

构建甲骨刻辞网络时，在相同甲骨字之间添加一条连线，把在同一个甲骨片上出现的字分为一组，就可以把所有的72 264片甲骨刻辞，构建为一个庞大的甲骨刻辞网络，该网络示意如图4-14[13]所示。

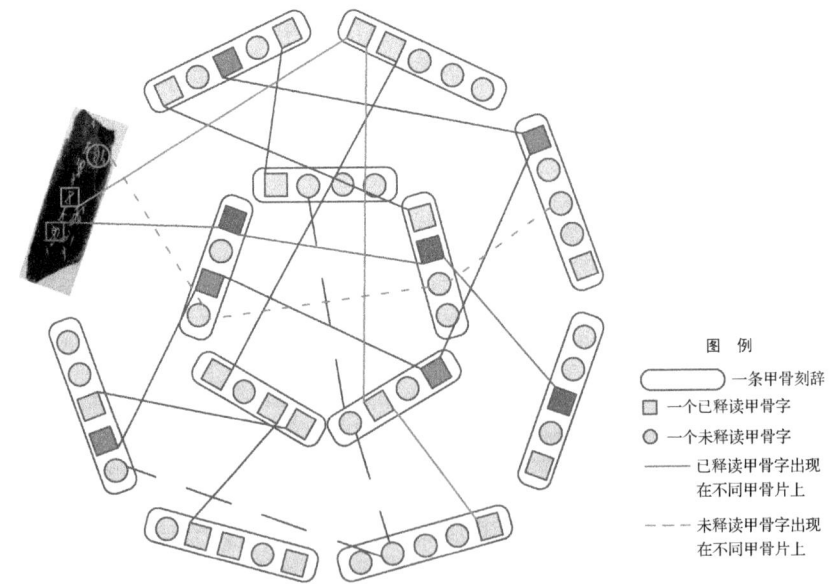

图4-14　甲骨刻辞网络示意

第四章 甲骨学知识表示与推理

将所有的甲骨文刻辞数据按图 4-14 所示的刻辞网络进行表示，将得到一个数量庞大的网状结构，其网络节点个数为 726 423，节点分组为 72 151 组，甲骨字数 6200，其中已释读的甲骨字 1602 个，已释读的甲骨字出现总次数为 110 106 次，每片甲骨平均含已释读字 1.52 个，单字平均复现次数 117 次，连接相同字的边的平均条数 116，总边约数为 72 万[13]。具体规模如表 4-3 所示。

表 4-3　甲骨刻辞网络规模

类别	数量	说明
总字数	6200	
已释读字	1602	
节点组数	72 151	一个甲骨片对应于一组网络节点
节点总数	726 423	网络中的甲骨字个数，模糊、残缺字的被排除在外
片均文字	10	总字数 726 423 ÷ 72 151 ≈ 10
已释读字出现总次数	110 106	
片均已释读字	1.52	110 106 ÷ 72 151 ≈ 1.52
单字平均复现次数	117	726 423 ÷ 6200 ≈ 117
连接相同字边的平均条数	116	等于"单字复现率 – 1"
总共边的条数	72 万	6200 × 116 ≈ 72 万

甲骨刻辞网络具有如下特点[13]。

①在刻辞网络中，未释读甲骨字 X 出现的次数越多、关联的已释读字越多，则网络中所蕴含的释读 X 所需的信息量越大，则 X 的释读难度越小。基于这一特点，可以根据未释读甲骨字 W 出现的次数设计如式（4-1）所示的量化方法。

$$f_1(W) = 1 - \frac{\lg[\sum_{i=1}^{n} N_i(W) + K]}{\lg\{\max[\sum_{i=1}^{n} N_1(W) \cdots N_i(W) \cdots N_n(W)] + K\}} \quad (4\text{-}1)$$

式中：W 为需要计算的未考释甲骨字；$f_1(W)$ 为计算出的该字考释难度；$N_i(W)$ 为第 i 个甲骨片上 W 出现的次数；$\sum N_i(W)$ 为所有甲骨片上 W 出现的

次数之和。式（4-1）中，取对数的原因是，有些字出现的次数非常大，而还有很多字仅仅出现了1次，进行考释难度量化时，需要归一化处理，采用对数函数进行映射，可使结果数据之间的差异不太大。K为修正常数，因为有很多字只出现了1次，取对数会使其值为零，故此加上常数K（K=1）。

②假如某未释读甲骨字X与已释读甲骨字Y出现在同一个甲骨片上，那么这两个字之间具有一定程度的内在语义关联关系，这种语义关联关系蕴含了释读X所需的相关信息。根据这一特点，某未释读甲骨字W与已释读甲骨字出现在同一个甲骨片上，通过计算W所关联的已释读甲骨字出现的总次数，可设计量化计算方法，如式（4-2）所示。

$$f_2(W) = 1 - \frac{\lg[\sum_{i=1}^{n} T_i(W) + K]}{\lg\{\max[\sum_{i=1}^{n} T_1(W) \cdots T_i(W) \cdots T_n(W)] + K\}} \quad (4-2)$$

式中：$f_2(W)$为计算出的该字考释难度；$T_i(W)$为W所出现第i个甲骨片上，所有其他已释读甲骨字出现的总次数；$\sum T_i(W)$为W所出现的所有甲骨片上，所有其他已释读甲骨字出现的总次数。

③假如某未释读甲骨字X与已释读甲骨字Y出现在同一个甲骨片上，而Y又是高频、常见甲骨字，那么蕴含着X可能更容易释读一些。也就是说，X所关联的已释读字Y的内在特征，蕴含了X的考释难度信息。根据这一特征，当某未释读甲骨字W与已释读甲骨字W_Y出现在同一个甲骨片上，可在量化计算中考虑W_Y是否高频、常见，从而计算W_Y所出现的总次数，如式（4-3）所示。

$$f_3(W) = 1 - \frac{\lg[\sum_{i=1}^{n} S_i(W) + K]}{\lg\{\max[\sum_{i=1}^{n} S_1(W) \cdots S_i(W) \cdots S_n(W)] + K\}} \quad (4-3)$$

式中：$f_3(W)$为计算出的该字考释难度；$S_i(W)$为W所出现第i个甲骨片上，W_Y是该片上的一个已释读甲骨字，计算出W_Y在所有甲骨片上出现的总次数$\sum N_i(W_Y)$，并针对第i个甲骨片上的每个已释读甲骨字，求总和$\sum\sum N_i(W_Y)$；$\sum S_i(W)$为W所出现的所有甲骨片上，针对$S_i(W)$求总和。

④假如某未释读甲骨字X与已释读甲骨字Y出现在同一个甲骨片上，

第四章　甲骨学知识表示与推理

则 X 与 Y 的距离越近，则蕴含着 X 与 Y 的内在语义关联可能性就越大，X 的释读难度越小。根据这一特点，当某未释读甲骨字 W 与已释读甲骨字 W_Y 出现在同一个甲骨片上，根据 W 与 W_Y 的距离，进行距离加权计算。计算方式如式（4-4）所示。

$$f_4(W) = 1 - \frac{\lg[\sum_{i=1}^{n} Q_i(W) + K]}{\lg\{\max[\sum_{i=1}^{n} Q_1(W)\cdots Q_i(W)\cdots Q_n(W)] + K\}} \quad (4-4)$$

式中：$Q_i(W) = K_L \sum_{i=1}^{n} S_i(W)$；$K_L = \alpha + \beta[L(i) - L_i(W,W_Y)/L(i)]$；$K_L$ 是距离加权系数，α、β 是映射系数，且满足 $\alpha + \beta = 1$，设置 $\alpha = \beta = 0.5$，其含义是限定距离加权系数 K_L 的取值区间，使得距离远近的影响力不至于相差太大；$L(i)$ 是第 i 片上甲骨刻辞的字符长度；$L_i(W,W_Y)$ 是第 i 片上甲骨刻辞中，W 与 W_Y 之间的距离。

根据甲骨刻辞网络的上述 4 个特点，通过计算机基于大数据进行计算，可以计算出每一个未释读甲骨字的相关信息；这种计算结果就可以作为"未释读甲骨字"的考释难度量化信息，用于指导甲骨字的考释研究。在以往的甲骨考释研究中，专家们也经常运用这样的方法来探索、发现甲骨考释线索；但由于人类专家的体能、时间、精力所限，针对这么庞大的甲骨刻辞数据，人类专家很难准确、无遗漏地找出任意字之间的这种内在语义关联关系。基于甲骨刻辞网络，通过大数据可以发挥计算机的计算优势来解决这个问题，获得人类专家难以发现的隐含考释线索并提供给专家，提高甲骨文考释的效率。

刘运通等[13]经过实验得出以下甲骨文考释难度量化的结论。①4 种计算方法都有"难度越小的字，已释读比例越大"的特点，表明 4 种算法都较为有效。②难度小于等于 0.2 的字，最低也有 70% 的字已经被释读，这也表明了各算法的有效性。③随着难度的增加，已释读字的比例也越来越低，这也表明了算法的有效性。累计比例是指"难度小于该值得所有字中，已释读的比例"，该值越大，越能反映算法的有效性。④所有已释读字的难度分布更加集中、更加偏向难度低的区间，表明方法 3、方法 4 的有效性更高。其中，方法 3 的有效性最高。⑤整体来看，方法 3 是最佳的难度量化方法，其计算结果更为有效。方法 4 虽然考虑了未释读甲骨字与已释读甲骨字之间的距离，但并没有取得更好的计算结果。

4.4 甲骨字网络

经过几代甲骨学专家的不懈努力，甲骨学的研究取得了较大成就，而且一些计算机学家在甲骨文信息处理方面的研究也取得了显著的成绩，但是还存在一些问题需要继续深入研究。例如，现有的算法在研究甲骨文字时，并没有从系统的角度研究，导致使用计算机方法预测未知甲骨文字的语义距离还很远。不仅如此，现有的计算机方法研究甲骨文时，并没有考虑甲骨字之间的联系对场景和语义的影响[14]。焦清局等[14]在甲骨文信息处理过程中引入复杂网络的理论和技术，尝试利用甲骨拓片信息构建甲骨文字网络，并对网络的特性进行详细分析。以期为历史学家和甲骨学专家揭示未知甲骨字的语义提供新的数据和研究思路。

复杂网络是描述复杂系统的一种有效工具，语言系统的网络化抽象为研究语言提供了新的视角和手段[15]。基于复杂网络的汉语语义网络研究已有不少成果，赵怿怡等[15]综述了以图论为基础的复杂网络发展及社会网络、语言网络的主要数学模型，试图从复杂网络共性特征——小世界、无标度特征中进一步剥离出语言网络的个性特征，为语言符号多层级网络结构、功能研究提供参考。其研究指出多个语言网络模型渐进地限制了不同类复杂网络的节点连通性和网络结构形式，目的都是为了层层剥离出隐藏在系统复杂性背后的形成机制和演化规律。刘知远等[16]基于不同规模和类型的语料库，建立了汉语词同现网络，并基于复杂网络对汉语词同现网络进行了研究。通过实验验证了汉语词同现网络具有复杂网络的两个基本性质：①网络的平均最短路径为 2.63~2.75，聚合系数远大于相同参数下的随机网络，这揭示了汉语同现网络的小世界效应；②网络中词的度大体上呈幂律分布，表明汉语同现网络具有无标度特性。赵怿怡等[17]研究了以汉语词为单位，以同现、句法、语义关系为联结依据的几类网络构造方法，并针对同一文本构造三类网络，经研究发现，句法网络的网络直径、平均路径长度远小于同现网络，实词在语义网络中占据中心节点位置。基于该结论，他们指出网络分析方法的应用仍要以可靠的语言学理论为指导，从语言学内部出发才能更好解释各类语言网络的差异。杨华等[18]尝试用复杂网络来表示汉语的语义场，并基于联想场的概念，提出了用复杂网络表示汉语的语义场。研究表明该网络的节点度、节点权值与边权值均服从无标度分布。展示节点度、节点权值、边

第四章 甲骨学知识表示与推理

权值在一定范围的内容，观察到一些在网络视角才能发掘出的现象，并将较为特别的现象展示给语言学家，以期引起共鸣，获取对这些现象的合理解释。这些研究成果给甲骨文信息处理的研究以重要的启示，因为语言网络的构建及其特征的分析对研究语言系统背后的形成机制和演化规律具有重要的意义[15]，故在甲骨学研究上亦可借鉴。

焦清局等[14]基于收集的72 151片甲骨拓片，通过建模构建了甲骨字网络。由于甲骨拓片历史久远，拓片的损坏比较严重。在构建甲骨字网络之前，先进行预处理，主要采取两种处理方案：①如果在一个拓片中，字和字之间有残缺的情况，用省略号代替残缺字；②除去没有甲骨字的拓片。经过预处理后共得到71 455片甲骨拓片、6199个甲骨字（包括已识的和未识的甲骨字）。

构建甲骨字网络需要定义甲骨字和甲骨字之间的相似性距离。由于甲骨文系统的同一场景或语义单元是以拓片为单位，所以，如果在一个拓片中，两个甲骨字之间在 n 阶 Markov 链的条件下同时存在，则认为这两个甲骨字之间应存在一条边。在两个甲骨字之间定义了相应的权重。对于同一拓片上的两个甲骨字（这两个甲骨字可以是已识或未识），它们分别用 i 和 j 表示，那么这两个字之间的距离为 w_{ij} 可以通过式（4-5）进行计算：

$$w_{ij} = 10^{\frac{1}{interal}} \qquad (4-5)$$

式中：$interal = \begin{cases} l_j - l_i, & i\ 与\ j\ 之间无省略号 \\ \dfrac{\max(length)}{2} + (l_j - l_i), & i\ 与\ j\ 之间有省略号 \end{cases}$；$l_i$ 和 l_j 分别表示甲骨字 i 和 j 在拓片中的位置且甲骨字 j 在甲骨字 i 的后面。如果甲骨字 i 和 j 之间有省略号，即它们之间有残缺的甲骨字，则参数 $interal$ 由两部分组成：一部分是 $\max(length)/2$，参数 $length$ 是71 455片甲骨拓片中甲骨字的个数，$\max(length)$ 表示含有最多甲骨字拓片的上的字长度；另一部分是 $(l_j - l_i)$。由于 n 阶 Markov 链中 n 在现代汉语中经常取值为 2[16]，现在的文字系统有大量的词语，但是在甲骨文中，往往一个字就是词，出现词组的现象很少。因此，在构建网络时，对于不同拓片，n 的取值为拓片上甲骨字的个数。

基于71 455片甲骨拓片，焦清局等[14]以6199个甲骨字为基础，构建了6199×6199大小的相似性矩阵 M（即权重网络）。根据上述公式，如果两个甲骨字 i 和 j 在同一甲骨片上出现，计算出并把 w_{ij} 赋予 M_{ij} 处；如果两个甲骨字出现在不同的甲骨拓片，那么把这两个字在不同拓片上计算的相似性距离在同一个 M 位置上做叠加。计算相似性矩阵 M 的一个简单示例如图 4-15 所示。

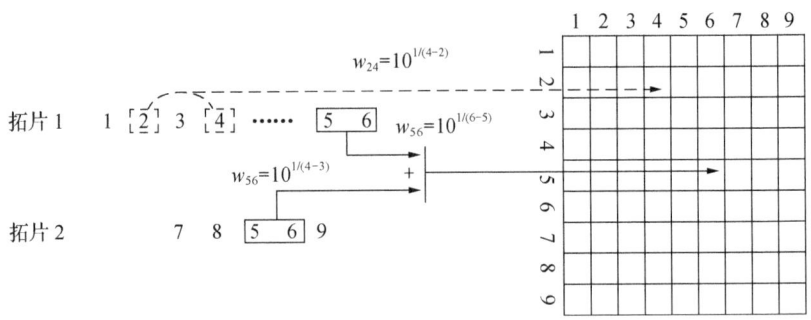

图 4-15　甲骨字之间距离计算示例

图 4-15 的示例中包含两个拓片，共有 9 个甲骨字。以这 9 个甲骨字为基础，可以构建大小为 9×9 的相似性矩阵。以这两片拓片上的甲骨字为例，首先利用式（4-5）计算甲骨字 2 和甲骨字 4 之间的距离，然后把 w_{24} 的值放在相似矩阵 M_{24} 的位置上。其次，如果两个甲骨字在不同拓片上同时出现，需要分别计算这两个甲骨字在不同拓片上的相似性距离，然后相加放在相似性矩阵对应的位置上。如图 4-15 中的甲骨字 5 和甲骨字 6，分别计算甲骨字 5 和甲骨字 6 在拓片 1 和拓片 2 上的距离 w_{56}^1 和 w_{56}^2，然后把 w_{56}^1 和 w_{56}^2 相加放在相似性矩阵 M_{56} 的位置上。按照这种计算方法，针对 71 455 片甲骨拓片信息，可得到 6199 个甲骨字之间的相似矩阵，这个矩阵共包含了 160 964 条有权重边。

为了保证边信息能真实反映甲骨字之间的拓片信息，焦清局等[14]在构建甲骨字网络时只保留了权重大于 5 的边，而删去权重小于 5 的边。这样考虑的原因主要有如下两点。

①如果边的权重小于 5，由式（4-5）可知，此条边连接的两个甲骨字不直接相邻，即不会构成复音节词。

②由于构建甲骨字权重网络采用的是叠加方法，即两个甲骨字之间的权重是由这两个甲骨字在 71 455 片拓片中计算的距离之和。如果边的权重小于 5，说明此条边连接的两个甲骨字在 71 455 片拓片中计算的距离之和小于 5，因此，这两个甲骨字用来描述同一个场景或语义单元的可能性很小。

第四章 甲骨学知识表示与推理

基于以上考虑，经过处理后最终构建的甲骨字网络包含 5474 个甲骨字和 75 611 条边。甲骨字网络如图 4-16 所示。

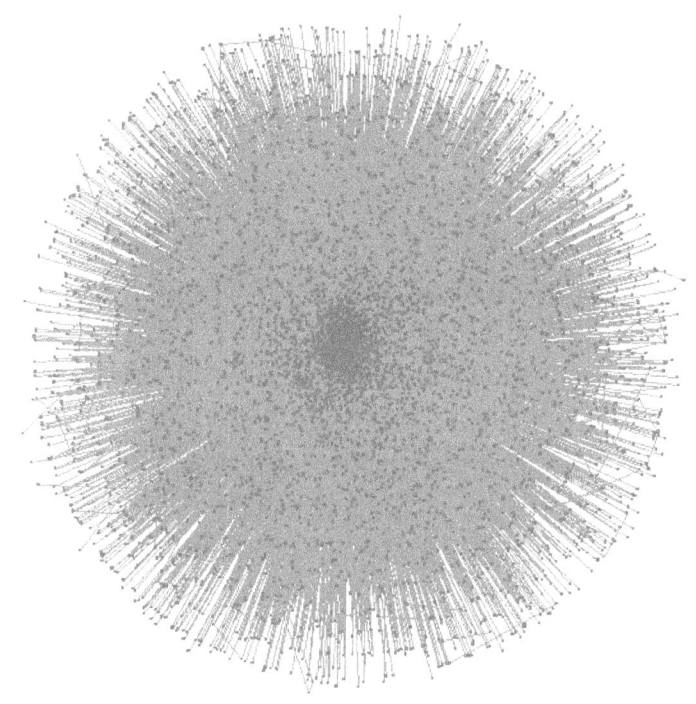

图 4-16　甲骨字网络

焦清局等在构建了甲骨字网络后，对其特征进行了分析，包括网络的度分布、局部连接比率、聚类系数、模块度等[14]。

节点的度是指此节点的邻接节点的个数或者是节点连接边的个数。如果将节点度为 k 的数目占网络节点总数目的比例记为 p_k，那么网络中不同度的统计分布即为度分布[19]。焦清局等将构建的权重网络简化为无权重的网络，然后计算该网络的度分布，以期方便地推断一个甲骨字在 71 455 片甲骨拓片中同时出现的情况，即一个甲骨字和其邻接甲骨字共同描述同一个场景或语义单元信息。甲骨字网络中，甲骨字的度表现为甲骨字之间的权重值，而甲骨字之间权重分布表现为网络的度分布。焦清局等得出结论是甲骨字网络的度分布符合无标度分布[20]，这意味着网络中大部分节点度的取值较小，但是会有少数节点度的取值非常大。在甲骨字网络中的度分布说明：一方面，大部分甲骨字的度值比较小，如度值小于 10 的甲骨字占总甲骨字的比例为76.6%，而度值小于17和小于50的甲骨字占总甲骨字的比例分别为82.1%和91.1%，在甲骨文中，较小的度值代表描述同一个场景或语义单元所需的甲骨字也较少；另一方面，有少数甲骨字在网络中具有很大的度值，如甲骨字"卜"和"贞"字之间的权重高达203 756，假设"卜"和"贞"这两个甲骨字是直接相连的，那么"卜"和"贞"在71 455片甲骨拓片中至少出现20 375次。不仅如此，"卜"和其他甲骨字的度值也较大。江铭虎[1]研究认为在甲骨文中，单音节名词占大多数，而动词占少数，并且在动词中，祭祀动词占多数。"卜"字是常用的动词，经常和其他名词相连使用，因此，"卜"字具有较大的度值是合理的。度分布特性的分析说明甲骨字网络能充分反映甲骨文的语言特点。

局部连接比率（local-links-rate，LLR）是一种衡量网络局部特性的指标[21]。由于网络中的边信息比节点信息更能反映网络的各种特性。因此，LLR的定义是基于网络的连接信息，而不是节点信息。对网络中任意一条边，针对其连接的两个节点，首先计算这两个节点的共同邻接节点，然后统计共同邻接节点之间存在的边数。最后，计算局部连接比率LLR。如果某个网络的平均LLR大于2，那么这个网络有较强的局部特性[21]。焦清局等通过计算发现甲骨字网络的LLR值高达26.6787，这说明甲骨字网络具有很强的局部特性，即描述同一个场景（或语义单元）的甲骨字在甲骨字网络中相互之间连接的边较为稠密。

聚集系数是表示一个图形中节点聚集程度的系数。对于无权重网络，聚类系数用来描述一个节点的直接相邻节点之间的边的连接情况[22]。而对于有权重的网络而言，计算聚类系数相对较较复杂。甲骨字网络计算的是无权重网络下的聚类系数，主要是考虑到两种类型的聚类系数的定义对于衡量网络的特性不会带来本质的影响[23]。一个网络的聚类系数是网络中所有节点聚类系数的平均值，较高的聚类系数意味着节点的邻接节点之间存在更高程度的交互关系，即这个节点和其邻接节点更稳固地聚集成模块结构[24]。焦清局等通过计算得出甲骨字网络的聚类系数为0.5944，较高的聚类系数意味着一个甲骨字和其邻接的甲骨字参与描述同一场景或语义单元的概率较高。

模块（或称社团）结构是复杂网络的一个基本特性，也是复杂网络研究的重点内容。模块是网络的一个子集，它要求模块中节点之间的边连接紧密，而不同模块之间节点的边连接稀疏。模块内的节点具有相似的属性，通

第四章　甲骨学知识表示与推理

过构建包含已知和未知语义的甲骨字网络，在此基础上分析此网络是否具有模块度特性，再通过模块内节点的属性，可以预测同一模块内未知甲骨字的语义信息。假设在一个含有 5 个节点的模块中，如果已知其中 4 个甲骨字描述了某种场景信息（如婚丧嫁娶），那么根据模块结构中节点具有相同属性的特性，可以推测剩余一个未知语义的甲骨字也用来描述婚娶信息。模块度[25]不仅是一种用来挖掘网络中模块结构的方法，而且是一种用来衡量网络是否具有模块结构的标准。Clauset 等[26]研究认为如果一个网络的模块度约等于 0.3，说明这个网络具有很强的模块特性。焦清局等利用模块度方法对甲骨字网络进行分析，得到的模块度的值为 0.2921，因此可以认为甲骨字网络具有很强的模块特性。另外，从上述的局部连接比率和聚类系数也可以看出甲骨字网络具有较强的局部特性。整体而言，甲骨字网络具有良好的模块结构属性，这种属性为甲骨文信息处理研究中，通过识别模块结构而破译未知甲骨字的语义提供了直接数据和理论上的依据。

4.5　甲骨文可拓模型

理解甲骨文首先要解决甲骨卜辞的释义问题，即甲骨卜辞的自然语言理解问题。在甲骨文中，如同现代汉语一样，依然存在字或词的语义多样化问题，因此同自然语言处理一样，这些问题为甲骨卜辞的释义带来困难。自然语言实际上也是一种知识表示方法，如果将自然语言形式化为可拓模型，就可利用可拓方法来理解自然语言。郑鑫等[27]将可拓模型的自动建模技术应用于自然语言处理研究，利用可拓模型及自然语言理解的相关技术来描述语言信息、知识表示和知识推理，并实现了一套由自然语言到可拓模型的自动建模系统。任瑞春等[28]通过可拓学的基本思想，借鉴知网的构建思路，建立了一个古、现代文语义数据库，利用物元变换使古文翻译工作在计算机上得以实现。李卫华[29]利用知网的语言信息处理能力增强计算机理解人们的矛盾问题的能力，通过学习知网的知识组织改进可拓策略生成系统的基础知识库结构，提高其策略生成能力。这些都给甲骨文信息处理研究带来一些启示[30]。

高峰等[30]从自然语言的可拓学表示方法出发，研究了甲骨文可拓模型的建模方法，借鉴知网的构建体系，将甲骨文语言形式化为可拓模型，建立了可拓甲骨文语言模型库，将甲骨卜辞分词并进行基于知网知识库的语义相似度计算，结合发散树、相关网和蕴含系等可拓策略来解决甲骨卜辞释义所出现的语义歧义问题，从而更好地解决甲骨卜辞释义问题，为甲骨学研究提供一种新的知识表示方法，可以辅助进行甲骨文的计算机考释和推理。

4.5.1 可拓学研究

可拓学在百度百科上的释义：可拓学（extenics）是以广东工业大学的蔡文、杨春燕研究员等为首的中国学者创立的新学科。它研究事物拓展的可能性和开拓创新的规律与方法，并用于解决矛盾问题，有别于生物学、机械学，电工学等纵向学科，是与数学、系统论、信息论、控制论等相类似的横断学科。可拓学是用形式化模型研究事物拓展的可能性和开拓创新的规律与方法，并用于解决矛盾问题的科学。通俗地说，可拓学研究产生创意的理论和方法，成为生产创意的理论依据和方法来源。可拓学的研究对象是矛盾问题，基本理论是可拓论，方法体系是可拓方法（由于这些方法特别适合于创新，因此也被称为可拓创新方法），逻辑基础是可拓逻辑，与各领域的交叉融合形成可拓工程。

1983年，蔡文研究员在《科学探索学报》发表了论文《可拓集合和不相容问题》，对形式化处理矛盾问题展开了研究，标志着"可拓学"的诞生。2004年，科技部科技成果管理办公室在发布可拓学研究成果"可拓论及其应用研究"时指出："本项目是项原始性创新研究，在海内外同类研究中，处于领先和指导的地位。"[31]同年，科技部发布了以中国科学院资深院士吴文俊、中国工程院院士李幼平为正副主任的鉴定委员会对可拓论及其应用的鉴定。鉴定中指出，经历20多年的连续研究，以蔡文为首的研究团队已经建立起一门横跨哲学数学与工程学的新学科——可拓学，它是一门由中国科学家自己建立的、具有深远价值的原创性学科[31-32]。

可拓学是用形式化的模型研究事物拓展的可能性和开拓创新的规律与方法，是一门以解决矛盾问题为目标的新的横断学科[33]。所谓"可拓"是指对矛盾问题的数学基础和逻辑进行拓展。换而言之，可拓性就是事物的可拓展性或可变换性、可创新性。可拓性是事物固有的特性目前已经构建了可拓学的理论框架。可拓论的3个支柱是基元理论、可拓集合理论和可拓逻辑。为了用形式语言描述解决矛盾问题的过程和推理方法，可拓学研究了可以表达万事万物的物元、事元和关系元（统称为基元），探讨了它们的性质，构成基元理论。为了克服传统数学和模糊数学的某些缺陷，作为定量化的工

第四章 甲骨学知识表示与推理

具,可拓学建立了可拓集合,利用可拓模型去处理传统数学和模糊数学不能处理的矛盾和问题。为了使计算机能生成解决矛盾问题的策略,可拓学利用数理逻辑形式化的优点和辩证逻辑研究事物变化的内涵,建立了可拓逻辑[31]。

蔡文等[32]指出可拓学研究的核心就是如何通过变换处理各色各样的不相容问题和对立问题(通常称为矛盾问题)。30多年来,可拓学研究者对矛盾问题和可拓变换进行了较深入的研究,提出了处理矛盾问题的可拓论与可拓方法,不少专业领域的可拓学研究者讨论了各自领域中的矛盾问题,并提出了处理它们的可拓工程。可拓论、可拓方法和可拓工程构成了可拓学[34]。目前,可拓创新方法的应用范围很广,如研究设计领域、信息领域、控制领域、网络领域、管理领域等[35]。近年来,可拓学的理论及方法在土木工程、采矿、桥梁道路、环境保护、机械工程、地质学等工业领域也有了广泛的应用。

李幼平院士[36]指出可拓学是沟通自然科学与社会科学的桥梁。他认为当前的社会科学,基本上用自然语言表述,主语是名称与特征。而用数量描述规律,是自然科学的传统。可拓学是联结语言与数量的链条,当然是一门任重而道远的新型交叉学科。可拓学用于解释世界:先用多个量值说明特征,再用多个特征说明事物。可拓创新方法是拓展世界的一种方法:包容和联系多种事物、多种特征和多个量值,即先做一个容器,把本来是对立或对抗的两个矛盾事物包容进去,再用数学的方法,关联多种特征下的多种数量;用量变换取质变,化解对抗为非对抗。而计算甲骨学显然是自然科学和人文社会科学的交叉学科,因此,可拓学可为计算甲骨学提供一个非常好的知识表示方式。

可拓论的理论体系包括基元理论、可拓集理论和可拓逻辑[35,37]。

可拓学中,建立了物元、事元和关系元(统称为基元)等作为可拓学的逻辑细胞,基元概念把质与量统一在一个三元组中,可以形式化描述物、事和关系;建立了形式化描述复杂事物和关系的复合元;利用它们描述万事万物和问题,描述信息、知识和策略,研究了基元的拓展性和变换、运算的规律,建立了把数学模型拓广的可拓模型,去表示矛盾问题及其解决过程,从而作为处理矛盾问题的形式化工具。研究了基元的拓展分析理论和物的共轭分析理论,探讨了可拓变换的类型和性质,提出了可拓变换理论。这些统称为基元理论。

可拓集是可拓学中提出的表述事物性质变化的集合概念，用于定性与定量相结合地研究事物性质的变化、表述量变和质变。可拓学中建立的关联函数定量化表达了量变到质变的辩证规律。正域或负域概念表达了事物的质所规定的量的变化范围，当量的变换在正域或负域各自的范围内进行时，质就保持它的稳定性；当量从正域到负域或从负域到正域变化时，就会产生质的变换。与此相对应的是可拓集的稳定域（量变域）和可拓域（质变域）。

针对现有的形式逻辑和辩证逻辑在描述事物发展变化上的不足，可拓学提供了新的逻辑——可拓逻辑，它利用形式逻辑形式化的优点和辩证逻辑研究事物及其变化的长处，成为以解决矛盾问题的变换和推理为核心的逻辑。

可拓学从新的角度提出了一种新的方法论，旨在为人们认识和分析现实世界、解决现实世界中的矛盾问题。这些方法特别适合于创新，因此也被称为可拓创新方法，具体包括可拓模型建立方法、拓展分析方法、共轭分析方法、可拓变换方法、可拓集方法、优度评价方法、可拓策略生成方法和转换桥方法等[38]。可拓创新方法是用于对矛盾问题进行分析、变换、推理、判断，最终生成解决矛盾问题的策略的有效方法。它把人类解决矛盾问题的过程形式化，为人们用形式化模型完成"发现问题—建立问题模型—分析问题—生成解决问题的策略"的过程提供了理论依据与方法，并可通过人机结合的方式，借助计算机来实现[37]。

可拓学的应用范围及其广泛。目前已在工程技术领域、信息科学与智能科学领域、经济与管理领域等的矛盾问题智能化处理方面得到广泛的应用，也已在机械、建筑、日用品等的产品创新、技术创新、管理创新、组织创新等方面发挥重要作用[37]。可拓论和可拓创新方法与若干领域的专业知识相结合，形成了解决各领域矛盾问题和进行创新活动的可拓工程理论与方法[39]。

基于以上对可拓学的理论研究与应用分析，我们将其应用于计算甲骨学，解决甲骨文信息处理研究过程中关于甲骨文发展演化、经验知识积累依赖性高与知识共享与重用程度低的矛盾是可行的。

4.5.2 甲骨卜辞释义的可拓表示

基于可拓学的理论和方法，利用可拓策略生成系统（ESGS），结合HowNet对世界知识的表达，我们研究了甲骨文卜辞释义的可拓模型。

第四章　甲骨学知识表示与推理

可拓策略生成系统主要功能模块包括基础数据库、问题库、可拓规则库、可拓策略库和可拓变换库[39]。其中，基础数据库中存储着比较详细的与要解决的问题相关的信息，而它的实现是基于关系型数据库的技术。用可拓学中的基元信息与知识表示体系规范已有的数据资料，即用基元表示概念类与实体，同时利用调查手段获得缺少的数据资料[30]。

知网是一个以汉语和英语的词语所代表的概念为描述对象，用以揭示概念与概念之间及概念所具有的属性之间的关系为基本内容的常识知识库[40]。计算机化是知网的特色，而且知网是一个网状的知识系统，为自然语言处理提供了丰富的研究资源[41]。"概念"和"义原"是知网的两个重要概念。概念是对词语词义的一种描述，而每个词语可能有不同的语义，即可表达几个概念。义原是用于描述概念的最小意义单位，每个概念都用一系列义原表示。同时，知网的知识数据描述语言（KDML）具有很强的描述能力，方便语义计算，并有较好的可读性，因此，利用知网的相关知识进行语义相似度计算可以应用于计算甲骨学。

杨春燕等[42]将可拓学和 HowNet 这两个中国原创的理论和应用工具相结合研究策略生成系统，将使这项有别于传统研究思路的基础研究取得重要突破。该组合方法在已有可拓策略生成系统框架基础上，利用可拓信息—知识—策略形式化表示体系、HowNet 的知识系统描述语言（KDML）和 Agent 的智能引导，建立了基于可拓学和 HowNet 的策略生成系统的基本流程和系统框架结构，增强了可拓策略生成系统解决矛盾问题的能力，改善了知识资源缺乏问题，提高了其问题模型建立的准确性和知识处理能力。这为我们构建甲骨文卜辞问题的可拓处理模型起到了强有力的指导作用。

基于可拓学和 HowNet 的甲骨文卜辞释义问题可拓处理流程如图 4-17[30]所示。

从图 4-17 可以看出，甲骨卜辞的可拓处理流程大致如下：首先，将甲骨卜辞进行分词和标注处理，经过句法分析后，构建甲骨文语义可拓集合，再基于 HowNet 进行语义计算；然后，基于可拓学理论对甲骨文语言进行可拓模型转换或可拓推理；最后，得出正确的释义结果。该处理过程中，用基元信息构建 ESGS 中的问题库、可拓策略库和可拓变换库；基于知网体系的甲骨文知网基础数据库，同时考虑具体释义过程中语义歧义矛盾问题 ESGS 的成功率和效率问题。

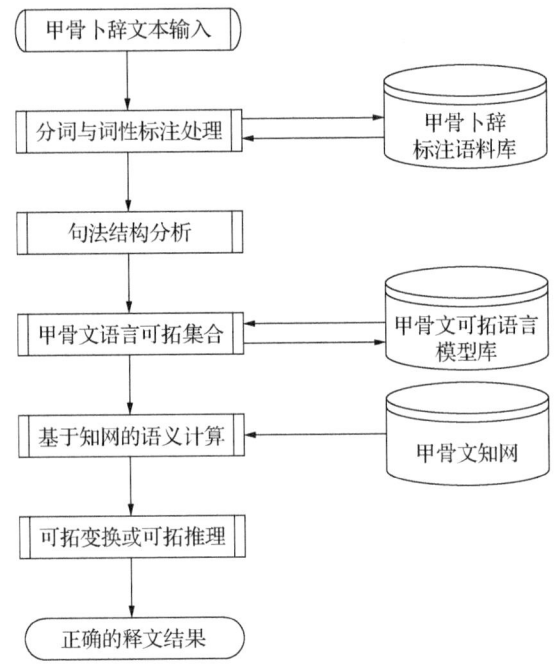

图 4-17　基于知网的甲骨卜辞释义可拓处理流程

(1) 甲骨文语言的可拓模型

为构建甲骨文语言的可拓模型，高峰等[30]按甲骨文句法特点从如下几个方面考虑。

1) 提取物元模型的甲骨文语言句式一般形式

甲骨文句子若具有主谓宾标准结构，例如，"王入于商"一句中，主语是王（商王），谓语是入（进入），宾语是商（商地）。宾语中包含"进入"特征项 c 及其量值 v（商）。表示为物元：

$$M =（王，入，商）$$

2) 提取事元模型的甲骨文语言句式一般形式

甲骨文句子若具有主谓宾标准结构且谓语中心词为动词，同时可包含时间、地点等信息。例如，"在正月王来征人方"（见《甲骨文合集》第 36484 片甲骨）一句中，谓语中心词是"征"（事元 I，释义为征伐），施动对象是"王"（商王），支配对象是"人方"（名为"人方"的方国），时间是"正月"。该事元表示为：

第四章　甲骨学知识表示与推理

$$I = \begin{bmatrix} 征, 施动对象, 王 \\ 受动对象, 人方 \\ 时间, 正月 \end{bmatrix}$$

3) 提取关系元模型的甲骨文语言句式一般形式

甲骨文句子若描述两个或两个以上物主且包含关系词（基于HowNet）或近义词，则可以用关系元表示。例如，"妇好入五十"这句卜辞，可用关系元表示为：

$$Q = \begin{bmatrix} 贡赋关系, 前项, 妇好 \\ 后项, 王（省略） \\ 程度, 五十 \end{bmatrix}$$

4) 复合句

甲骨卜辞中复合句的比重较大。处理时先将复合句分解出简单句，然后按简单句提取相应基元，组合成某一形式的复合元。例如，"庚午卜，内，贞：王作邑，帝若"这句卜辞，先分解其句法得"庚午卜内贞""王作邑""帝若"，然后分别建立其基元模型。具体描述如下：

$$I = \begin{bmatrix} 贞, 施动对象, 内 \\ 支配对象, I_1 \end{bmatrix}$$

$$I_1 = \begin{bmatrix} 作, 施动对象, 王 \\ 支配对象, 邑 \\ 接受对象, I_2 \end{bmatrix}$$

$$I_2 = \begin{bmatrix} 若, 施动对象, 帝 \\ 支配对象, I_1 \end{bmatrix}$$

5) 卜辞问句式处理

以上考虑的都是命题句或有谓语中心词的句子，而甲骨卜辞中占卜类的卜辞占绝大多数，而且以问句形式出现，建立基元之后需要一种标志表明这个句子获得的知识有待求证（即甲骨卜辞中的命辞）。在此引入提问式可拓逻辑，它由标志符"？－"、不完全信息的物元、事元、关系元或者复合元和提问项组成，其中提问项用符号"－"表示。例如，"今日雨？"这一句卜辞的基元可以表示为：

$$? - \begin{bmatrix} 雨, 支配对象, 雨 \\ 地点, - \\ 时间, 今日 \\ 程度, - \end{bmatrix}$$

而从已有的甲骨卜辞语料模型库中经过搜索，可得到匹配模型，描述如下：

$$- \begin{bmatrix} 雨, 支配对象, 雨 \\ 地点, 东 \\ 时间, 今日 \\ 程度, - \end{bmatrix}$$

甲骨卜辞中，描述地点的还有如西边、北边、南边等。从甲骨卜辞的形式上来讲，完整的卜辞具有前辞（也叫叙辞，指占卜日期和贞人）、贞辞（或问辞，指贞问的内容）、占辞（指商王看了卜兆做出的判断）和验辞（事后验证的结果）。但是完整形式的甲骨卜辞只是少数，绝大多数是不完整的，这也是甲骨文的重要特征，在处理起来需要采用更为灵活的机制。

建立可拓模型后，可对甲骨卜辞句子进行分词、词性标注、句法分析等处理，判断该句子适合建立何种可拓模型，再结合其可拓性到甲骨文对应的知网知识库去拓展建立可拓模型。

（2）基于 HowNet 的甲骨文语言处理

HowNet 定义了现代汉语最基本的运算单元，即万物（包括物质和精神）、部件、属性、属性值、事件、时间和空间等，甲骨文卜辞记录的内容大体也可分为名物类（包括地理、天象、建筑、时间、方位、物品、人、鬼神、动植物、组织、称谓等）、行为动作类（包括生产、生活、军事行动、占卜、祭祀等）、性质状态类、数量类等。因此，利用 HowNet 可以描述甲骨卜辞信息。利用 HowNet 体系的甲骨文基本语义词典进行甲骨文知网的构建，同时也需要对甲骨文资料进行一定规模的语料标注，然后进行基于可拓模型的甲骨卜辞知识建模并展开相关研究。

甲骨文知网的构建具体工作请参见本章 4.1.2 节"甲骨文常识本体"部分。基于甲骨文知网，针对可拓模型的特点，主要做了以下工作：句子主谓宾定状补成分确定，物主中心词、谓语中心词和关系词的确定与扩展等。

（3）矛盾问题界定和语义消歧问题

甲骨文属固定汉字，是现代汉字的早期形式，而早期汉字特点之一是

第四章 甲骨学知识表示与推理

"异字同形",当然甲骨文中最为常见的也包括"同字异形",即常说的异体字或异形体,这些情况都会使甲骨文释义遇到障碍,也为甲骨卜辞释读带来困难。虽然上述情况在甲骨文中普遍存在,但随着甲骨学研究的不断深入,甲骨卜辞的原文转换成对应的释文工作已经有了一定成效,给甲骨文信息处理工作提供了方便。虽然如此,但利用传统的人工方式进行操作难免会有疏漏,在收集整理甲骨卜辞数据库时就会面临诸多问题。例如,《甲骨文合集》中第"5445正"片甲骨(编号为H05445正)与《甲骨文合集》第"14226"片甲骨(编号为H14226)中的甲骨文原文和释文对比,如图4-18所示(甲骨文原文用实线方框标出,甲骨文释文用虚线方框标出)。

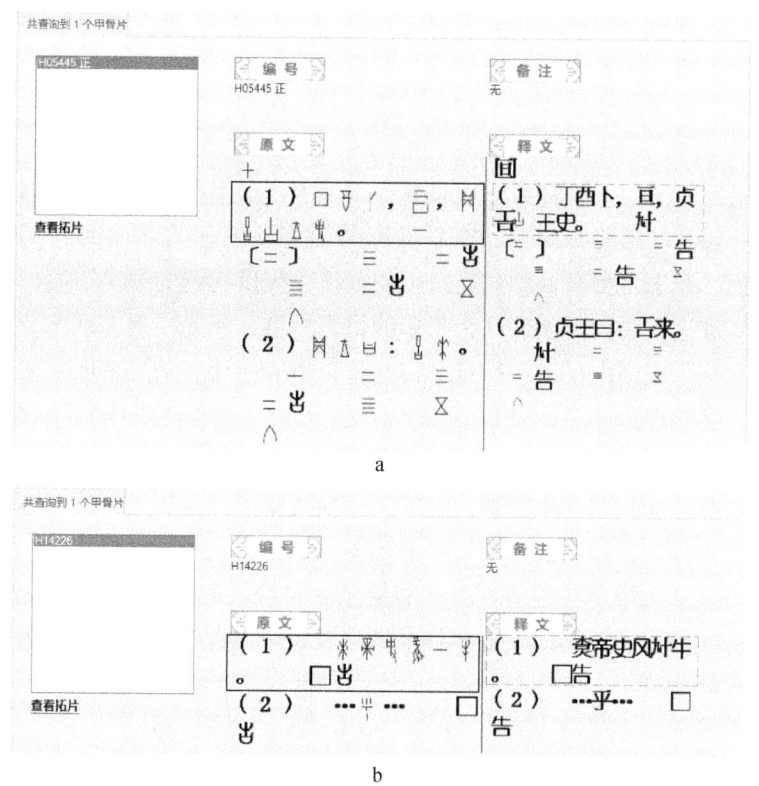

图 4-18 甲骨卜辞的原文释文示例

从图4-18可以看出,两片甲骨各自第(1)句中的原文 被释读为"史"字,其实根据卜辞语境正确的释读前者应为"事",即事情的意思,后者应为"使",是"使用"的意思。而通过对已释甲骨字信息的词义整理，都有对应的知网记录，最后通过可拓策略生成系统可以解决此类问题。

另一种矛盾问题如同古汉语一样，甲骨卜辞中的甲骨字可识别出对应的现代汉字，但对应的白话文解释，即甲骨卜辞的翻译会因多义而产生矛盾。这种情况更是考察可拓策略生成系统的准确性。

针对这些矛盾问题，高峰等[30]将甲骨文知网和可拓方法相结合，利用知网的词汇语义相似度计算和知识库应用来解决甲骨卜辞释义的矛盾问题。实验结果表明，基于知网的策略和融合知网和可拓学两者的方法在甲骨卜辞的歧义处理方面的准确率均达到90%左右，且知网和可拓学的融合方法较之基于知网的策略有更高的准确率，但是随着测试数据量的增大，两者都要受到甲骨文知网规模和测试数据的影响，且 F 值随着测试数据量增加而降低。主要原因是甲骨文知网信息集、可拓信息集和可拓变换策略等内容的不完善，随着甲骨文基础数据和知识库的不断补充和完善，该方法会取得更好的效果。

针对甲骨文信息处理研究面临着许多挑战，如未释甲骨字的考释、大量残缺甲骨拓片的缀合等问题。李志勇等[43]在甲骨文语言建模时利用各种信息和知识，基于可拓学，尝试通过可拓变换，提供问题的解决方案，并辅助甲骨文专家进行决策。他们认为常用的语言模型如 n 元模型、基于分布理论的模型和基于规则的模型在甲骨文信息处理研究中无法满足智能化要求，而且缺乏严格的理论体系，难以建立"信息－知识－策略－行为"的知识体系。而可拓学通过建立物元、事元和关系元作为描述信息和知识的逻辑细胞，以可拓推理规则来生成知识，可拓变换规则可作为产生策略的基础，并通过可拓集合和关联函数生成策略的定量化工具，用可拓评价方法来评价和筛选策略，从而建立"基于可拓论的信息－知识－策略的形式化体系"。基于此，考虑利用可拓学的方法和技术进行甲骨文语言模型的研究，为甲骨学研究提供新思路。

李志勇等[43]提出的甲骨文语言可拓模型实施过程如下。

①先进行甲骨卜辞文本预处理，即分词与词性标注处理。

②建立甲骨文规则库，并进行简单的句法结构分析。甲骨文规则库由词、短语、句子三级语义概念组成，其中词是根据所构建的甲骨文词典自动获取生成的，短语主要是在句法分析过程中由词合并得来的，句子是根据句模规则由短语合并而得来。

③构建甲骨文知网和甲骨文语言可拓集合，并根据甲骨文语言的可拓表

第四章　甲骨学知识表示与推理

示进行物元、事元、关系元等转换，形成基本的甲骨文可拓语言模型库，最后进行甲骨文可拓知识库的生成并和需求结合起来进行进一步完善和应用。

李志勇等[43]还构建了甲骨文可拓知识库。在可拓知识库中，包含可拓事物集（包含事物的同征、同值、相关和可积事物集）、可拓特征集（包括同域、相关、可积和共轭特征集）、可拓量值域（包括同物、同征、相关、可积和共轭值域）、规则集（规则集中的规则可表示为"If 条件 Then 操作"，其中操作算子是物元的基本变换，包括置换、增删、分解、扩缩等变换）。物元的可拓知识库生成算法描述如下。

算法输入：甲骨卜辞释文文本。

算法输出：物元的可拓知识库。

步骤1：语料预处理得到基本的知识库。针对具体的甲骨卜辞先进行预处理，具体包括分词与词性标注处理、句法结构分析处理、基于知网的语义分析处理（即基于知网的知识表）和甲骨文语言可拓模型生成4个环节，最后生成基本的物元库、事元库、关系元库和特征元库。

步骤2：物元库初始化。添加新的物元库 M_b、事物库 N_b、特征元库 C_b 并置空。

步骤3：输入期望功能目标 $v_1, v_2, \cdots, v_n$，将其转换成待解功能物元 R_x。

步骤4：在物元库中查询功能值与待解功能物元最相似的物元 r_i，"相似度"可通过知网的概念语义相似度计算获得。

步骤5：如果 r_i 的功能完全符合目标功能，则进行如下操作。

①在物元库中找出子集 $\{X \mid X \in N_b, X 满足全部功能要求\}$，并放入 N_b 中。

②找出以 X 为事物的实义物元，对实义特征元 M_i 作同功能置换得到 M'_i，放入 C_b 中。

步骤6：以 N_b 中的元素为事物，以 C_b 中的元素为特征元，构成物元集 $\{r'_i\}$ 放入 S_b 中并输出。

步骤7：若 r_i 功能不完全与目标功能匹配，则进行如下操作。

①找到 r_i 的实义特征元，建立差别表。

②找一个满足操作规则的前提条件，把操作算子作用到差别表上。

③检查操作算子的作用结果，若差别消失，转步骤5，否则转本步骤的操作①。

步骤8：若所有条件都不满足操作规则，或满足操作规则，但操作算子不能产生新结果，则失败退出。

李志勇等[43]在比较了《甲骨文字典》《简明甲骨文词典》《甲骨文简明词典》3本权威著作的甲骨文基本词汇释义的异同后，根据文献[44]的统计，完成了300多个甲骨卜辞常见甲骨字的基本信息记录，所涉及记录达1000余条。在此基础上，提取所对应的知网中的各种语义关系，形成关系表，然后构建对应知网的基元知识库，包括物元、事元和关系元及其各自的特征。这样，可方便地访问到相关的各种知识，从而为基于知网的甲骨文语言可拓建模和知识推理提供了基础保证。

4.6 甲骨文文本与图像语义融合表示

虽然甲骨文信息处理在甲骨文考释方面的研究也取得一定的成绩，但还有很多不足之处：①由于甲骨学属于中国古文字和冷门学科，用计算机研究甲骨文更是"冷门中的边缘交叉学科研究"，在文理交叉研究方面言易行难。②在国内的一些计算甲骨学专门研究机构，尤其是安阳师范学院甲骨文信息处理重点实验室，已经做了大量有益的研究工作，但多属于构建、整理、标注甲骨文图文数据库、语言资源库、基本知识库、基础语义库、基本规则库等基础性工作，或进行多角度的探索性研究，相关的研究结果不够全面、系统和深入；总体来说，还没有形成一个较为完善的甲骨文计算机考释模型，研究成果还不够令人满意。③国内外也有少数其他研究人员涉足用计算机研究甲骨文的领域，但在收集和利用大数据方面做得还很不够。由于资源、研究基础所限，也没有取得较为重大的进展。

针对以上问题，安阳师范学院依托河南省甲骨文信息处理重点实验室，联合甲骨文研究方面的研究重镇中国社会科学院历史研究所，以及厦门大学人工智能研究所，基于深度学习算法，开展了"基于文本和图形语义融合的甲骨文辅助考释研究"的课题研究，融合文本和图形语义进行甲骨文的知识表示，以期改善现有的甲骨文考释研究方法。基本思路：首先，收集存世的甲骨文、金文、简文的图像及考释数据（据胡厚宣先生的估计，存世甲骨约15万片，以平均每片10字计，也只有150万字，数据量偏小，因此，汇集与甲骨文字相对接近的金文、简文等数据，利用图像的相似性、语义的相近性来协助考释），将图像数据进行预处理以进行字符分割；其次，利用深度神经网络，将甲骨文、金文等图像和文字进行统一语义表示，进行跨模态融合，以期利用所有可能利用的信息；最后，设计基于统一语义的端到端的深度神经网络考释模型，对未识读的甲骨文字进行考释，给出可能性最大的若干考释结果。

4.6.1 基于大数据的甲骨文释读

基于甲骨刻辞大数据、甲骨文字典、先秦甲骨金文简牍词汇资料库等语料资源，通过使用深度神经网络模型，进行未释读甲骨字的释读，即找出这个甲骨文字所代表的现代文字。这个过程可以形式化表示为：

$$z^* = \mathrm{argmax} x(z) P(z \mid O, C) \tag{4-6}$$

式中：z 是汉字编码（输出），O 是甲骨文的图像（输入），C 是根据该甲骨文从甲骨、金文、简文（竹简文字）资料库中抽取的表示同一甲骨文的所有其他形体及其上下文环境（输入扩展），一般是包含该甲骨文的刻辞，以及与该甲骨文字相关的金文、简文等语料，可以是图像或文本。释读就是找出使这个条件概率最大的字。

为了实现该模型，需要解决以下几个问题。

（1）甲骨文大数据的建设

通过收集现有的甲骨文、金文、简文等图文资料库，对相关图像进行去噪等预处理以进行文字分割，生成甲骨文相关大数据，为深度学习算法提供数据基础；在甲骨文和金文（简文）之间进行相似度的计算，找出任一甲骨字的金文（简文）相似字，并开发基于图像的甲骨文、金文（简文）检索系统。

（2）跨字形跨模态的统一语义表示

依托生成的甲骨文大数据，融合甲骨文、金文（简文）的图片特征信息与文本语义信息，构建统一的语义空间表示模型。

（3）基于统一语义表示的整体释读模型

对甲骨文刻辞进行计算机自动释读的本质是与光学字符识别（optical character recognition，OCR）类似的基于视觉特征及语言模型的序列标注问题。然而由于甲骨字字形变化多端、语料稀少、异体字多、甲骨拓片图像噪声大等因素导致语义难以捉摸，与一般的 OCR 难度不可同日而语。某个甲骨字的考释，可看作包含该字的全体相关甲骨刻辞（及同字的相关金文铭文及竹简文语料）的最大可能解释下的该甲骨字的（若干）现代字候选。获得候选项后，提供给甲骨文专家进行鉴定和最终确认。

甲骨文文本与图像融合语义表示及考释流程如图4-19所示。

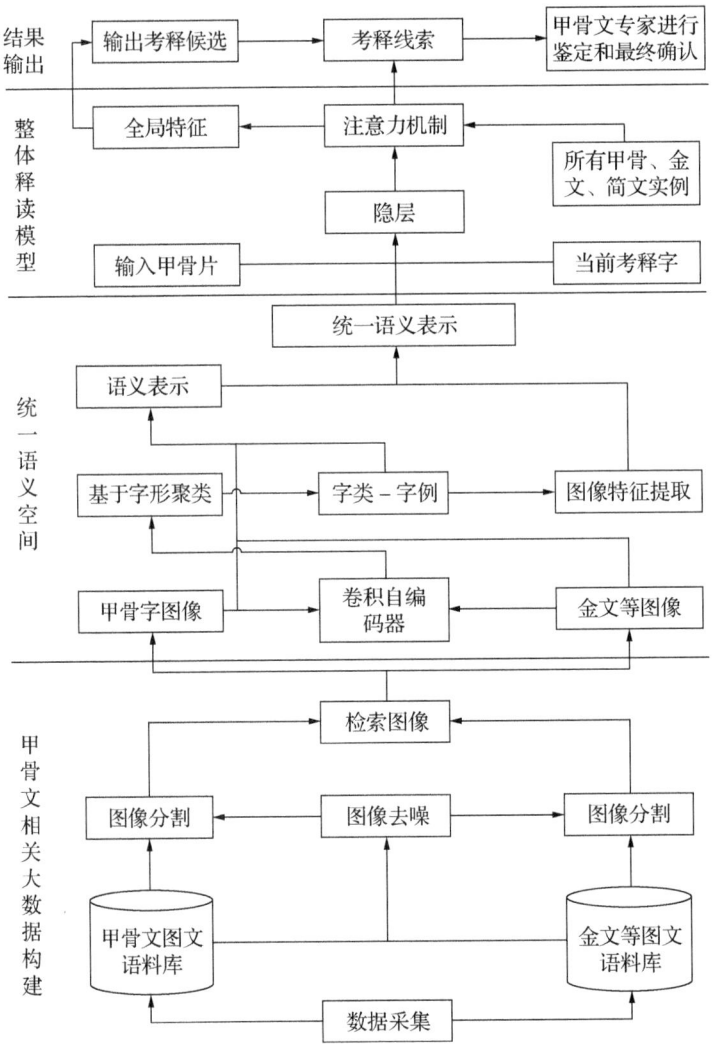

图4-19　文本与图像融合语义表示及考释流程

从图4-19可以看出，实现甲骨文考释的关键内容包括甲骨文大数据建设、甲骨文统一语义表示和甲骨文整体释读模型。

4.6.2　甲骨文大数据建设

甲骨文大数据不仅包括甲骨文文字本身，还包括与甲骨文文字息息相关

第四章 甲骨学知识表示与推理

的其他古文字数据资料，如金文、战国文字等。汉字作为一种象形文字，字形具有表意的功能，且甲骨文的字形与金文、简帛文等古代汉字间存在一定相似性，如图4-20显示了"目"字在甲骨文、金文等文本中的字形。

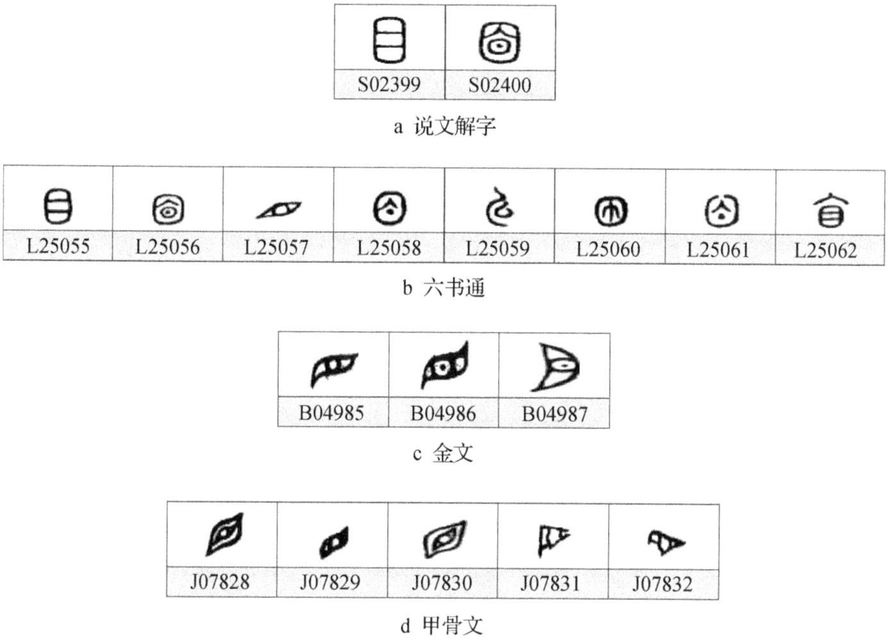

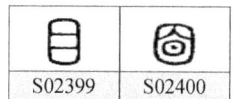

a 说文解字

| L25055 | L25056 | L25057 | L25058 | L25059 | L25060 | L25061 | L25062 |

b 六书通

| B04985 | B04986 | B04987 |

c 金文

| J07828 | J07829 | J07830 | J07831 | J07832 |

d 甲骨文

图4-20 "目"字的多种字形

字形的相似性是甲骨文考释的一项重要依据。现代汉字与甲骨文是一脉相承的，很多字之间的固有语义关系并没有随时间变化而产生偏差，字形则随着时间跨度越大变化越大，但也存在相近之处。因此，字形、语义的这种关联性是计算机进行自动考释的依据，如表4-4所示。

表4-4 字（词）的语义关系具有超越时空的稳定性

语言时空	词汇1	词汇2	语义关系
甲骨文			鸟身上的一个器官
金文			鸟身上的一个器官
篆文			鸟身上的一个器官

141

续表

语言时空	词汇1	词汇2	语义关系
繁体标宋	鳥	羽	鸟身上的一个器官
简体标宋	鸟	羽	鸟身上的一个器官
英语	bird	feather	鸟身上的一个器官

在语义相似性方面,甲骨文与金文、简文等更为接近,因此,建设甲骨文大数据,主要是在甲骨文数据上,扩充利用相关的金文和简文等战国前文字。

建设甲骨文大数据可以从数据采集、图像去噪、文字分割、甲骨文相似性图像检索、金文(简文)相关字图像检索5个方面着手。

(1) 数据采集

经过近20年的甲骨文信息处理研究,我们已经积累了一定规模的甲骨文、金文(简文)相关数据,需要将这些数据进行处理和整合,也可以基于网络资源(如汉字叔叔的字源网站 http://www.chineseetymology.org 等)爬取甲骨文、金文(简文)相关数据,构建甲骨文相关大数据。

(2) 图像去噪

甲骨文图像一般包括照片、拓片、摹本等,而大多数的甲骨文著录都采用的是拓片模式,而拓片图像的噪声很严重,需要重点分析甲骨文图像中文字和噪声不同的视觉特征,在此基础上提出有效的甲骨文图像去噪方法。具体方法包括如下几个步骤。

①通过图像灰度化和二值化处理,将甲骨文图像转化为二值化的图像。

②结合噪声在形状和分布方面具有随机性分布的特点,而甲骨文笔画宽度分布在一个稳定的区间,拟构造一个噪声和笔画形状特征的统计模型,获得区别噪声和笔画形状的参数集。具体地,假定噪声和笔画宽度的混合概率密度为:

$$p(r) = P_1 p_1(r) + P_2 p_2(r) \qquad (4-7)$$

式中:P_1 和 P_2 分别表示甲骨文图像中噪声和笔画宽度的游长概率密度,P_1 和 P_2 满足:$P_1 + P_2 = 1$,根据概率理论,对于一个定义域在闭区间 $[a, b]$ 的随机变量,它的概率可以通过计算从 a 到 b 的概率密度之和得到,即概率密度函数曲线包围的区域面积。如果笔画被错误地看作噪声,它的误差为:

$$E_1(T) = \int_{-\infty}^{T} p_2(r)\,\mathrm{d}r \qquad (4-8)$$

相应地，如果噪声游长被错误地看作笔画游长，它的误差为：

$$E_2(T) = \int_{r}^{-\infty} p_1(r)\,\mathrm{d}r \qquad (4-9)$$

因此，总的误差为：

$$E(T) = P_2 E_1(T) + P_1 E_2(T) \qquad (4-10)$$

为求得一个最佳门限 T，即求 $E(T)$ 的一个极小值：

$$P_1 p_1(T) = P_2 p_2(T) \qquad (4-11)$$

式（4-11）的解即为最佳门限 T，用来区别甲骨文图像中噪声和笔画的宽度。

③结合该方法有效地去除甲骨文图像中的噪声。这里需要特别注意的是，甲骨文图像中会存在部分噪声，其形状特征与笔画形状相似，这部分噪声难以构造方法自动去除，需要借助一个简单有效的交互工具进行去除。

（3）文字分割

甲骨文的文字分割是难点。由于甲骨文的古籍特性，甲骨的裂痕和刻痕经过墨拓之后，在拓本上其图像和真实的甲骨文字图像很难分清。在甲骨文图像去噪的基础上，假定甲骨字为白色，背景为黑色，对甲骨文图像进行水平和垂直投影，分别统计白色像素的分布图，再参照上述图像去噪步骤的最佳门限 T 的求解方法，即可得到甲骨字的包围盒，对甲骨文图像进行文字分割。

（4）甲骨文相似性图像检索

考虑到现有图像检索方法，在设计检索策略时多考虑形状、颜色等视觉特征，很少有工作同时兼顾视觉和语义特征，尤其是潜在语义相似性特征。因此，在前期研究工作基础上，引入并改进 IsoMatch[45] 方法，从而构建一种新的语义视觉特征融合方法，将其扩展到一般性的甲骨文图像相似性度量问题。

具体而言，为匹配最佳的甲骨文图像，定义如下优化问题。

给定甲骨文图像库 Φ 和待匹配甲骨文图像 E，首先分别计算甲骨文图像库伴随文本 Φ^T 和待匹配甲骨文图像的语义 E^T 之间的语义相似性 $E_{semantic}$，以及甲骨文图像库视觉特征 Φ^V 和待匹配甲骨文图像 E 之间的视觉特征 E^V 之间的视觉相似性 E_{visual}，接着结合语义相似性 $E_{semantic}$ 和视觉特征相似性

E_{visual}，再计算得到兼顾语义和视觉特征的甲骨文图像相似性程度 E_{match}。因此，能量函数定义如下：

$$E_{match}(E^T, \Phi^T; \Phi^V, E^V) = w_{semantic} E_{semantic}(E^T, \Phi^T) + w_{visual} E_{visual}(\Phi^V, E^V) \tag{4-12}$$

式中：$w_{semantic}$，w_{visual} 为 [0，1] 的常数，用来调节两者的权重。以上能量方程的求解，通过改进 IsoMatch 方法为图像 E 找到匹配的甲骨文图像。

（5）金文（简文）相关字图像检索

针对甲骨文及金文（简文）相关字的图像检索，可采用 Gatys 等"A Neural Algorithm of Artistic Style"[46]一文中提出的方法，将金文（简文）等文字图像以甲骨文的风格进行变换，然后再采用前文提出的相似性检索方法。

4.6.3　甲骨文统一语义表示

甲骨文未释读字的考释关键就是"找到该字最可能的语义解释"。因此，要想在考释方面取得重大突破，"语义研究"是最关键的突破点。由于甲骨文距离现在时间太遥远，现存资料又十分匮乏，易于解决的考释问题早已被甲骨学专家所解决，每一个剩下的未释读字，一丝一毫的"考释线索"都十分难以获取。

但是，基于甲骨文大数据，就可以通过人工智能进行深度语义计算，从而可对甲骨刻辞进行自动释读。因为语言中每个符号的语义可以由其出现的上下文而推断出来，上下文的相似性一般蕴含了语义的相似性。而将图像和文本语义进行统一表示，有助于发现更多的语义关联，从而发现新的考释线索。而整体释读模型，可利用更多的数据进行推理计算，可望得出更准确的结果。

借助甲骨文、金文（简文）字形相近的特点，使用深度神经网络模型对图片信息进行编码，构建跨字形的语义表示，以弥补单一使用甲骨文数据量偏少的不足。利用"已释读"甲骨文、金文都与现代文字有共有对应关系的特点，根据甲骨刻辞之间的文字关联，将甲骨图像和文字映射到同一个语义空间，并计算"已释读甲骨字"和"未释读甲骨字"之间内在语义关系。综合跨字形和跨模态的语义表示，建立统一语义表示。

但是，甲骨文和金文之间在文本体裁方面有较大不同，甲骨文是卜辞为主，而金文则主要是记录功绩，简文则内容更加丰富。同一个字在甲骨文、金文、简文中分别出现时，其所处的上下文语境并不一定相同，因此语义存在一定差异，必须与图形信息进行综合考虑，进行跨模态语义关系映射。

由于金文、简文等文字与甲骨文字形相近,语义关联紧密。因此,以字形为基础,先秦语料大数据为依托融合历代文字构建统一语义空间,丰富甲骨文的语义表示,可望在甲骨文释读方面有所突破。

首先,以字形为基础,使用自动聚类的方法找到相近的甲骨文及与之字形相似的金文、简文等文字。对甲骨刻辞、铭文的图片信息进行去噪等预处理,并使用如图 4-21 所示的卷积自编码器自动抽取特征,图中一维的向量作为图像的特征信息表示。

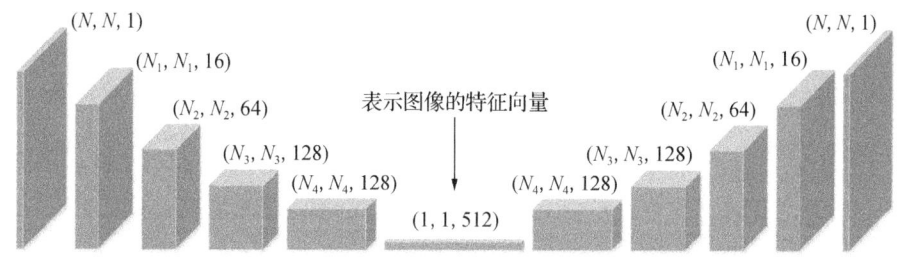

图 4-21 卷积自编码器抽取图像特征信息

①使用图像的特征信息作为字形的特征,利用余弦相似度或欧氏距离作为相似性衡量方法,基于 K-means 等聚类方法,获得甲骨文、金文、简文等文字字形相近的类别。这样不但获得了同一个甲骨字不同刻画区别的字形关联,还获得了与这个甲骨字字形相近,甚至语义相近的金文、简文等文字。

②每一个类别代表一个甲骨字,我们称为字类。每一个字类中包含该甲骨字、金文、简文等文字的不同形态的刻画字形,我们称为字例。将每一字类赋予一个编号,用于统一语义表示的获取。

然后,使用甲骨文、金文、简文等先秦语料大数据,使用字类编号替换,获取每个字类的语义表示。与普通的词向量训练方法不同,我们充分利用图像特征信息,结合字类、字例信息,基于大数据该字类的上下文联合训练统一语义表示,具体如图 4-22 所示。

从图 4-22 可以看出,统一语义表示的主要步骤如下。

①每个字类包含不同字形不同朝代多个字例,如甲骨文的"车""人""马"有多种字形表示。为了包含同一字类中多种字形信息,首先需要提取每个字例的图像特征信息。我们使用图像分类任务中相对成熟的特征信息提取模型,如 VGG-19、ResNet、Inception Model 等模型抽取图像特征信息,如图 4-22 虚线框的部分。

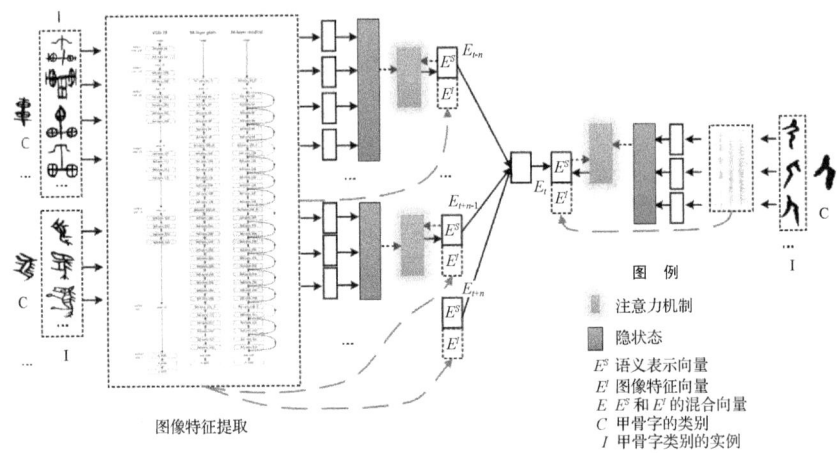

图 4-22 统一语义表示训练框架

②通过注意力机制获得该字类语义表示的初始化向量 E^S。

③因为字类中不仅包含甲骨文字例，还包括金文、简文等文字的字例，可以利用大数据语料库中该字例的上下文信息训练每个字类的语义向量表示，即优化语义表示 E^S。图 4-22 中间部分表示利用 Skip-Gram 模型[47]使用窗口为 $2n$ 的上下文 $[t-n, t-n+1, \cdots, t+n-1, t+n]$ 预测位置 t 的目标词。Skip-Gram 模型公式如下：

$$J = \max_{\forall w,c} \frac{1}{T} \sum_{t=1}^{T} \sum_{-c \leq j \leq c, j \neq 0} \log p(\omega_{t+j} \mid \omega_t) \tag{4-13}$$

概率计算的 Softmax 函数如下：

$$p(\omega_0 \mid \omega_j) = \frac{\exp(v'_{\omega_0}{}^T v_{\omega_I})}{\sum_{W=1}^{W} \exp(v'_{\omega}{}^T v_{\omega_I})} \tag{4-14}$$

需要注意的是，此处词向量的训练不局限于使用 Skip-Gram，只是为了描述模型而简化图的复杂程度。

④为了区分字类中每个字例在字形上的区别，最终将字例的统一语义表示定义为语义表示 E^S 和图像特征信息表示 E^I 的拼接向量 E。图 4-22 中虚线即表示每个字例的字形图像特征信息。

4.6.4 甲骨文整体释读模型

甲骨刻辞到现代文字的自动释读，是建立在统一语义表示基础上的，研

第四章 甲骨学知识表示与推理

究从视觉特征到文本符号的跨模态语义关系映射及其序列标注模型。而一个甲骨字的释读,单凭某个甲骨刻辞较难,必须充分利用包含该字的所有数据(甲骨刻辞、金文简文语料)进行整体释读。甲骨文的整体释读有两个难点:①即使甲骨刻辞与金文、简文三者合起来,数据量也还是偏小,因此,在数据稀缺情况下,如何进行深度语义学习是一个挑战。应充分考虑模型的泛化能力。②整体释读模型的目标函数如何确定与优化是一个难点。

甲骨文整体释读主要采用两种方法:基于深度学习的方法和基于对数线性模型的方法。

(1)基于深度学习的方法

甲骨文的释读可以转换为分类问题,给定一个待考释的甲骨字字例和所在的甲骨刻辞片段,我们拟采用基于深度神经网络的分类模型从大规模相关刻辞中获取对考释当前字有参考意义的全局信息并进一步自动判别该字例对应的现代汉字。图4-23为释读模型的网络结构,刻辞中方框内的字形为当前待考甲骨字字例,字例下方的汉字或类别ID表示该字例对应的字类,其中已释读的字类用汉字表示,未释读的字类用聚类的类别ID表示。

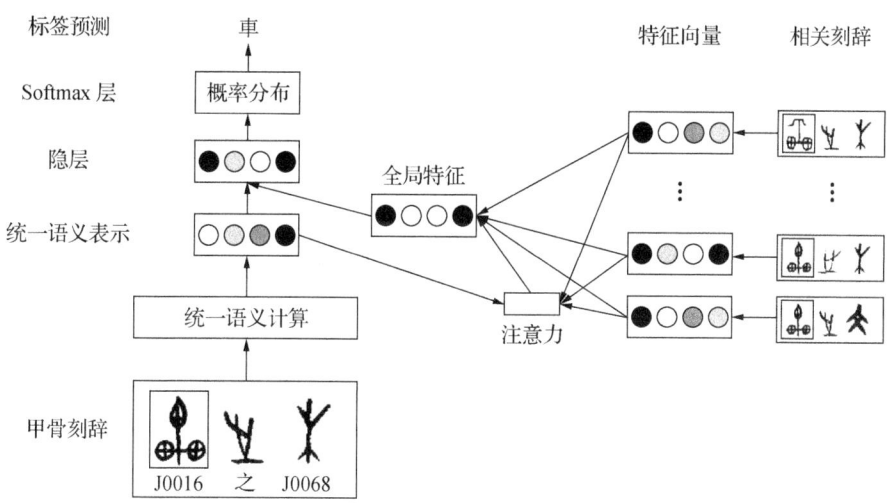

图4-23 释读模型网络结构示意

在输入层,利用前述的统一语义计算方法,根据给定的待考甲骨字字例及其所在甲骨刻辞片段,自动生成当前字例的语义表示,这一过程可以用式(4-15)来表示:

$$r = U(g_j, t_i, g_{l:l}, t_{l:l}) \tag{4-15}$$

式中：$U(\cdot)$ 为统一语义计算模型；g_j 和 t_i 分别为当前待考甲骨字字例的字形和对应的字类；$g_{1:l}$ 和 $t_{1:l}$ 分别为当前待考甲骨字字例所在甲骨刻辞中的字形序列和对应的字类序列，已释读甲骨字的字类为对应的汉字，未释读甲骨字的字类为聚类的类别 ID。

在隐层，通过引入注意力（attention）机制，模型从与当前待考甲骨字字例相关的刻辞和字例中获得全局信息，利用全局特征表示和当前字例的语义表示得到隐层向量表示，即

$$h = f(r, c) \tag{4-16}$$

式中：$c = \sum_j a_j \gamma_j$；$a_j = \dfrac{\exp(\gamma_j^T \cdot r)}{\sum_i \exp(\gamma_i^T \cdot r)}$；$h$ 为隐层表示；$f(\cdot)$ 为非线性函数；c 为全局特征信息；γ_j 和 γ_i 为相关字例（及所在刻辞）的特征向量；a_j 为概率分布，用来表示第 j 个相关字例与当前待考甲骨字字例间的相关性。对某一甲骨字字例进行释读时，我们首先利用字类及语义表示，从全部甲骨刻辞中检索出与当前待考甲骨字字例可能有关的相关字例候选列表，分类时可将 a_j 较高的相关字例输出，作为当前释读结论的主要参考证据。

在输出层，利用 Softmax 计算分类概率，并输出当前待考甲骨字字例最可能对应的现代汉字，即

$$\hat{T} = \arg\max_{T_k} \frac{\exp(R_{T_k}^T \cdot h)}{\sum_i \exp(R_{T_i}^T \cdot h)} \tag{4-17}$$

式中：R_{T_k} 为现代汉字 T_K 对应的特征表示；$\hat{T}$ 为当前待考甲骨字字例最可能对应的现代汉字。模型训练时，我们将融合甲骨文、金文、简文作为训练数据，并引入数字化古籍对现代汉字集合进行扩充和特征表示学习。

（2）基于对数线性模型

给定甲骨文字 c 的考释字候选表 S，考释模型可以利用式（4-18）进行形式化表示：

$$\hat{s} = \arg\max_{s \in S} p(s \mid c) \tag{4-18}$$

式中：条件概率 $p(s \mid c)$ 表示给定甲骨文字字 c 采用考释字 s 的可能性。为了模拟前人在考释过程中多种手法并用的综合论证法，可以综合考虑多方面证据并借助成熟的对数线性模型加以建模，具体如式（4-19）所示：

$$\hat{s} = \arg\max_{s \in S} p(s \mid c) = \arg\max_{s \in S} \sum_i \lambda_i \cdot h_i(s, c) \tag{4-19}$$

式中：$h_i(s, c)$ 为所考虑因素所对应的特征函数，而 λ_i 则为相应的权重。具

第四章 甲骨学知识表示与推理

体拟考虑的特征如下。

①其他古文字形释得分 $h_{gzx}(s,c,CBE)$。其中，s 表示待评估考释字，c 表示给定甲骨文字，CBE 表示跨字集的部件嵌入表示库。利用其他古文字形释字是甲骨文考释常用的方法。例如，《卜辞通纂》第 302 片释曰："工字与金文之作者相同，'工'殆犹楚茨'工祝致告'之意。作者当是之异，犹之作，之作也。"根据甲骨文字形空笔和金文字形肥笔的区别，郭沫若释为工之异。为借鉴此方法，引入本特征，重点借助与甲骨文年代较近的金文。基本思路可由图 4-24 表示。

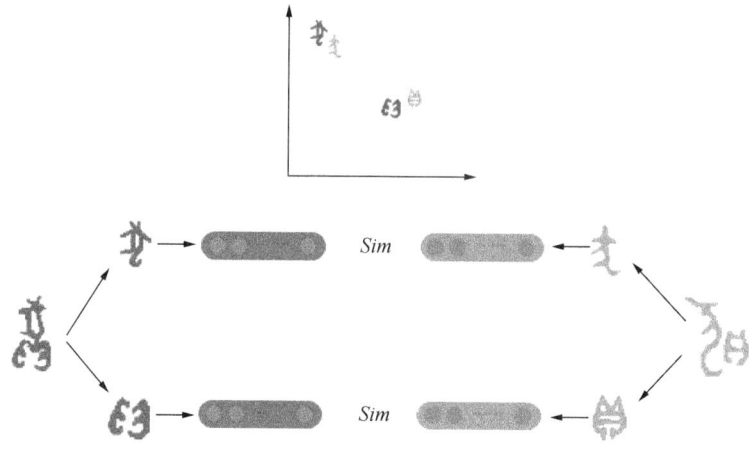

图 4-24　跨字集部件相似示例

具体而言，$h_{gzx}(s,c,CBE)$ 可由式（4-20）定义：

$$h_{gzx}(s,c,CBE) = Sim(BJ_{jw}(s),BJ_{jgw}(c))^{CBE_{jw-jgw}} = Sim(EBJ(s),EBJ(c))$$

(4-20)

式中：主要思路是采用嵌入表示技术，采用图像分割方法将甲骨文字 c 和金文考释字 s 分别分割成部件 $BJ_{jw}(s)$ 和 $BJ_{jgw}(c)$，借助由已有甲骨文与金文之间的字对应关系训练所得的跨字集的部件嵌入表示 CBE_{jw-jgw}，将分解所得的部件表示为其对应的嵌入 $EBJ(s)$ 和 $EBJ(c)$ 表示并计算相似度。

②甲骨文上下文相似得分 $h_{context}(s,c,MCE)$。其中，s 表示待评估考释字，c 表示给定甲骨文字，MCE 表示甲骨文单字集的字嵌入表示库。其思想来源是郭沫若先生提出了"残辞互补"，即在遇到卜辞残缺的情况下，通过比较分析卜辞内容、文例或者其他卜辞，使许多断片残辞成为完整的卜辞，

原本因为残损严重不能通读的文字由此补齐。基本思路：首先，依据已有的甲骨文语料，借助成熟的字词嵌入工具为已考释的字建立其嵌入表示；然后，对于每个字都用其特定窗口内的上下文字的嵌入表示来表出，如此，我们将可以依据表出后的向量计算待评估考释字和给定甲骨文字的相似得分。

③同现网络相似得分 $h_{network}(s,c,CCN_{dzw},CCN_{jgw})$。其中，$s$ 表示待评估考释字，c 表示给定的甲骨文字，CCN_{dzw} 表示对照文字的字同现网络，CCN_{jgw} 表示甲骨文的字同现网络。此得分的总体思想是，在类似文体材料中，同一个字的同现词集应大体相近，由于同现词可视为网状结构，因此，在评估相似性的过程中应综合考虑其网络结构。假设甲骨文和金文"雨"的同现网络片段分别如图4-25左、图4-25右所示，则由其网络结构的相似性，可推知其相似性。

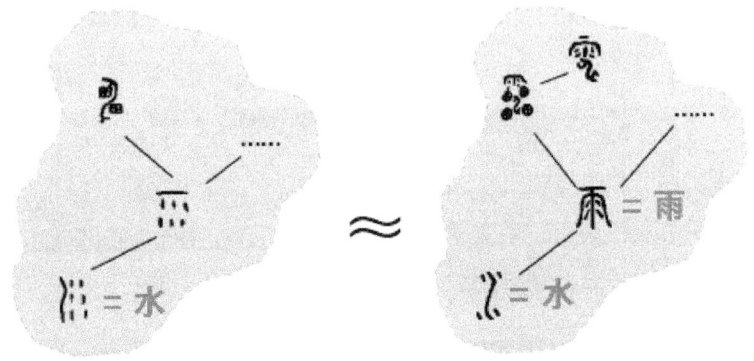

图4-25　同现网络相似性举例

本相似得分的计算可以按如下思路进行：根据给定的甲骨文语料，建立其字同现网络 CCN_{jgw}；选择与给定甲骨文语料主题相近的其他对照文语料，建立其字同现网络 CCN_{dzw}；然后，对于给定的甲骨文字 c 和待考释字 s，分别在 CCN_{jgw} 和 CCN_{dzw} 中截取网络片段，借助图嵌入技术，进一步计算网络片段的相似性并作为最终得分。

4.7　甲骨文知识推理

4.7.1　基于本体的知识推理

本体推理可以挖掘领域内潜藏的信息和知识、检测本体知识逻辑错误、

第四章　甲骨学知识表示与推理

减轻对领域专家的依赖、丰富本体实例、减轻本体构建工作量[48]。通过建立有效的甲骨文领域知识规则库，利用本体推理机，可以获取有价值的信息，并辅助甲骨文的考释研究。现以两个实例进行简要说明。

假设某例甲骨文卜辞中，贞人 x 属于 y 组贞人，y 组贞人已经使用了祭祀方法 z，则 x 贞人所处时期也使用祭祀方法 z。例如，贞人"宾"属于"宾组"一期的贞人，从"乙亥卜宾贞御于南庚"（《甲骨文合集》第"2013 正"号片）得知此时已有"御"祭祀方法，而贞人"争"也属"宾组"武丁一期的贞人，那么可推断出贞人"争"所处时期的商王也可以使用"御"祭祀方法。规则如下：

规则 1：(? x belong_to ? y),(? y hasMethod ? z) -> (? x hasMethod ? z)

假设主祭者 x 的祭祀对象是 y，而 y 是 z 的子孙后代，则 x 也会祭祀 z。例如，"祖甲"祭祀"武丁"，而"武丁"又是"小乙""祖丁""祖辛"等商王的后代，则"祖甲"也会祭祀"小乙""祖丁""祖辛"等。规则如下。

规则 2：(? x sacrifice ? y),(? y hasAncestor ? z)→(? x sacrifice ? z)

利用 Jena 实现推理的主要代码如下：

```
Model model = ModelFactory.createDefaultModel();
  model.read("file:obi.owl");
  List rules = Rule.rulesFromURL("file:obi.rules");
  GenericRuleReasoner reasoner = new GenericRuleReasoner(rules);
  reasoner.setOWLTranslation(true);
  reasoner.setDerivationLogging(true);
  reasoner.setTransitiveClosureCaching(true);
OntModel om = ModelFactory.createOntologyModel(OntModelSpec.OWL_MEM,
    model);
Resource configuration = om.createResource();
configuration.addProperty(ReasonerVocabulary.PROPruleMode,"hybrid");
InfModel inf = ModelFactory.createInfModel(reasoner,om);
StmtIterator stmtIter = inf.listStatements(a,null,b);
if (! stmtIter.hasNext()) {
    System.out.println("there is no relation between "
        + a.getLocalName() + " and " + b.getLocalName());
```

```
        System. out. println("\n");
}
while (stmtIter. hasNext()) {
Statement s = stmtIter. nextStatement();
System. out. println("Relation between " + a. getLocalName() +" and "
    + b. getLocalName() + " is:");
System. out. println(a. getLocalName() + " "
    + s. getPredicate(). getLocalName() + " " + b. getLocalName());
}
```

图 4-26 显示了利用本体推理实现的商王世系网络图。

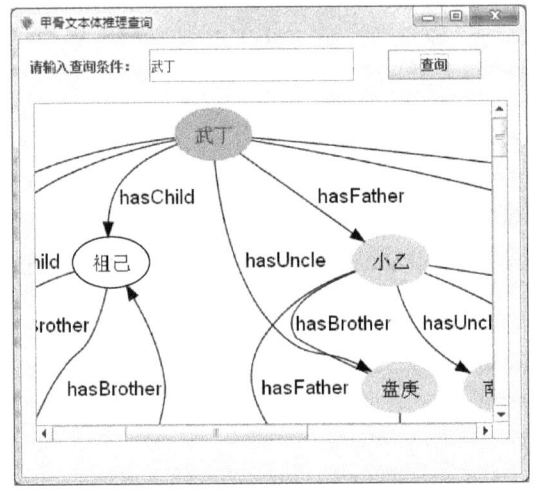

图 4-26 甲骨文本体推理

图 4-26 中，用户提交查询关键字"武丁"，通过本体解析和推理，得到和关键词"武丁"相关的一系列概念与关系，其中"hasChild"和"hasFather"是在本体中已经定义好的关系，"hasBrother"和"hasUncle"则是通过规则获取的关系。图 4-26 中，当前查询关键字"武丁"用深灰色表示，白色和浅灰色分别表示"武丁"的后辈和先辈。由此可见，基于本体的推理，可以发现更多的隐含知识。

4.7.2 基于甲骨刻辞网络的知识推理

基于甲骨刻辞网络，借助甲骨拓片数据库，提取甲骨字矢量图，再通过矢量图的图像相似算法进行计算，初步筛选出"最可能是同一个字的集合"；再根据甲骨刻辞网络中拓片之间文字关联，即网络节点之间联系，计算出未识别字与已识别字的关联紧密程度，从而得到初步的甲骨文考释线索。

为了得到更多、更准确的考释线索，通过计算机，建立了海量的甲骨拓片网络与现代汉语词汇之间的语义映射，通过对语义映射集合进行数学运算，可以得到大量的甲骨文考释线索；再对这些语义映射的可靠度进行智能排序和筛选，排除绝大多数可能性较低、准确度较低的考释线索，最终留下可靠性、准确度最高的考释线索集合。针对每个未识别甲骨字，通过我们的计算，保留该字"可能性最大的前10～20个语义"，并把这个结果作为辅助考释线索提供给甲骨文专家，再由专家针对这些数量不多的"可能性最大的语义"进行下一步专业的推测和判断。

基于甲骨刻辞网络的知识推理关键是研究甲骨刻辞网络与汉语词汇语义库间的语义映射关系，对这些语义映射进行数学运算，找到的甲骨文考释线索。要想通过计算机实现"未释读甲骨字"的考释，就需要通过算法发现"未释读甲骨字"与某个现代词汇（或字）在语义上具有极大的一致性或具有极深内在语义关联关系。为了达到这一目的，可以把"甲骨刻辞网络"映射到现代汉语的词汇语义库中，其映射原理如图4-27所示。

图4-27中"未释读甲骨字" W_3 的考释计算原理如表4-5所示。

表4-5 未释读甲骨字 W_3 的考释计算原理

	甲骨刻辞1		甲骨刻辞2	
字的情况	已释读字 W_1	未释读字 W_3	已释读字 W_1	未释读字 W_3
映射目标	S_1	未知	S_2	未知
映射目标的语义关联区域	C_1	未知	C_2	未知
未释读字 W_3 的可能语义集合	已知语义、无须计算	$C_1 \cap C_2 = S_1 \cap S_2$	已知语义、无须计算	$C_1 \cap C_2 = S_1 \cap S_2$

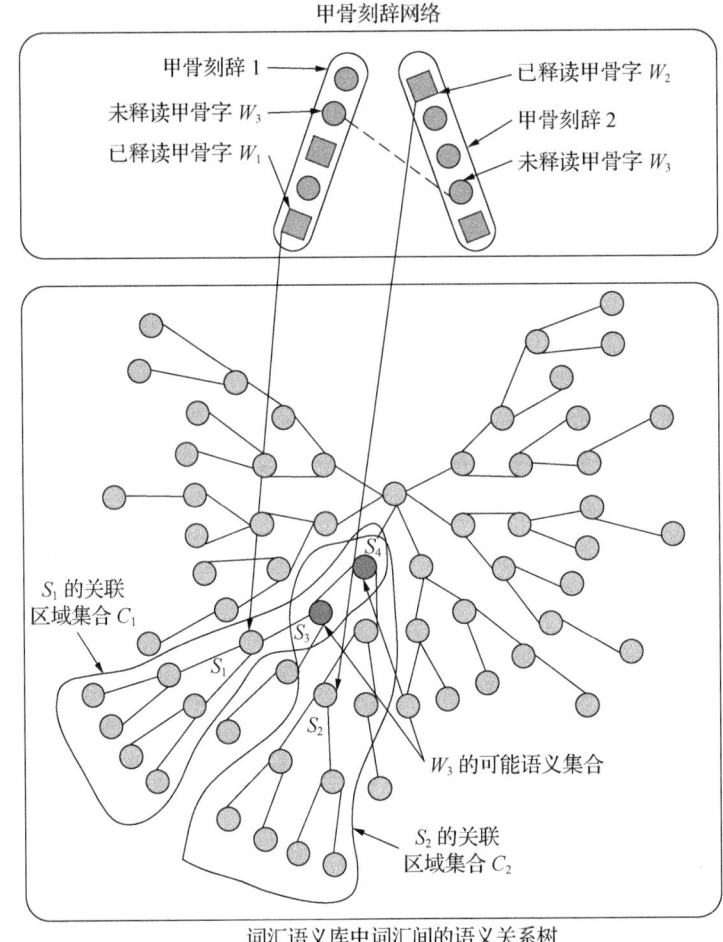

图 4-27　甲骨刻辞与现代汉语的语义映射

依据"甲骨刻辞网络—词汇语义库"的映射网,可以计算出"未释读甲骨字"的可能语义集合,基于这些可能语义集合进行推理,有望通过语义计算得到的甲骨文考释线索。

甲骨文知识推理的目标不是"找到每个未释读甲骨字的可能语义解释",而是"只要较为准确地找到若干个甲骨字(如 3~10 个)的语义解释"即可。因此,可以先通过映射计算,获得海量的考释线索,再对这些考释线索进行排序和筛选,排除绝大多数可能性较低、准确度较低的考释线索,留下可能性、准确度最高的少数考释线索集合,作为最终的推理结果。

第四章 甲骨学知识表示与推理

针对映射网络中的任意未释读甲骨字 W，排序和筛选的步骤和方法如下列算法所示。

算法：

步骤1：针对所有的未释读甲骨字集合 $\{W_1, \cdots, W_i, \cdots, W_n\}$，设定可靠度阈值 K。

For $(i = 1; i < n; i + +)$

｛

步骤2：针对未释读甲骨字 W_i，设定最终需保留的备选语义个数。

步骤3：根据 W_i 的映射网络，找到所有的映射目标的语义关联区域。

步骤4：先设定 W_i 语义关联区域的范围大小（即词汇的个数）。根据与映射目标距离的远近来选择词汇。

步骤5：计算语义关联区域的交集，得到 W_i 的可能语义集合。

步骤6：针对可能语义集合中的每个词汇 W_j，使用下列公式计算 W_i 与 W_j 的语义关联度 $Rel(W_i, W_j)/d$，d 是词汇语义库中的 W_i 与 W_j 语义距离：

$$Rel(W_1, W_2) = \sum rel(W_1, W_2) \qquad (4-21)$$

式中：$Rel(W_1, W_2)$ 是整个刻辞网络上 W_1 与 W_2 的语义关联度，其值为所有单个刻辞上 $rel(W_1, W_2)$ 值的总和。

步骤7：假如交集中的词汇数量大于备选语义个数，则缩小语义关联区域的范围；假如交集中的词汇数量小于备选语义个数，则扩大语义关联区域的范围。

步骤8：根据步骤5至步骤7的计算结果，获得备选语义集合，作为 W 的考释结果。

｝

步骤9：针对所有未释读甲骨字的考释结果，按照语义关联度，进行全局排序，只有大于阈值的结果，才作为最终的考释结论。

只要提高阈值，则可以对考释结果进行筛选，最终，只选择出可靠程度最高的少数推理结果，提供给甲骨文专家进行验证。

4.7.3 基于甲骨字网络的知识推理

基于甲骨字网络社团中的节点具有相似的属性这一些特征可以进行知识推理，进而为预测未识甲骨字的语义提供坚实的基础。然而，识别甲骨字网络的社团需要设计合理的算法，因为甲骨字的社团具有其特殊性，主要表现在：一是描述场景语义所使用的甲骨字个数较少；二是同一个甲骨字可能会参与不同场景语义的描述。甲骨文字系统中的两个特点在复杂网络中的表现：一是甲骨字网络中的社团尺度较小社团中含有的节点较少；二是甲骨字网络中的节点具有一定的重叠性。这些特性也表明了甲骨字网络的模块结构具有很强的局部网络性质。

焦清局[49]对甲骨网络的社团结构进行了分析。含有5474字的甲骨文网络被划分成1393个社团，其中，最大的社团含有1553个甲骨字，其余的社团含有的甲骨字分别在4~50个，其中有3个社团含有的甲骨字在100个左右。在分析社团时除去了最大的社团，即包含1553个甲骨字的社团。对社团尺度为4~50的进行了着重的分析，通过分析发现，一些社团的甲骨字描述了"打猎"事件，进一步的研究发现以下几点。

①描述"打猎"的甲骨字极少，在7~20甲骨字之间就可以描述一场完整的"打猎"事件。

②描述"打猎"事件的一些社团存在重叠甲骨字，而这些甲骨字主要表示的是时间、地点、猎物的数量；而未重叠的甲骨字主要体现在不同"打猎"场景下的人名、猎物的种类、打猎的工具、猎物的种类等。这些分析为推理获得未识甲骨字的场景语义提供直接的数据。

除了打猎的社团之外，焦清局还分析有关"战争"社团，描述"战争"的社团相对来说比较多，共涉及约50个社团（这是初步的分析，更加的详细的数据需要甲骨文专家考证。需要注意的是，这50个社团中的大部分甲骨字是已识，其他社团中包含的未识甲骨字也可能是描述战争的）。与"打猎"社团相比，描述"战争"的社团更加详细，包含的甲骨字更多。具体的分析如下。

①描述"战争"社团之间也有重叠的甲骨字，这些甲骨字也是用来表示时间、地点等信息。

②描述"战争"社团中未重叠的甲骨字，可能涉及战争的人物、战争的策略、战争前的祭祀、战争祭祀品等信息。可以进一步推理的是，有关描述战争祭祀品的甲骨字在不同的社团中也是不重叠的，这种信息意味着不同的战争对于当权人的意义不同。

焦清局还挑选了一些能预测未识甲骨字的社团，共有6个。这些社团中的大部分甲骨字的语义是已知的，而有少数（1~5个）未识甲骨字。其对这些甲骨字进行了场景预测，但预测的内容有待进一步的验证：一是需要相

第四章 甲骨学知识表示与推理

关文献的支持；二是需要甲骨文专家的认可；三是需要和原始拓片的匹配。

甲骨学研究过程中，甲骨拓片是最重要的基础数据，也是甲骨文语义构成的基本单元。因此，利用拓片数据构建甲骨字网络之后，可以基于该甲骨字网络进行知识推理，获取未识甲骨字的语义。实际上，除了甲骨拓片数据之外，甲骨字形在语义形成过程中也起着重要的作用。但是，单纯依赖于甲骨字网络并不能在知识推理上有很好的效果，因此需要构建多种类型的知识网络，如甲骨字构形网络、甲骨字语境网络等，再对甲骨字网络进行拓展和融合。融合网络如图4-28[49]所示。

从图4-28可以看出甲骨知识网络融合步骤：首先，利用甲骨文拓片信息构建甲骨字的语境网络（即前述的基于拓片的甲骨字网络）；其次，抽取甲骨字的构件建立甲骨字的构形网络；然后，使用相似网络整合方法融合甲骨字的语境和构形网络；最后，通过设计高效的模块结构识别算法分析甲骨

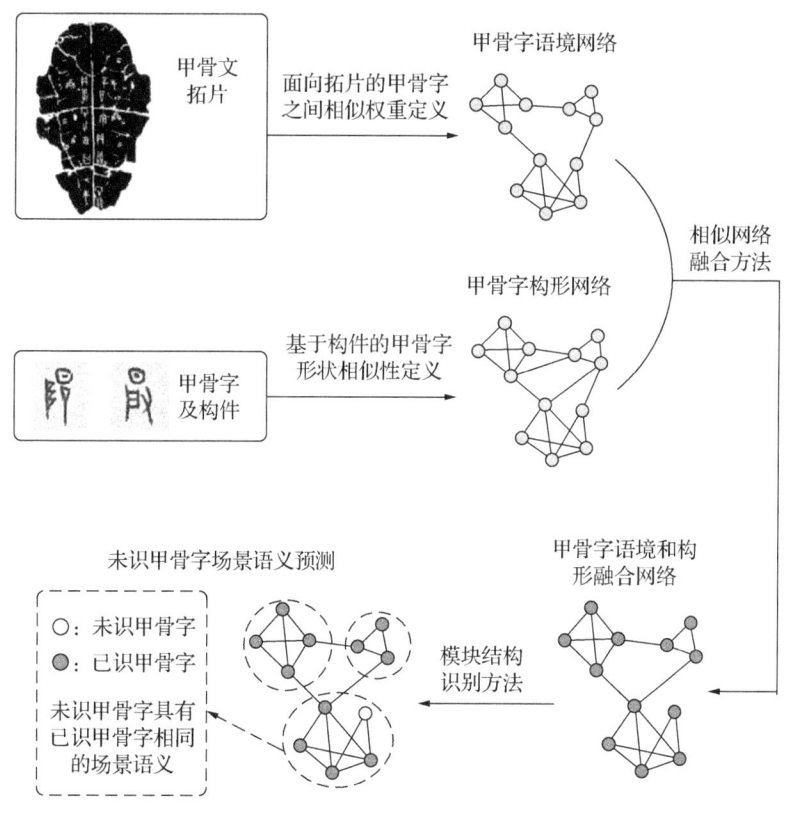

图4-28 服务于场景语义预测的甲骨网络融合

字的模块，进行甲骨文知识推理，从而预测未识字的场景语义。

4.7.4　基于甲骨可拓模型的知识推理

王静[50]研究了基于可拓学的知识表示及推理方法，她指出不同的知识表示形式有不同的推理技术。可拓推理技术的特点在于，它是以知识基元为基本单元，利用可拓方法进行推理。具体地说，在一个特定求解问题的上下文中，可拓推理体现为以下两个步骤：

①要找出适合描述当前情况的问题物元模型；

②运用可拓方法从当前上下文中推导出未被给出或尚未发现的事实或结论。

王静总结了物元的可拓性及推理规则，包括物元的发散性、物元的共轭性、物元的相关性、物元的蕴含性、物元的可扩性等。她还总结出"关系元也具有发散性、相关性、蕴含性和可扩性"。基于发散性的可拓推理反复使用"一物多征""一征多物"等性质，扩展出相关知识，并根据已知条件及已知事实判断该知识是否满足所求问题。王静以动物识别系统为例，说明了如何用物元表示知识，以及如何利用物元的发散性，实现知识的拓展，从而解决问题。这为我们基于甲骨可拓模型进行推理提供了参考和借鉴。

高峰等[30]以甲骨卜辞的残辞拟补为例研究了基于甲骨可拓模型的知识推理。选择甲骨片号为 H14898 的一片甲骨，获取其甲骨卜辞的原文和释文，如图 4-29 所示。

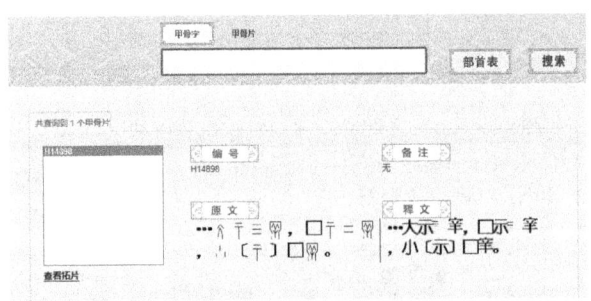

图 4-29　甲骨片 H14898 的卜辞信息

根据可拓变换的"一征多物"和"一物多征"思想，综合处理，可得到图 4-29 中甲骨字"示"所对应的相关基元信息集。再利用相关网策略，

第四章 甲骨学知识表示与推理

可得基元"王"的相关网基元可拓全集信息,如表4-6所示。

表4-6 甲骨基元可拓全集信息

基元	名称	特征	量值
物元:王	王	祭祀对象 祭祀用牲	示 牛、牢、三牛、五牛……
物元:王	王	祭祀对象 祭祀用牲	大示(或上示) 牛、牢、三牛、五牛……
物元:王	王	祭祀对象 祭祀用牲	小示(或下示) 羊、豕、一羊、一豕……

从每一条卜辞得出的关于物元"王"的相关祭祀信息出发,结合甲骨文知网对"示"的概念描述和"王"可拓基元信息库中特征"祭祀用牲"量值对比,可推理得出"大示"与"小示"之间的关系(蕴含系策略),即可拓推出论域或结论:"大示"或"上示"的祭祀用牲方面规格要大于"小示"或"下示"。

再从甲骨卜辞的文字使用频率角度出发(在7万多片甲骨卜辞中"小示"出现次数为23次,而"下示"为5次),则该片甲骨的残缺字为"小"的可能性更大些。

按照上述甲骨残辞拟补的推理思路,高峰等[30]以该方法和基于统计的方法进行对比实验。实验样本采用甲骨文专家已经正确处理的残辞甲骨片123片。实验总体样本,即总共用于统计的甲骨文拓片为72 151片,可统计的甲骨拓片的文本字数共计约75万。其中基于统计的方法根据残辞中残字或缺失甲骨字的上下文进行统计,以最大模式匹配方法为依据。具体实验对比结果如表4-7所示。

表4-7 甲骨刻辞网络规模

方法	拟补字数	正确拟补数	准确率	召回率	F 值
基于统计的方法	152	45	30.26%	29.60%	29.93%
基于甲骨可拓的方法	152	112	75.65%	73.68%	74.65%

在现存的甲骨拓片中,残辞所占比重很大,如何更好地处理残辞甲骨片是甲骨文信息处理中一项非常重要的基础工作。表4-7的实验结果表明,

159

目前常用的处理甲骨文残辞的方法是基于上下文统计,但是该方法效果并不理想,其准确率只有30.26%。虽然其原因与所测试的样本有关,但可以说明仅仅简单地依靠统计来进行残辞的语义推导是行不通的。而单纯人工处理的方法能保证准确率,但是需要高度依赖甲骨文专家,在应对大量的残辞处理时是不切实际的。基于甲骨可拓的知识推理方法利用计算机改善传统的残辞拟补方法,能极大地提高准确率(可达到75.65%),便于辅助甲骨文专家做后期研究处理。这是因为利用可拓学的理论与方法,将甲骨卜辞的语言模型进行了可拓处理,同时建立了甲骨文知网,并利用可拓变换策略实现了甲骨文知识推理。

4.8 甲骨文关联数据挖掘

甲骨文关联数据挖掘也可以称为甲骨文数据语义挖掘,它是指在文本挖掘的基础上,从不同的甲骨文数据集中抽取出实体及实体之间的语义关系,包括时间、空间、事件、人物关系、从属关系、上下位关系、整体与部分关系等,利用资源描述框架(resource description framework,RDF)三元组的形式 <主语,谓词,客体> 进行表示的过程。将自然语言形式描述的文本抽象成具有语义的 RDF 三元组形式化表示过程称为实体及其关系的 RDF 化。选择甲骨文本体作为语义关联描述框架,在大规模的 RDF 集合中通过语义搜索发现实体间显式的或隐式的语义关系并建立联系,最终获得语义关联数据。甲骨文语义挖掘流程如图 4-30[3] 所示。

图 4-30 描述的过程中,文本挖掘的预处理包括文本分类和数据清洗,其中文本分类采用文献[51]的方法实现。实体关系抽取通过文本挖掘方法辅以本体来实现,由于本体描述了概念或实例间的关系,如果实体能映射到本体实例,则将本体关系作为实体关系,这一阶段暂不考虑基于本体推理来发现实体间的隐含关系。实体及其关系的 RDF 化是挖掘过程的关键技术,其目的是让实体及其关系具有规范的结构化的语义描述,从而方便机器理解。语义搜索阶段的任务是获取 RDF 三元组间的语义关联,包括甲骨文记载的人物关系、地理位置关系、祭祀关系、时空关系、事件关系等,这些关系可通过 RDF 的 SPARQL 查询实现。本体推理有助于语义关系的发现,包括基于本体关系的推理和基于规则的推理。本体关系是显式定义的概念或实例之间的关系,这些关系描述了实体间的语义关联。没有在本体中显式定义

第四章 甲骨学知识表示与推理

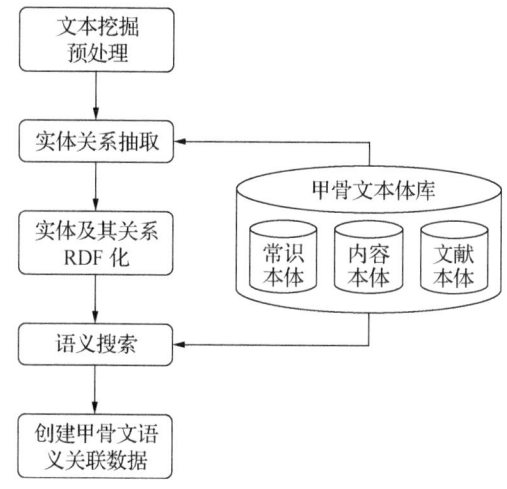

图 4-30 甲骨文语义挖掘流程

的一些关系，通过本体推理得到，如 $(?xsubclassof?y)(?ysubclassof?z) \rightarrow (?xsubclassof?z)$ 就是通过关系的传递性获取的新关系；超出本体描述范围的关系则需要借助推理规则完成，因此需要建立甲骨文语法规则库。

现以甲骨文研究中的分期断代为例说明语义挖掘过程。分期断代是甲骨学上的专题研究，涉及贞人、世系、称谓、人物、事类、辞例、字形、书体等多个方面。例如，编号 C310 的甲骨片上有一句卜辞释文为"□□卜，行，[贞]：[王] 宾兄庚，[亡] 尤？"该句经甲骨文专家翻译为"某日占卜，贞人行问卦，时王宾祭他的哥哥名庚的，没有什么不顺利的吧？"根据甲骨文知识，"行"是二期贞人，因此该片是二期甲骨文。又知道二期有两位王——祖庚和祖甲，王位的继承规则是"父死子继""兄终弟及"。而祖庚是祖甲的哥哥，则甲骨片上的兄庚必然是祖甲对祖庚的称呼，因此，进一步可以推断该甲骨片是祖甲时期的遗物。

将上述推断涉及的实体 RDF 化，并通过其间的语义关联，可以得到最终的语义关联数据，如图 4-31 所示。

图 4-31 中，实体经过 RDF 化，形成的是一系列关联关系，如"祖庚"和"祖甲"是"王"的实例，因此与"王"之间存在 is-a 关系，而历史记载中，两者是兄弟，因此存在"兄弟"关系，两人都属于二期的商王；"贞人"是商王的臣子，因此与"王"存在"君臣"关系，而名叫"行"的贞

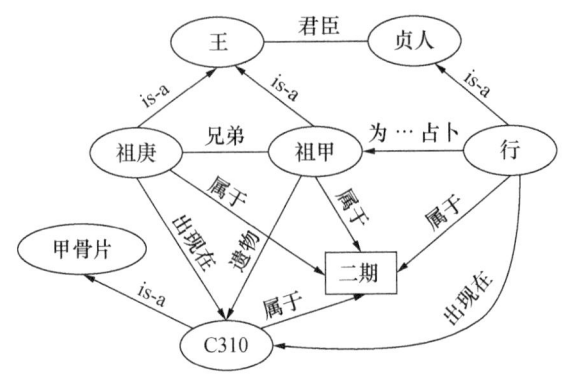

图 4-31 语义关联示例

人是"贞人"类的一个实例,贞人"行"服务于"祖甲",即他为"祖甲"占卜。其他关系同理可示。

我们采用 RDF 三元组作为统一的语义结构单元。实体及其关系的 RDF 化主要有两种手段:人工标注和自动标注。其中,前者需要甲骨文专家的参与,主要标注识别和理解难度较大的语义信息。甲骨文数据的自动标注包括两个方法:基于 XML Schema 的 RDF 转换和基于关系数据库的 RDF 自动转换,但自动标注后也需要辅以人工校对。

4.8.1 基于 XML Schema 的 RDF 数据转换

利用 XML Schema 模板将甲骨文语料自动标注为 XML 文档,再将其转换为 RDF 格式。转换流程如图 4-32 所示。

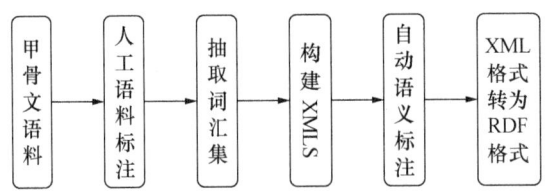

图 4-32 基于 XML Schema 的 RDF 数据转换

基于我们已整理的甲骨文语料库,在甲骨文领域专家的帮助下,对甲骨文语料库进行语料标注,标注时需要抽取出有助于甲骨文考释的关键信息,这些信息可以作为 XML 文档的词汇集,词汇集间的关系通过建立 XML

Schema 模型来明确标出各个词汇之间的关系。通过定义好甲骨信息对应的 XML Schema，就可以基于此使用 XML 对甲骨文信息进行结构化标注，而且可以准确地描述数据的结构。通过转换模块完成从 XML 到 RDF 数据的转换。

4.8.2 基于关系数据库的 RDF 自动转换

在甲骨文信息处理研究过程中，建立了一些甲骨文数据库。包括甲骨文字形数据库、甲骨文刻辞基础词典、甲骨文语义词典等。通过抽取关系数据库中的 ER 关系，利用关系映射规则，能够将关系数据库中的实体记录转化成 RDF 三元组形式。转换流程如图 4-33 所示，转换方法参见我们的前期研究成果[52]。

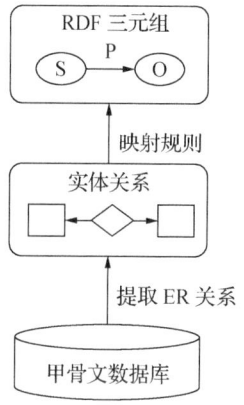

图 4-33　基于 ER 模型转换为 RDF 数据

4.8.3 甲骨文大规模语义数据处理

为解决语义网面临的海量语义数据处理问题，欧盟第七框架研究开发了 LarKC[53-54]（large knowledge collider）平台，其目标是开发大规模知识对撞机。基于 LarKC 的语义处理流程[54]，整理出甲骨文语义处理流程如图 4-34 所示。

如图 4-34 所示的过程中，首先通过检索技术从海量的甲骨文基础数据中定位或识别与需求相关的数据。这些数据可能是异构的，即有的数据是符合指定规则的语义数据，有的数据是非规范的数据。然后，需要根据被定位的数据进行相应的转换，使其变成统一的语义数据，用 RDF 三元组描述。

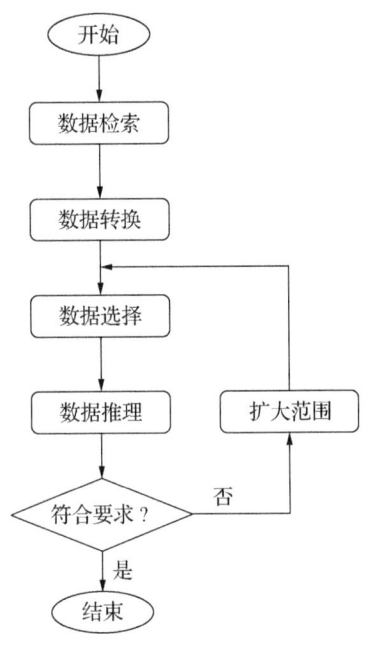

图 4-34 甲骨文语义处理流程

转换之后，可能面临着大规模的语义数据，因此，还要根据处理的需要选择直接相关的部分语义数据，并对这一部分的语义数据进行推理。根据推理结果进行判定或决策，如果不符合要求，则扩大被选择的数据，再次进行推理，直到结果符合要求。

为验证甲骨文大规模语义数据处理的效果我们进行了相关实验。实验数据来源为已经过文本分类后的 500 篇甲骨文学术论文的文献格式元数据（选取题目、关键词、摘要等元数据信息）和来自 350 片甲骨文拓片上的共 790 条表意较完整的甲骨卜辞释文数据组成。实验样本全部已经过语义关系标注，关系分类有时间、空间、事件、人物关系、材料关系、从属关系、上下位关系、整体与部分关系、其他共 9 类。对上述两类实验样本分别采用前文所述的语义挖掘框架进行处理，将得到的语义关系结果同已标注的关系进行比较，以准确率、召回率和 F 值为评价标准。文献元数据的语义挖掘对比实验结果如表 4-8 所示。

第四章 甲骨学知识表示与推理

表 4-8 文献元数据的语义挖掘对比实验结果

关系类型	标注数量	挖掘数量	正确数量	准确率	召回率	F 值
时间	1251	1403	1087	77.48%	86.89%	81.91%
空间	1687	1722	1408	81.77%	83.46%	82.60%
事件	901	840	523	62.26%	58.05%	60.08%
人物	1556	1681	1230	73.17%	79.05%	76.00%
材料	417	351	256	72.93%	61.39%	66.67%
从属	2782	3035	2221	73.18%	79.83%	76.36%
上下位	3980	4430	3608	81.44%	90.65%	85.80%
整体部分	673	550	416	75.64%	61.81%	68.03%
其他	4709	6694	4162	62.18%	88.38%	73.00%

表 4-8 的结果显示，大多数关系经挖掘后得到的数量超过标注数量，主要原因是基于本体实现了潜在关系的发现。在 9 种关系中上下位关系的 F 值最高，主要原因是上下位关系是本体关系中最普遍最易获取的关系之一；时间和空间的 F 值较高，主要原因是这两种关系的特征词较为明显；事件关系的 F 值最低，说明在语义挖掘中，事件关系的挖掘是一个值得继续深入研究的方面；大部分错误的关系均划归到"其他"关系中，因此，该类关系的挖掘数量最多。

影响语义挖掘准确率及召回率的一个重要因素是实体的识别正确率。例如，"唐兰是继孙诒让、罗振玉、王国维、郭沫若等人之后研究甲骨文成就较高的学者之一"一句中，人物"唐兰"被错误地识别为"唐兰是"，"王国维"被错误地识别为"王国"；在分析"甲骨文文例"时，得到错误的实体为"甲骨""文文"，且"例"被当作停用词过滤了；刊名《中原文物》被错误地识别为关系＜文物，空间，中原＞。

另一个值得关注的问题是，语义挖掘得到的关系中，有一部分关系经人为判定是正确的，而该关系在人工标注阶段却并没有标出，因此，在计算召回率时拉低了分值。这暴露了人工标注的局限性，因为在标注时无法全面关注所有文献元数据并建立它们之间显式或隐式的关联。

甲骨卜辞的语义挖掘对比实验结果如表 4-9 所示。

表4-9　甲骨卜辞的语义挖掘对比实验结果

关系类型	标注数量	挖掘数量	正确数量	准确率	召回率	F值
时间	1659	1534	1317	85.85%	79.39%	82.49%
空间	820	762	664	87.14%	80.98%	83.94%
事件	1896	1703	1562	91.72%	82.38%	86.80%
人物	1817	1889	1684	89.15%	92.68%	90.88%
材料	348	213	185	86.85%	53.16%	65.95%
从属	820	98	67	68.37%	8.17%	14.60%
上下位	3002	2866	2545	88.80%	84.78%	86.74%
整体部分	208	161	110	68.32%	52.88%	59.62%
其他	1343	2047	1093	53.40%	81.38%	64.48%

从表4-9可以看出，甲骨卜辞的语义挖掘准确率较甲骨文文献元数据普遍要高。原因之一是甲骨文字绝大部分为单字词，分词操作简单，且甲骨字单义词占多数，因此实体的识别率更高；原因之二是语义挖掘基于甲骨文内容本体，在建立内容本体时已经获取了大量的实例，而这些实例大多数可以映射到提取的实体上。

9种关系中从属关系的召回率最低，主要原因是大量的从属关系连接的是甲骨片与分期断代实体，而这些关系是后世对甲骨文研究才有的，并不反映在甲骨卜辞中；人物关系和事件关系的F值最高，这与甲骨卜辞主要记录商王遇事占卜的事实是一致的。影响准确率和召回率的原因之一是甲骨卜辞中有为数不少的实体及关系是重复的，由于出现在不同的甲骨片中，因此在人工标注时未能做到完全去重；原因之二是甲骨文考释结果的不一致导致了分类错误，例如，卜辞"丙子卜，韦，贞：我受年（翻译：丙子日占卜，贞人韦问卦，贞问：'我商王朝会得到好年成吗？'）"中，有专家认为"我"是方国名；原因之三是分类的不确定性带来的影响，例如，卜辞"丙戌卜，大，贞：告执于河？燎……沉三牛？（翻译：丙戌日占卜，贞人大问卦，贞问：'向河神行祷告执俘胜利之祭，以火烧……还是以沉水之祭用3头牛为献牲呢？'）"中，"牛"被标注为"材料关系"的实体，但在语义挖掘中被归为"其他关系"的实体。

从上述实验结果看，该方法用于甲骨文基础数据的语义挖掘是可行的，挖掘结果满足甲骨文信息处理研究的需要。

4.9 本章小结

本章系统地介绍了甲骨文的知识表示与推理，主要包括甲骨文本体表示方法、甲骨文可拓模型表示、甲骨文刻辞网络、甲骨字网络、甲骨文文本与图像融合语义表示等，并在甲骨文知识表示基础上，介绍了甲骨文的推理及应用。基于甲骨文本体可以实现涉及甲骨文知识的信息检索优化、基于本体的知识推理，以及基于甲骨文可拓模型的甲骨文模糊字推测、基于甲骨字网络的甲骨文字考释线索推理。甲骨文知识表示可以为后续甲骨学知识图谱的构建提供实体及实现实体间的关联关系的挖掘，甲骨文知识推理可以扩充和丰富甲骨学知识图谱的实体及关系。在甲骨文的计算机辅助考释方面，知识表示和推理起到了至关重要的作用。

参考文献

[1] 江铭虎. 自然语言处理［M］. 北京：高等教育出版社，2006.

[2] 杜小勇，李曼，王大治. 语义 Web 与本体研究综述［J］. 计算机应用，2004，24（10）：14 – 16.

[3] 熊晶，高峰，吴琴霞. 甲骨文大规模基础数据的语义挖掘研究［J］. 现代图书情报技术，2015（2）：7 – 14.

[4] 熊晶，钟珞，王爱民. 甲骨文本体构建方法研究及应用［J］. 武汉理工大学学报（信息与管理工程版），2011，33（6）：953 – 957.

[5] 韩姣红. 基于本体的甲骨文文献语义检索模型研究［J］. 图书馆学研究，2013（7）：51 – 57.

[6] 董振东，董强，郝长伶. 知网的理论发现［J］. 中文信息学报，2007，21（4）：3 – 9.

[7] GRUBER T R. Toward principles for the design of ontologies used for knowledge sharing?［J］. International journal of human-computer studies，1995，43（5 – 6）：907 – 928.

[8] NOY N F，MCGUINNESS D L. Ontology development 101：a guide to creating you first ontology［EB/OL］.［2018 – 12 – 26］. https：//protege. stanford. edu/publications/ontology_development/ontology101. pdf.

[9] 刘仁宁，李禹生. 领域本体构建方法［J］. 武汉轻工大学学报，2008，27（1）：46 – 49.

[10] 郑继娥. 甲骨文祭祀卜辞语言研究［M］. 成都：巴蜀书社，2007.

[11] 冯志伟. 从知识本体谈自然语言处理的人文性［J］.语言文字应用，2005（4）：100－107.

[12] XU J L, JING X, YONG L. A query optimization strategy based on domain ontology ［C］. International Joint Conference on Artificial Intelligence，2009.

[13] 刘运通，高峰，焦清局，等．基于刻辞网络关联度的甲骨字考释难度量化方法［J］.科学技术与工程，2018，18（17）：75－81.

[14] 焦清局，高峰，金园园，等．面向拓片信息的甲骨字网络构建与分析［J］.中文信息学报，2018，32（7）：137－142.

[15] 赵怿怡，刘海涛．语言网络研究的数学模型：从复杂网络、社会网络到语言网络［J］.中文信息学报，2015，29（6）：46－53.

[16] 刘知远，孙茂松．汉语词同现网络的小世界效应和无标度特性［J］.中文信息学报，2007（6）：52－58.

[17] 赵怿怡，刘海涛．语言同现网、句法网、语义网的构建与比较［J］.中文信息学报，2014，28（5）：24－31.

[18] 杨华，姬东鸿，萧国政．汉语语义场网络中的无标度分布现象［J］.中文信息学报，2015，29（3）：34－43.

[19] TANAKA Y. On the k-ness for the products of closed images of metric spaces ［J］. The European physical journal B：condensed matter and complex systems，2000，13（3）：547－560.

[20] BARABASI A L, ALBERT R. Emergence of scaling in random networks ［J］. Science，1999，286（5439）：509－512.

[21] JIAO Q J, HUANG Y, SHEN H B. Community mining with new node similarity by incorporating both global and local topological knowledge in a constrained random walk ［J］. Physica A：statistical mechanics and its applications，2015，424（1）：363－371.

[22] NEWMAN M E J. The structure and function of complex networks ［J］. Siam review，2003，45（2）：167－256.

[23] 汪小帆，李翔，陈关荣．网络科学导论［M］.北京：高等教育出版社，2012.

[24] 林枫，刘云，江钟立．汉字网络的历时性模式探析［J］.复杂系统与复杂性科学，2012，9（3）：50－61.

[25] NEWMAN M E J, GIRVAN M. Finding and evaluating community structure in networks ［J］. Physical review. E，statistical nonlinear，and soft matter physics，2004，69（2）：26113.

[26] AARON C, NEWMAN M E J, CRISTOPHER M. Finding community structure in very large networks ［J］. Physical review. E，statistical nonlinear，and soft matter physics，2004，70（2）：66111.

第四章 甲骨学知识表示与推理

[27] 郑鑫,秦建军,陈汉辉,等.基于可拓学的自然语言处理与系统建模研究[J].哈尔滨工业大学学报,2006(7):1209-1212.

[28] 任瑞春,刘巍.可拓方法在古文今译中的应用:2005年中国模糊逻辑与计算智能联合学术会议论文集[C].北京:中国科学技术出版社,2005.

[29] 李卫华.利用知网增强可拓策略生成机制研究[J].广东工业大学学报,2013,30(2):1-6.

[30] 高峰,熊晶,刘永革.基于知网的甲骨卜辞释义问题的可拓性研究[J].现代图书情报技术,2015(z1):58-64.

[31] 劳永新.可拓学:巧妙化解发明创新中的矛盾[J].发明与创新(综合版),2009(6):8-9.

[32] 蔡文,杨春燕.可拓学的应用研究、普及与推广:综述[J].数学的实践与认识,2010,40(7):214-220.

[33] 蔡文.可拓论及其应用[J].科学通报,1999(7):673-682.

[34] 蔡文,杨春燕,王光华.一门新的交叉学科:可拓学[J].中国科学基金,2004(5):14-18.

[35] 蔡文,杨春燕.可拓学的基础理论与方法体系[J].科学通报,2013,58(13):1190-1199.

[36] 李幼平.可拓学:沟通自然科学与社会科学的桥梁[J].科技导报,2014,32(36):1-3.

[37] 杨春燕,蔡文,涂序彦.可拓学的研究、应用与发展[J].系统科学与数学,2016,36(9):1507-1512.

[38] CHUNYAN Y. Overview of extension innovation methods [C]. CRC Press, 2013.

[39] 杨春燕,蔡文.可拓工程[M].北京:科学出版社,2008.

[40] ZHENDONG D, QIANG D. HowNet and the computation of meaning [M]. Singapore: World Scientific, 2006.

[41] 裴婧,包宏.汉语句子相似度计算在FAQ中的应用[J].计算机工程,2009,35(17):46-48.

[42] 杨春燕,李卫华,汤龙,等.基于可拓学和HowNet的策略生成系统研究进展[J].智能系统学报,2015,10(6):823-830.

[43] 李志勇,高峰.基于知网的甲骨文可拓模型建模技术[J].计算机与现代化,2015(5):30-34.

[44] JING X, FENG G, YONGGE L. Word segmentation method for oracle bone inscriptions based on dictionary and syntactic rules [C]. The 7th International Conference on System of Systems Engineering (SoSE), 2012.

[45] FRIED O, DIVERDI S, HALBER M, et al. IsoMatch: creating informative grid layouts

[C]. Computer Graphics Forum, 2015.

[46] GATYS L A, ECKER A S, BETHGE M. A neural algorithm of artistic style [J]. CoRR, 2015, 2 (2): 23.

[47] SHAZEER N, PELEMANS J, CHELBA C. Skip-gram language modeling using sparse non-negative matrix probability estimation [J]. Computer science, 2015 (1): 78.

[48] 董慧. 本体与数字图书馆 [M]. 武汉: 武汉大学出版社, 2008.

[49] 焦清局. 甲骨字网络及其特性初步探索 [M]. 北京: 科学技术文献出版社, 2018.

[50] 王静. 基于可拓学的知识表示及推理方法研究 [D]. 哈尔滨: 哈尔滨工程大学, 2006.

[51] 袁彦芹. 基于支持向量机的大规模文本分类研究与设计 [D]. 济南: 山东师范大学, 2007.

[52] JING X, LIU Y G, FENG G, et al. Research of oracle bone inscriptions ontology construction based on relational database [J]. Procedia environmental sciences, 2011, 11 (11): 447–451.

[53] FENSEL D, HARMELEN F V, ANDERSSON B, et al. Towards LarKC: a platform for web-scale reasoning [C]. IEEE International Conference on Semantic Computing, 2008.

[54] 黄智生, 钟宁. 海量语义数据处理: 平台、技术与应用 [M]. 北京: 高等教育出版社, 2012.

第五章 知识图谱研究及应用

近几年,"知识图谱"这一概念不论是在学术界还是在工业界都迅速成为大家关注的焦点。狭义地讲,知识图谱是由 Google 公司首先提出,被互联网公司用来从语义角度组织网络数据,从而提供智能搜索服务的大型知识库。形式上,它是一个用图数据结构表示的知识载体,描述客观世界的事物及其关系,其中节点代表客观世界的事物,边代表事物之间的关系。在具体实现上,知识图谱用语义 Web 中的资源描述框架对知识体系和实例数据两个层面的内容进行统一表示,共同构成一个完整的知识系统。扩展开来,知识描述、实例数据及其相关的配套标准、技术、工具及应用系统构成了广义的知识图谱[1]。本章即从广义的角度来介绍知识图谱的研究及应用。

5.1 知识图谱概述

知识图谱是近年来人工智能领域的研究热点,通常意义上所说的知识图谱由 Google 公司率先提出,主要是用来优化现有的搜索引擎。不同于基于关键词检索的传统搜索引擎,知识图谱可以更好地查询复杂的关联信息,从语义层面理解用户意图,改进搜索质量[2]。Google 的辛格博士在介绍知识图谱时提到"The world is not made of strings, but is made of things",即知识图谱旨在描述真实世界中存在的各种实体或概念。其中,每个实体或概念用一个全局唯一确定的 ID 来标识,称为它们的标识符(identifier)。每个属性-值对(attribute-value pair,AVP)用来刻画实体的内在特性,而关系(relation)用来连接两个实体,刻画它们之间的关联[3]。简单而言,知识图谱就是将不同种类的信息连接在一起得到的一个关系网络。知识图谱提供了从"关系"的角度分析问题的能力[2]。从图论的角度看,知识图谱把每个实体作为一个节点,节点之间的关系作为连接这些节点的边,从而形成一张巨大的图。

事实上,知识图谱的研究有两大主流:基于文献计量学的科学知识图谱和以 Google 知识图谱为代表的知识图谱。

5.1.1　MKD 研究现状

自 2002 年 Rasmussen 等学者在 65 届美国信息科学与技术学会会议上发表题为"*Visualizing knowledge domains*"的文章[5-6]，将可视化方法及工具应用于图书情报领域知识管理的研究在国外学界逐步兴起。国内陈悦、刘则渊等提出将这一研究方法的中文译为"科学知识图谱绘制"[7]。2004 年 4 月 10 日，大连理工大学刘则渊教授受到《参考消息》上一篇题为《科学家拟绘制科学门类图》的文章启发，在国内率先带领自己的团队开始了科学知识图谱研究工作，并创建了大连理工大学网络-信息-科学-经济计量实验室（WISE Lab of DaLian University of Technology）。为中国培养了一批专门从事科学知识图谱理论与实践研究的专业人才。刘则渊教授将科学知识图谱定义为"以知识领域为对象，显示知识的发展进程与结构关系的一种图形"。科学知识图谱具有"图"和"谱"的双重性质与特征：既是可视化的知识图形，又是序列化的知识谱系，显示了知识单元或知识群之间网络、结构、互动、交叉、演化或衍生等诸多复杂的关系。知识图谱通常都是以知识网络形态展现的知识图形与知识谱系，它有许多不言自明的概念[8]。

科学知识图谱研究以科学学为基础，是涉及应用数学、信息科学及计算机科学的交叉领域，是科学计量学（scientometrics）的新发展领域。李杰[8]对检索的有关知识图谱的 95 篇论文进行领域的叠加分析后，发现科学知识图谱涉及的领域中，来自信息科学、计算机科学及应用数学领域的学者往往研究的是基础性的理论，如科学知识图谱的数学算法和图谱可视化的设计。来自科学计量学和科学学领域的学者通常具有文科背景，主要对知识图谱的哲学原理和表达含义进行深层次的解读。当然，具有信息科学和计算机科学背景的学者，在科学计量学和科学知识图谱领域就显得更有优势，如德雷塞尔大学的陈超美教授、印第安纳大学的博纳教授及莱顿大学的尼斯·杨·凡·艾克（Nees Jan van Eck）和卢多·瓦特曼（Ludo Waltman）研究员。随后很快，"科学知识图谱"或"知识图谱"概念在国内图情领域得到广泛应用，成为知识管理的重要方法[9]。

MKD 在图书情报界称为知识域可视化或知识领域映射地图，是显示知识发展进程与结构关系的一系列各种不同的图形，用可视化技术描述知识资源及其载体，挖掘、分析、构建、绘制和显示知识及它们之间的相互联系。

第五章　知识图谱研究及应用

MKD 是将应用数学、图形学、信息可视化技术、信息科学等学科的理论与方法与计量学引文分析、共现分析等方法结合，用可视化的图谱形象地展示学科的核心结构、发展历史、前沿领域及整体知识架构的多学科融合的一种研究方法[10]。它把复杂的知识领域通过数据挖掘、信息处理、知识计量和图形绘制而显示出来，揭示知识领域的动态发展规律，为学科研究提供切实的、有价值的参考。MKD 是目前计量学等学科关注的前沿学术领域之一，被广泛应用于社会科学与自然科学领域，并已从情报学迅速扩散到其他学科领域[11]。国外具有影响力的机构有德莱克斯大学、布鲁内尔大学、美国的圣蒂亚国家实验室、荷兰的伊拉兹马斯大学等[12]，其中德莱克斯大学的陈超美[13-14]被认为是该领域的领军人物，他开发的知识图谱分析软件 CiteSpace 获得了广泛的应用。CiteSpace 在国内的应用领域主要集中在图书馆与档案管理、管理科学与工程及教育学方面，主要是对研究热点、研究前沿和研究趋势进行探测。在研究中主要使用 CiteSpace 的文献共被引、共词网络及作者共被引。在图谱解析上主要针对高频节点、聚类知识群、高中介中心的节点和图谱的基本图例说明[15]。

国内研究机构中，大连理工大学、武汉大学、中国科学院、浙江树人大学、南京大学、天津师范大学、河北大学等机构研究实力较强[16]，其中大连理工大学[7]最早从科学计量学视角引进科学知识图谱方法，成为推动国内 MKD 研究的先行者[16]。近几年，一批国内学者在该领域取得了较好的学术成果[17]。研究表明 MKD 既可从时间轴纵向揭示特定领域的不同子领域的研究演化模式及其相互关系；也可以从横向比较中揭示研究主题接近所属领域热点问题的程度，进而预测领域知识的发展趋势。

自 2016 年 1 月 9 日第一届 "CiteSpace 科技文本挖掘及知识发现" 研习班在北京召开以来，至 2018 年 12 月 30 日，该研习班已连续召开了 7 届，极大地推动了国内科学知识图谱的普及及应用，提高认识知识域的新能力。李杰博士编著的一系列著作《安全科学知识图谱导论》《CiteSpace 科技文本挖掘及可视化》《科学计量与知识网络分析——基于 BibExcel 等软件的实践》《科学计量与知识网络分析方法与实践》《R 科学计量数据可视化》《科学知识图谱原理及应用》从理论学习和科研实践方面给广大研究者指明了方向。

李杰[8]认为 MKD 的发展正在从 MKD 1.0 走向 MKD 2.0。科学知识图谱的研究方法和理念引入中国以来，产生了大量的以科学知识图谱实践为导向的研究成果。虽然一部分科学知识图谱在科学性上欠佳，但整体上科学知识图谱研究的质量在不断提升。目前，中国科学知识图谱的应用已经涉及管理学、工学、农学及医学等领域，且应用范围还在不断扩大。科学知识图谱的应用已经在中国有了广度，但相比国外还缺少深度。为了区分中国过去的MKD 研究和将来的 MKD 研究，这里将上一个阶段的科学知识图谱研究简称为 MKD 1.0，下一个阶段简称为 MKD 2.0。MKD 1.0 到 MKD 2.0 之间的过渡阶段将长期存在。在不同的时期，其他的研究形式也是存在的，科学共同体科研产出在不同时期的成果会有显著的差异。李杰认为 MKD 1.0 以实践为主的科学知识图谱研究，有广度，但深度不足；在过渡阶段重在提高图谱质量，重视图谱解读，会出现成熟的分析算法和工具；MKD 2.0 是基础研究＋实践应用，将系统地形成科学知识图谱哲学、数学等理论。

MKD 2.0 与 MKD 1.0 的区别在于：MKD 2.0 时代更加注重以问题为导向的科学知识图谱研究，强调实际科研价值及知识发现，要尽量避免浅显的图谱解答。MKD 2.0 时代中国需要开发具有知识产权且被广泛使用的科学知识图谱工具，这是科学知识图谱在中国继续发展的保障；中国学者也要能绘制出经得起时间考验且被广泛使用的科学知识图谱。

5.1.2　MKD 常见工具

要从海量的科技文献中挖掘有价值的信息是一项人力所不能完成的任务，因此必须依靠计算机的协助。自科学计量学分析引入辅助可视化以来，科学知识图谱领域也诞生了一批有价值的科学知识图谱工具。如适合处理大数据集的网络信息分析软件 Pajek、当代最流行的社会网络分析软件 Ucinet、非常好用的文献计量分析软件 Bibexcel、专门绘制时序图谱的引文分析软件 HistCite、基于多视角分析的信息可视化软件 CiteSpace、面向多元统计分析的信息可视化软件 SPSS、为科学知识网络设计的知识可视化软件 Sci 2、基于开源的工具 Prefuse 等[18]。李杰对目前常用的免费的科学知识图谱软件及其辅助工具进行了分类整理，如表 5-1[8]所示。

本章仅对目前研究者经常使用的 3 款科学知识图谱工具进行简述，包括 CiteSpace、VOSviewer 和 CitNetExplorer。

（1）CiteSpace

CiteSpace 是 Citation Space 的简称，可译为"引文空间"。CiteSpace 是一款着眼于分析科学文献中蕴含的潜在知识，并在科学计量学、数据和信息

第五章 知识图谱研究及应用

表 5–1　常用免费科学知识图谱软件及其辅助工具

分类	工具名称	功能描述
科学知识图谱软件	BibExcel	可对数据格式转换及去噪，并进行 BCAD、CAAA、CAAC、ACA、DCA、CWA 等分析，标准化方法为 Cosine、Jaccard Strength 或 Vladutz 和 Cook
	CiteSpace	可对数据进行去重和时间切片，并进行 BCAD、CAAA、CCAA、CAAI、ACA、DCA、JCA 等分析；采用 Consine、Dice 或 Jaccard 进行标准化
	CitNetExplorer	可进行 DCA 文献时序引证网络的分析、聚类、最短/长路径等分析
	HistCite	自动去重，可进行 DCA 文献时序引证网络和基本的描述性统计分析
	Leydesdorff Toolkit	可对数据进行 BCAA、BCAJ、CAAA、CAAC、CWA 等分析，矩阵的标准化采用 Cosine
	SCI of SCI	可对数据去重和时间切片，并进行 BCAA、BCAD、BCAJ、CAAA、ACA、CAJ 等分析；标准化方法没有提及，需要用户定义
	VOSviewer	可建立词集进行数据剔除，并进行 ABCA、DBCA、JBCA、DCA、ACA 等分析；采用 Association Strength 和 Fractionalization 对矩阵进行标准化
辅助科学知识图谱分析和绘制软件	Gephi	用于可视化部分网络，计算网络的部分属性
	Netdraw	用于前处理生成的部分网络文件，进行最大子网络分析
	Pajek	用于计算网络节点中心性，可视化部分网络
辅助数据查看和编辑软件	Notepad++ Sublimetext	实现对文本数据的快速打开并结构化阅读

可视化（data and information visualization）背景下逐渐发展起来的多元、分时、动态的引文可视化分析软件。它主要通过可视化的手段来呈现科学知识的结构、规律和分布情况。

CiteSpace 的开发者陈超美博士是美国德雷赛尔大学计算机与情报学教授，从 2008 年开始担任大连理工大学长江学者讲座教授，同时也是 Drexel-

DLUT 知识可视化与科学发现联合研究所（美方）所长。他被国内外同行专家评价为当代信息可视化与科学知识图谱学术领域中的国际顶尖级领军人物。2004 年在作者共被引分析（authors co-citation analysis，ACA）的诞生地——美国德雷赛尔大学信息科学与技术学院，陈超美教授使用 Java 语言开发了 Information Visualization-CiteSpace 信息可视化软件。陈超美教授开发 CiteSpace 软件（最早称为 StarWalker 软件）的主要灵感来自库恩的科学结构的演进，库恩主要的观点为"科学研究的重点随着时间变化，有些时候速度缓慢有些时候会比较剧烈"，科学发展是可以通过其足迹从已经发表的文献中提取的[15]。

CiteSpace 软件最初专门针对文献的共引进行分析，并挖掘引文空间的知识聚类和分布。随着 CiteSpace 的不断更新，它已经不仅仅提供引文空间的挖掘，而且还提供其他知识单元之间的共现分析功能，如作者、机构、国家/地区的合作等。

目前，CiteSpace 的最新版本 CiteSpace 5.3.R10 可从其官网 http：//cluster.cis.drexel.edu/~cchen/citespace/下载。其可视化界面如图 5-1 所示。

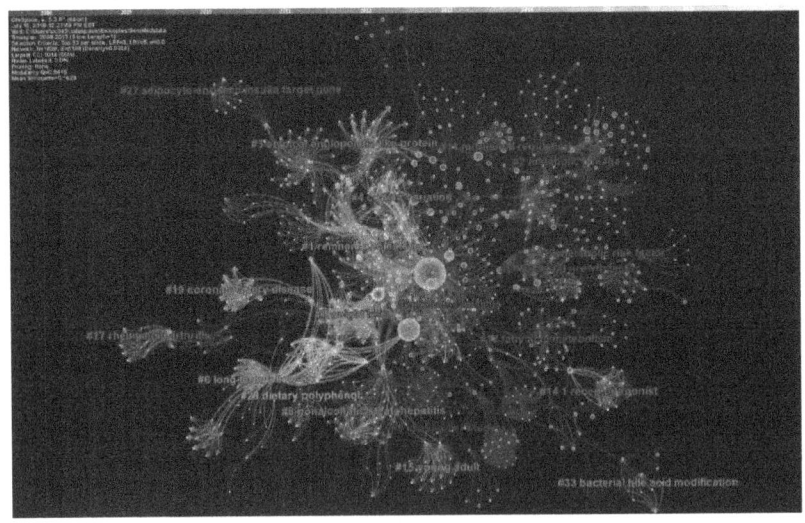

图 5-1　CiteSpace 可视化界面

（2）VOSviewer

VOSviewer（visualization of similarities viewer）[19]中 VOS 的含义是 visualization of similarities，即相似的可视化。该软件最早的版本仅仅用于展示可

第五章 知识图谱研究及应用

视化的结果,随着软件版本的不断发展,不仅开放供用户免费使用,还极大地拓展了功能和分析的数据类型。目前该软件具备了几乎所有常见的文献计量分析功能,如文献耦合、共被引、合作及共词分析等。该软件已经广泛应用于多个领域的科学计量分析中[8]。

VOSviewer 的最新版本 VOSviewer version 1.6.10 可以从其官网 http://www.vosviewer.com/下载。其可视化界面如图 5-2 所示。

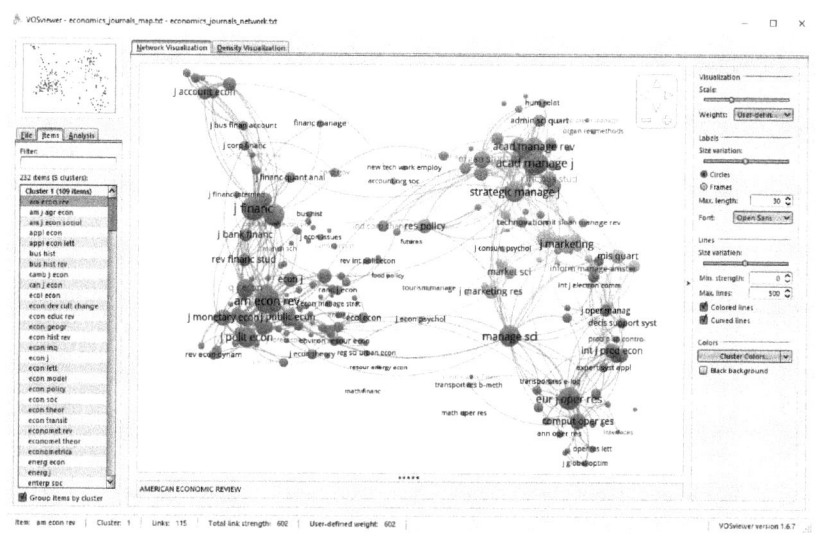

图 5-2　VOSviewer 可视化界面

（3）CitNetExplorer

CitNetExplorer（citation network explorer）[20]是由荷兰莱顿大学科学技术研究中心（centre for science and technology studies,CWTS）的 Nees Jan van Eck 与 Ludo Waltman 领导的研究团队继 VOSviewer 之后研发的又一款科学文献引文网络图谱分析软件[21]。其 4 个主要特点如下：①CitNetExplorer 可以分析某个研究领域随着时间推移的发展轨迹,CitNetExplorer 可以将某个研究领域最重要的文献可视化,并且显示这些文献之间的引用关系,表明这些文献之间的相互联系；②CitNetExplorer 可以识别某个研究主题中的文献,通过识别联系紧密的文献之间的引用关系,来描绘该研究领域引文网络的特征；③CitNetExplorer 可以探索某个研究者的所有文献,它可以将某个研究者的文献引文网络可视化,并显示某个研究者的著作是如何影响其他研究者的文献的；④CitNetExplorer 支持文献综述，即可以通过 CitNetExplorer 软件识别出某个特定文献的被引或施引文献群，从而实现文献的系统化获取以便于综述[20]。

CitNetExplorer 最早于 2014 年 3 月 10 日公布了用户版（即 CitNetExplorer 1.0.0），其目前的应用尚不广泛。但从其功能来看，与目前使用广泛的 HistCite 相比，CitNetExplorer 今后被广泛使用的潜力更大。从核心功能上来讲，VOSviewer 主要用于分析科技文献的合作网络、共被引网络耦合网络及主题共现网络，这些都属于无向网络。CitNetExplorer 主要用来分析有向的文献引证网络[8]。

CitNetExplorer 目前的版本仍然是 CitNetExplorer version 1.0.0，该版本可以从其官网 http：//www.citnetexplorer.nl/下载。其可视化界面如图 5-3 所示。

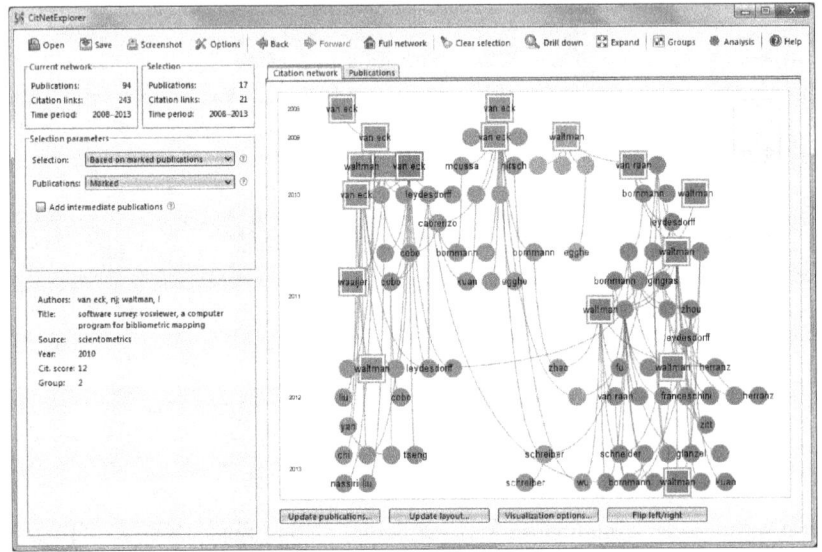

图 5-3　**CitNetExplorer 可视化界面**

实际上，VOSviewer 和 CitNetExplorer 均是由荷兰伊拉斯谟大学的凡・艾克和瓦特曼博士联合开发。两位作者都出生于 1982 年，并于 2010 年同时获得该校的博士学位，目前共同就职于荷兰莱顿大学科学技术研究中心。这两位学者的大多数研究成果都是合作发表的，他们因开发 VOSviewer 和 CitNetExplorer 软件及在科学计量方面丰硕的科研成果，而被领域内的学者熟知[8]。

5.1.3　KG 研究现状

自 2012 年 Google KG 融入 Google 搜索引擎之后，迅速成为研究热点，

第五章　知识图谱研究及应用

引发了大规模知识库（large-scale knowledge bases）的又一轮研究热潮。目前，国外影响力较大的学术项目有 YAGO[22]、NELL[23-24]、DBpedia[25]、Freebase[26]、Elementary/Deep Dive[27]、Knowledge Vault[28] 等，商业项目有 Microsoft EntityCube[29]、Google KG、IBM Watson[30]、Facebook、Walmart's KB[31] 等。国内影响力较大的学术项目有 Zhishi.me[32]、XLore[33] 等，成功的商业应用有百度知心、搜狗知立方等。

KG 是一个多关系图，其节点表示实体或概念，不同类型的边表示实体/概念之间的关系[33]。刘峤等[35]将 KG 定义为"知识图谱是结构化的语义知识库，用于以符号形式描述物理世界中的概念及其相互关系"。其基本组成单位是"实体 – 关系 – 实体"三元组，以及实体及其相关属性 – 值对，实体间通过关系相互联结，构成网状的知识结构。目前，大量研究利用网络资源尤其是 Wiki 类资源和链接开放数据（linking open data，LOD）[36]，通过抽取实体及其关系构建 KG。文献 [37] 基于 Wikipedia 实现了社交媒体的实体抽取、链接、分类及标注。文献 [31] 基于 Wikipedia 实现概念、实体及关系的抽取。文献 [28] 通过抽取网页中的文本、表格数据、网页结构和人工标注信息进行融合，构建了一个网络级的概率知识库 Knowledge Vault。

就国内而言，在 KG 的普及方面，早期主要为《中国计算机学会通讯》2013 年 4 月的《下一代搜索引擎的焦点：知识图谱》和 2014 年 3 月的《大规模知识图谱技术》两篇文章。随着 KG 研究在国内受到越来越多研究机构的重视，专门的研讨会也渐成规模。

2013 年 10 月 12 日，由中国中文信息学会主办的第一届全国中文知识图谱研讨会在苏州大学召开，该次研讨会着重探讨中文知识图谱的构建的资源、技术、方案、策略及待研究问题和挑战，为促进研究单位之间及研究界和产业界之间的学术交流，探索大规模中文知识图谱构建的研讨与合作机制起到重要作用。具体内容涉及中文知识图谱的构建、跨语言知识图谱的构建、企业知识图谱的构建与应用等。该次研讨会标志着中文知识图谱研究在国内以形成热点。

2014 年 10 月 17 日，由中国中文信息学会主办的第二届全国中文知识图谱研讨会在华中师范大学召开，研究主题为"讨论如何构建中文知识图谱生态圈"。研讨内容涉及知识图谱在大数据语义链接、问答系统、搜索引擎中的应用。同时，该次会议关注知识图谱在行业中的应用，从应用角度探讨了知识图谱的价值和问题，以及垂直知识图谱构造工具与行业应用。

甲骨学知识图谱构建方法研究

　　2015年11月9日，由中国中文信息学会语言与知识计算专业委员会主办的第三届全国中文知识图谱研讨会在湖北宜昌召开，该次研讨会涵盖了知识图谱的多个主题，包括知识表示、知识构建、知识推理、基于知识图谱的问答系统、知识图谱在企业中的应用等。从报告内容来看，均涉及了海量语义数据处理与知识服务及大规模领域知识图谱构建等问题，可以看出知识图谱的研究已在应用层面取得较大进展。

　　2016年9月19日，由中国中文信息学会语言与知识计算专家委员会举办的全国知识图谱与语义计算大会（China conference on knowledge graph and semantic computing，CCKS）在北京召开，会议主题为"语义、知识与链接大数据"，会议同时开设了前沿技术讲习班和评测竞赛，其中评测竞赛包括3个任务：产品预测评测、链接预测与元组分类和实体链接预测评测。CCKS 2016 源于国内两个主要的相关会议：中文知识图谱研讨会（the Chinese knowledge graph symposium，CKGS）和中国语义互联网与Web科学大会（Chinese semantic web and web science conference，CSWS）。CSWS首次会议于2006年在北京举办，随后的近十年里，逐渐成为国内语义技术领域的主要会议。自2016年起，新的知识图谱与语义计算大会逐渐成为国内知识图谱、语义技术、链接数据等领域的核心会议，并聚集了知识表示、自然语言理解、智能问答、知识抽取、链接数据、图数据库、图挖掘、自动推理等相关技术领域的重要学者和研究人员。由此可见，国内知识图谱的研究进入了新的发展期，由先前的学术研讨会晋升为国内重要学术会议。

　　2017年8月26日，由中国中文信息学会语言与知识计算专业委员会主办，西华大学承办的全国知识图谱与语义计算大会（CCKS 2017）在四川成都召开，大会的主题是"语言、知识与智能"。本次大会分为讲习班和主会两个主要环节，其中，讲习班暨中国中文信息学会《前沿技术讲习班》ATT第7期的主题是知识图谱。本次大会探讨了知识图谱领域的新发现、新技术和新应用，旨在向社会公众介绍知识图谱与语义计算领域的发展趋势和创新成果，进一步推动中国语言与知识计算领域的发展。CCKS 2017 新设立了顶级会议 review 环节，并延续了 CCKS 2016 的评测与竞赛环节，并开设了工业界论坛。CCKS 2017 设立了两个评测任务：问题命名实体识别与链接、电子病历命名实体识别。工业界论坛邀请了产业界的主要研发人员分享经验，为促进产学研合作起到积极作用。

　　2018年8月14日，由中国中文信息学会语言与知识计算专业委员会主

第五章　知识图谱研究及应用

办，南开大学和天津大学承办的全国知识图谱与语义计算大会（CCKS 2018）在天津召开，大会的主题是"知识计算与语言理解"，探讨了大数据环境下语言理解、知识获取与智能服务的关键技术和应用。本次大会分为讲习班和主会两个主要环节。CCKS 2018 设立了评测任务和工业界论坛。其中，评测任务包括 4 个相关主题：面向中文电子病历的命名实体识别、面向音乐领域的命令理解、智能客服问句匹配及开放领域的中文问答。工业界论坛包括 2 个主题：智能交互中的知识图谱、行业知识图谱与应用。由此可见，知识图谱在工业界的应用取得了重大突破。

中国计算机学会系列学术活动也举办了多期知识图谱前沿讲座。2014 年 12 月 28 日，在中科院计算所举办的 CCF ADL 第 55 期《知识图谱前沿》讲习班，围绕知识图谱的构建及其应用中面临的挑战性问题，研讨了知识图谱的基础理论、方法和应用，重点关注如何开展本领域前沿技术研究等。本次讲座指出知识图谱已成为实现个性化和智能化的互联网服务的一个重要法宝，不仅可以将互联网的信息表达成更接近人类认知世界的形式（概念、实体及其之间的关系），更提供了一种更好地帮助组织、管理和理解海量信息的能力。知识图谱给互联网语义搜索带来了活力，同时也在智能问答中显示出强大威力。

2015 年 12 月 26 日，在中科院计算技术研究所举办的 CCF ADL 第 65 期《知识图谱前沿》讲习班，围绕知识图谱的构建、表示与推理，及其在智能问答等方面的应用，系统介绍了知识图谱的基础理论、方法和应用，重点介绍了深度学习等前沿技术在该领域取得的最新进展，并探讨了相关技术的未来发展趋势。本次讲座指出知识图谱以结构化的形式描述现实世界中实体间的复杂关系，是推动人工智能学科与智能信息服务产业发展的重要基础，也是实现信息检索从字符串匹配到智能理解飞跃的重要驱动。知识图谱与深度学习和大数据一起成为推动人工智能发展的核心驱动力之一，已成为更好地组织、管理和理解海量信息的重要工具。

2017 年 4 月 22 日，CCF 太原会员活动中心在山西大学举办了《知识图谱与语义计算》学术论坛，围绕知识图谱、语义计算、资源建设、自动问答等关键技术和热点问题进行了深入探讨，分享了知识图谱相关技术及成果，讨论了本领域进一步发展所面临的关键性挑战问题及对策。内容涉及知识图谱与深度学习在事件学习、句法语义分析、社交影响力与行为预测、非结构化文本事件抽取及自然语言处理的方面的研究与应用。

2017年12月25日，在武汉大学信息管理学院举办的中国计算机学会青年计算机科技论坛，以"知识图谱是数据的智慧还是算法的智慧"为主题从数据和算法两个方面讨论了大数据智能环境下知识图谱和区块链技术的主要挑战、开放问题和典型应用。本次论坛针对知识图谱和区块链技术的融合发展、数据还是算法产生智慧进行深入的交流和思考，为从事相关方向的研究者提供参考。会议指出大数据＋人工智能技术的快速发展，催生了一大批大数据驱动的智能应用，如比特币期货正式上线、聊天机器人、高考机器人等。而知识图谱和区块链是这些智能应用背后的技术。可以看出，知识图谱在行业应用方面走得更快、更远了。

2018年9月19日，在中科院计算技术研究所举办的CCF ADL第96期《知识图谱和图数据的管理方法与系统》前沿讲习班，围绕知识图谱构建、图数据的存储查询、知识图谱应用，以及大图处理及分析系统问题，将知识图谱和图数据等基础理论、关键技术方法及当前热点问题进行了研究和探讨。为面向知识图谱和图数据的计算机研究者提供一个非常好的交叉研究对象，包括自然语言处理、数据库、知识工程和机器学习等领域。知识图谱和图数据已成为计算机学科相关研究中的热点，其具体研究涵盖知识图谱构建、知识图谱的存储和查询系统、面向知识图谱应用，以及大图数据的处理分析方法及系统等，而且基于知识图谱的工业应用，也是各大互联网公司及一些创业型企业共同关注的焦点。

2018年12月14日，中国计算机学会YOCSEF在中科院计算所举办《知识图谱》专题探索班，结合自然语言处理、数据库、知识工程和机器学习领域探索了知识图谱的应用与发展。具体内容涉及各个方面，例如，从人工智能的角度看知识图谱未来的发展趋势；大数据、大知识、大智慧中如何进行知识融合；图表示学习在阿里巴巴的应用，如账号匹配、反作弊、推荐、金融风控、搜索广告、NLP、知识图谱；股权网络视角下的金融知识图谱研究与平台；知识图谱的表示、推理及未来发展；基于知识图谱的文本语义理解及其智能应用；企业级领域知识图谱构建及其应用；机器语义理解的挑战与未来及如何利用知识图谱进行语义理解等。

国内在KG的研究及应用方面，近年来已经涌现出一批可喜的研究成果。Zhishi.me[32,38]通过整合百度百科、互动百科和中文维基百科资源构建了中文LOD；文献［33，39］基于中英文维基百科及百度百科和互动百科构建了跨语言知识图谱，文献［40］研究了维基百科中实体间缺失语义关

第五章 知识图谱研究及应用

系的发现算法；基于跨语言知识库，文献［41］通过先给定少量的种子链接，再利用概念标注方法发现新的链接，实现了知识的扩充。文献［42］提出了一种新的 KG 构建模型 TransR，分别在实体空间和关系空间进行实体的学习和关系的建立。

5.1.4　MKD 与 KG 的区别和联系

MKD 和 KG 这两种知识图谱都属于知识管理范畴，在知识管理过程中不同阶段扮演不同角色，完成各自功能。两者之间既有本质的区别又有紧密的联系，在大数据时代，两者在知识创新方面的融合和发展将会带来知识管理领域科学范式的变革[9]。下面从理论渊源、知识管理视角、适用研究领域等方面比较 MKD 和 KG 的区别[9]。

从理论渊源来看，MKD 以科学主体和学科知识为研究对象，用图形方式直观呈现科学主体（或学科知识）网络结构、知识单元互动和知识群体演化等隐含的复杂关系，其产生有深刻的理论渊源。相关支撑理论有揭示网络结构和演化关系的"社会网络分析"理论，强调知识创新的"知识单元离散和重组"理论，尤其是科学史和科学哲学领域中，库恩提出的"科学发展模式"理论[43-44]。KG 依赖大数据理论、本体和语义 Web 理论。信息技术飞速发展引起了数据生成，传播与存储方式的巨大变革，为更全面、精准和高效获取知识及发现创新知识，KG 以本体建模为手段，通过领域概念术语的规范化，推动知识全面共享，借助于语义网络分析理论挖掘并发现新知识，应用语义网知识库关联方法实现海量知识的分布式存储。

从知识管理视角来看，MKD 和 KG 的共性在于二者都是服务于知识管理过程，区别在于二者分别参与不同的过程，完成不同的功能。MKD 本质是知识管理的方法，一般与知识获取、知识组织、知识共享和知识创新密切相关；KG 本质是知识库，参与了知识获取、知识组织、知识存储和知识创新过程。在知识获取方面，MKD 一般利用已构建的专业数据库，尤其是学术资料库如科学引文索引（SCI）、社会科学引文索引（SSCI）、艺术与人文引文索引（A&HCI）、中文社会科学引文索引（CSSCI）、美国医学文献数据库（pubmed）、中国知网（CNKI）等，数据类型包括期刊论文、会议论文、专利、基金、出版物等，这些专业的数据资源具有客观、准确的特点。KG 是从包含各种结构化的数据库和非结构化的来自于互联网、物联网、云计算平台的海量数据获取知识。在知识组织方面，MKD 一般使用社会网络建模方法，基于各类专业数据库中的知识，依据相关需求，如学者合作、引文分析、共词分析等，将知识抽象成节点，将节点之间的关系抽象成边，从而构建成网络模型。各类模型因节点关系的不同而具有不同的网络结构。KG 一般首先分析实体的元数据，依据元数据构建本体模型，再依据实体之间语义关联构建语义网。KG 以图模型来描述语义关系：其中的节点表示实体，而节点之间的边表示属性或关系。在知识存储方面，由于 MKD 本质是知识管理的分析方法，一般较少涉及知识存储过程，而 KG 本质是以语义三元组为基础的结构化的海量知识库。在知识共享与创新方面，MKD 侧重于知识共享，兼具知识创新功能。MKD 利用聚类等算法从纷繁复杂的知识网络中发现创新型知识，借助可视化工具清晰展示知识结构和脉络，绘制知识地图，显示知识之间的重要动态联系，方便用户把握知识来源、知识流动和知识汇聚过程。而 KG 则主要偏重于知识创新，其优点是应用机器学习算法发现创新型知识。通过关联规则、图聚类等算法，分析所构建的语义 Web 知识库，形成创新型知识，并在此基础上提供智能检索和个性化推荐功能，为用户提供高质量的知识服务。

从适用研究领域来看，MKD 的应用主要集中在图书情报学、科学学、管理学和教育学等领域。用于展示各领域的学科结构，将学科研究内容可视化，揭示学科间的关系，以及识别和分析学科发展新趋势和预测学科前沿等。KG 的应用重点集中在信息科学领域，主要由大型互联网企业来构建和实施，以推进知识创新和提供高水平知识服务为目标，涉及的行业和部门包括金融、证券、海洋、军事、医疗、商业、教育、娱乐、图书馆和情报行业等。

另外，MKD 和 KG 也是相互关联的，两者可以相互借鉴，相互促进。MKD 和 KG 都是以图为基础构建网络模型，在网络分析的基础上服务于知识管理，所有网络分析的理论和方法都可以应用于 MKD 和 KG 知识图谱的分析，在这些方法中，具有代表性的是网络聚类分析和可视化分析方法。在大数据时代，MKD 和 KG 也可以相互借鉴和共同融合完成特定领域的知识图谱构建工作。MKD 可以借鉴 KG 的构建方法，从互联网和云计算系统中收集数据，以及关联多种异构数据库来构建知识库，从而丰富知识获取的手段。还可以在社会网络建模过程中，融入语义 Web 的构建方法，在不同的节点间嵌入强语义关联，使得社会网络具有推理能力，实现网络分析的智能化。KG 可以借鉴 MKD 中的社会网络分析方法，如中心性、凝聚子群和核心-边缘结构等方法，从上述多个角度分析语义 Web 实体之间的结构和关系，从而有利于全面解析语义 Web 的特征。一方面，MKD 相关的软件工具中，可以集成海量数据挖掘的聚类和关联挖掘等机器学习方法，以提高算法和工具分析性能；另一方面，KG 可以利用 MKD 中的可视化算法和工具展现大规模语义网络，清晰显示海量知识实体之间的复杂关系。

5.2 图数据库研究现状

5.2.1 图数据库概述

互联网及移动互联网的普及催生了越来越多的数据，而这些剧增的数据绝大多数以非结构化形式存在，因此，急需一个应对这类数据的、有别于传统的关系型的数据库系统。随着深度学习、大数据、知识图谱等人工智能技术的飞速发展，人们开始思考如何通过分析大数据的关联性来挖掘隐藏在非结构化数据背后的商业价值，这种诉求也将一个 15 年前的技术再次推到了台前，即图数据库[45]。

图数据库是应"大数据时代"之运而产生的一种新型 NoSQL 数据库。它以图论为理论根基，用节点和关系所组成的图为真实世界直接建模，支持百亿乃至千亿量级规模的巨型图的高效关系运算，很好适合于高效、便捷、直观地分析和处理大数据中的复杂关系，已得到政商学界的广泛关注[46]。

虽然目前关系型数据库仍是市场的主流，甲骨文、Teradata、IBM、微软等都是关系数据库的行业翘楚。与用表格处理数据相比，图是没有表的概念的，就是数学上的点和边的关系，所有的数据可以汇集在一起。从存储角度来说，图是存储数据最自然的关联模型。从计算角度来说，则合适大数据和人工智能。由于早年间计算性能和架构的局限，使得图数据库这个在计算机科学领域较为高阶的研究成果在近几年才开始显露威力。

相比较传统关系型数据库而言，图数据库的差异体现在 4 个层面。首先是存储模型不同，表格化和图形化对于关键信息的筛选和联系有着本质区别，并且压缩率和对 CPU Cache 的利用度也不一样；其次是计算模型不同，图可以从特定节点出发定向去寻找关联的数据，而非广泛搜索；再次是查询功能，一些厂商会将语言设计成类似 SQL 的 GSQL 高级语言，便于二次开发时实现各种复杂的功能；最后是数学理论不同，关系型数据库被认为是二维的，图的维度没有限制，图里任何东西都可以是一个节点，各种维度可关联起来进行大规模并行处理[45]。

大约15年前,已有人开始尝试做图数据库,但当时还没有大数据、没有并行技术、没有多核计算机,所以是生不逢时。一些专门做图数据库的公司,开始的图计算能力也很差,一般只能计算到两步,做不到深度关联。直到后来,像TigerGraph用C++从头到尾做了一套基于对图的存储引擎,并在其上做了大规模并行的图计算引擎,以及针对图的高级开发语言,配备了可视化的开发环境,开发出原生并行的图数据库平台。

近几年,图数据库是数据库技术中发展速度最快的。图数据库可以说是随着机器学习、人工智能蓬勃发展应运而生的数据库,关系型数据库或文档数据库均不能适应人工智能的发展,而图可以把所有的数据都关联起来。随着知识图谱的研究及应用在国内越来越流行,为各行各业提供知识图谱通用图引擎的数据库企业也将迎来高速的发展机遇。无论是亚马逊还是IBM,都在逐渐将目光投向下一代数据库技术,这在一定程度上也加速了该领域新兴企业的技术进程。图数据库也将迎来又一个春天[45]。

图数据库是基于图论实现的一种新型NoSQL数据库。它的数据存储结构和数据查询方式都是以图论为基础的。图论中图的基本元素为节点和边,在图数据库中对应的就是节点和关系。图数据库采用的常用图数据模型有3种:属性图、超图和三元组[46]。

图数据库的分类与发展如图5-4[47]所示。

目前,工业界和学术界已经设计并实现了不少大规模图数据管理系统。按照对图数据管理的抽象程度,图数据管理系统可以被分成如下两类[48]。

①低层次抽象的提供编程接口的系统。这类系统会针对图数据管理中的基本操作设计并实现相应的编程接口,用户利用这些编程接口来实现相应的管理功能。

②高层次抽象的提供描述性查询语言的系统。这类系统设计图数据管理描述性查询语言,用户将相应的管理需求用描述性查询语言表达,系统解析这些描述性查询语句并生成相应的查询计划来进行执行处理。

两类图数据管理系统的对比如表5-2[48]所示。

Neo4j[46,49]是一个由美国Neo Technology公司开发的基于Java平台的开源图数据管理系统,它自2003年开始研发,直到2007年正式发布第一版,是目前最流行的图数据库管理系统。Neo4j具有如下4个特点:支持满足ACID特性的事务操作、可用性好、可扩展性高、支持高效率遍历查询。

第五章 知识图谱研究及应用

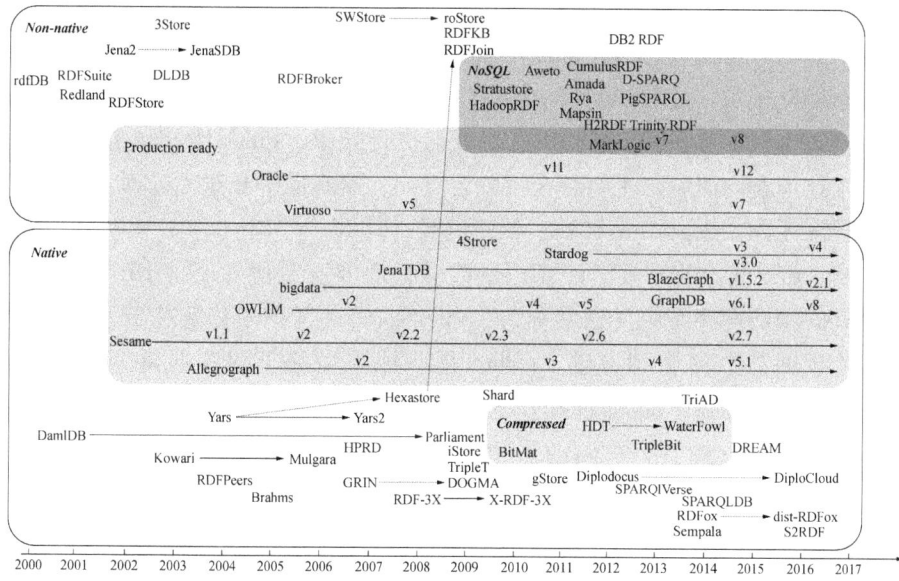

图 5-4 图数据库的分类与发展

Neo4j 的描述性查询语言是 Cypher[50-51]，适合于开发者和在数据库上做查询的数据专业操作人员。针对实际中各种应用需求，Cyper 定义不同的方法来描述与表达。Cyper 的许多关键字支持 SQL 语法，如 like 和 order by，它是一个声明式的语言，焦点在如何从图中找回，而不是怎么去做。在不公布实现细节的前提下，用户关心的是如何查询优化[48]。

表 5-2 图数据管理系统分类

系统类型	代表性系统	编程模型	描述性查询语言
低层次抽象的提供编程接口	Pregel, Giraph, PowerGraph, GraphLab, Quegel, PAGE Trinity GraphX	点计算 基于内存云的键值对 图并行计算/数据并行计算	× × ×
高层次抽象的提供描述性查询语言	Neo4j EmptyHeaded gStore	× × ×	Cypher 自定义查询语言 SPARQL

EmptyHeaded[52]是斯坦福大学开发的图数据管理系统，该系统首先将图上的计算任务转化成边的连接操作，然后利用现有关系数据库关于多路连接的最新研究成果[53]找出最优的多路连接查询执行计划。在查询执行阶段，EmptyHeaded 采用 SIMD 技术来提高查询执行效率。EmptyHeaded 提出了自己的描述性查询语言，主要整合了联合查询、聚集操作和迭代运算，支持常见的子图匹配、PageRank 计算、最短路径计算等。

gStore[53]是由北京大学计算机所数据管理实验室研发面向 RDF 知识图谱的开源图数据库系统（通常称为 Triple Store）。区别于传统基于关系数据库的知识图谱数据管理方法，gStore 是一种原生基于图数据模型（native graph model）的 RDF 数据管理系统，维持了原始 RDF 知识图谱的图结构，其数据模型是有标签、有向的多边图，每个顶点对应着一个主体或客体。gStore 将面向 RDF 的 SPARQL 查询，转换为面向 RDF 图的子图匹配查询，并基于图结构的索引（VS-tree）来加速查询的性能[56-57]。gStore 拥有以下特性：①从图数据库角度存储和检索 RDF 知识图谱数据；②支持 W3C 定义的 SPARQL 1.1 标准，包括含有 Union、OPTIONAL、FILTER 和聚集函数的查询，并支持有效的增删改操作；③单机可以支持 10 亿三元组规模的 RDF 知识图谱的数据管理任务。

DB-Engines 于 2018 年 12 月最新的排名显示，Neo4j 仍然是该领域最流行的图数据库，如图 5-5 所示。基于此，本书选用的图数据库为 Neo4j。

下面简要介绍几种具有代表性的上述未提到的图数据库。

5.2.2 OrientDB

OrientDB[58]是基于 Java 实现的开源 NoSQL 数据库管理系统，提供无模式、全模式或混合模式等多种方式。利用来自多个数据库类型（包括关系、文档和图形）的数据的强大功能，轻松实现在一个模型中存储、索引和查询数据。支持文档、键值对、图形、对象模型和关系，也可以为图数据库的管理与记录提供连接。OrientDB 兼具文档数据库的灵活性和图形数据库管理能力的可深层次扩展的文档－图形数据库管理系统。支持诸如 ACID 事务、快速索引，原生和 SQL 查询功能等功能，可以实现 JSON 格式的文档导入、导出。若不执行昂贵的 JOIN 操作的话，如同关系数据库可在几毫秒内可检索数以百亿的链接文档图。其官网宣称 OrientDB 是世界上最快的图数据库，指出在 IBM 和东京理工大学（Tokyo Institute of Technology）进行的一项独立

341 systems in ranking, December 2018

Rank			DBMS	Database Model	Score		
Dec 2018	Nov 2018	Dec 2017			Dec 2018	Nov 2018	Dec 2017
1.	1.	1.	Oracle	Relational DBMS	1283.22	-17.89	-58.32
2.	2.	2.	MySQL	Relational DBMS	1161.25	+1.36	-156.82
3.	3.	3.	Microsoft SQL Server	Relational DBMS	1040.34	-11.21	-132.14
4.	4.	4.	PostgreSQL	Relational DBMS	460.64	+20.39	+75.21
5.	5.	5.	MongoDB	Document store	378.62	+9.14	+47.85
6.	6.	6.	IBM Db2	Relational DBMS	180.75	+0.87	-8.83
7.	7.	↑8.	Redis	Key-value store	146.83	+2.66	+23.59
8.	8.	↑10.	Elasticsearch	Search engine	144.70	+1.24	+24.92
9.	9.	↓7.	Microsoft Access	Relational DBMS	139.51	+1.08	+13.63
10.	10.	↑11.	SQLite	Relational DBMS	123.02	+0.31	+7.82
11.	11.	↓9.	Cassandra	Wide column store	121.81	+0.07	-1.40
12.	12.	↑15.	Splunk	Search engine	82.18	+1.81	+18.39
13.	13.	↓12.	Teradata	Relational DBMS	79.16	-0.14	+4.42
14.	14.	↑17.	MariaDB	Relational DBMS	77.26	+4.01	+20.52
15.	15.	↑19.	Hive	Relational DBMS	67.38	+2.81	+12.71
16.	16.	↓13.	Solr	Search engine	61.35	+0.47	-4.95
17.	17.	↓16.	HBase	Wide column store	60.01	-0.40	-3.40
18.	↑20.	18.	FileMaker	Relational DBMS	56.65	+0.90	+1.45
19.	19.	↑20.	SAP HANA	Relational DBMS	56.31	+0.43	+9.82
20.	↓18.	↓14.	SAP Adaptive Server	Relational DBMS	55.82	-0.75	-9.86
21.	21.	↑22.	Amazon DynamoDB	Multi-model	54.30	+0.48	+17.58
22.	22.	↓21.	Neo4j	Graph DBMS	45.56	+2.44	+6.83
23.	23.	23.	Couchbase	Document store	35.59	+0.74	+4.28
24.	24.	24.	Memcached	Key-value store	29.62	-0.14	+1.18
25.	↑26.	↑26.	Microsoft Azure SQL Database	Relational DBMS	27.03	+0.84	+5.18
26.	↓25.	↓25.	Informix	Relational DBMS	26.94	+0.49	-0.51
27.	27.	↑32.	Microsoft Azure Cosmos DB	Multi-model	23.38	+1.34	+9.24
28.	28.	↓27.	Vertica	Relational DBMS	21.38	+0.37	+0.57
29.	29.	29.	Firebird	Relational DBMS	20.05	-0.46	+2.80
30.	↑32.	↑33.	Amazon Redshift	Relational DBMS	20.00	+2.36	+7.42
31.	31.	↓30.	Netezza	Relational DBMS	19.41	+0.82	+2.17
32.	↓30.	↓28.	CouchDB	Document store	19.18	+0.46	-1.48

图 5-5 DB-Engines 最新数据库排名

基准测试研究显示，在所有工作负载中，OrientDB 在图操作上的速度比 Neo4j 快 10 倍。

5.2.3 Titan

Titan[59]是一个图形数据库引擎，专注于紧凑的图序列化、丰富的图数据建模和高效的查询执行，并利用 Hadoop 进行图形分析和批处理。Titan 为数据持久性、数据索引和客户端访问实现了健壮的模块化接口。Titan 的模块化架构允许它与多种存储、索引和客户端技术进行互操作；它还简化了扩展 Titan 以支持新过程。在 Titan 和磁盘之间有一个或多个存储和索引适配器。Titan 的模块化架构支持第三方适配器。Titan 具有如下优势。

①支持非常大规模的图形存储，Titan 图规模与集群中的机器数量成

比例；

②支持很多并发事务和图形操作处理，Titan 的事务处理能力与集群中的机器数量成比例，并以毫秒为单位回答大型图上的复杂遍历查询；

③通过 Hadoop 框架支持全局的图分析和批处理；

④支持地理、数值范围和全文搜索顶点和边规模非常大的图形；

⑤支持 TinkerPop 的流行属性图数据模型；

⑥支持图形遍历语言 Gremlin；

⑦易于与 Gremlin 图形服务器集成，实现与编程语言无关的连接；

⑧许多图形级配置提供了调优性能；

⑨以顶点为中心的索引提供顶点级别的查询，以缓解超级节点问题；

⑩提供优化的磁盘表示形式，以便有效地使用存储和提高访问速度；

⑪为 Apache 2 自由许可下的开放源码。

5.2.4　OpenLink Virtuoso

从概念上讲，Virtuoso[60] 提供了一个"数据接线盒"，它通过从现有数据竖井中派生出一个由链接数据组成的语义 Web 来驱动企业和个人的敏捷性。从技术上讲，Virtuoso 是一种现代企业级的数据访问、虚拟化、集成和多模型关系数据库管理（SQL 表和/或 RDF 语句图）解决方案。OpenLink Virtuoso 平台示意如图 5-6 所示。

Virtuoso 的混合服务器架构支持开发和部署独特的解决方案，以应对以下问题和挑战：

①通过完全不同的数据虚拟化形成的智能系统——在传统的业务（或记录系统）应用程序（如 CRM、HR、ERP、SRP、会计等）、临时的 Web 应用程序（如面向活动流的参与系统）和其他面向智能的解决方案上形成公共和/或私有的语义网；

②Not-Only-SQL（NoSQL）数据管理——通过支持数据管理［其中实体关系类型（数据）表示为关系表或 RDF 语句图］，利用关系模型抽象的全部功能；

③基于人工智能开发的企业敏捷性——利用声明式推理和推理能力，将认知计算公开为核心 RDBMS 功能的一部分；

④Web 应用程序部署——支持跨各种与 Web 服务关联的 APIs 操作的虚拟化；

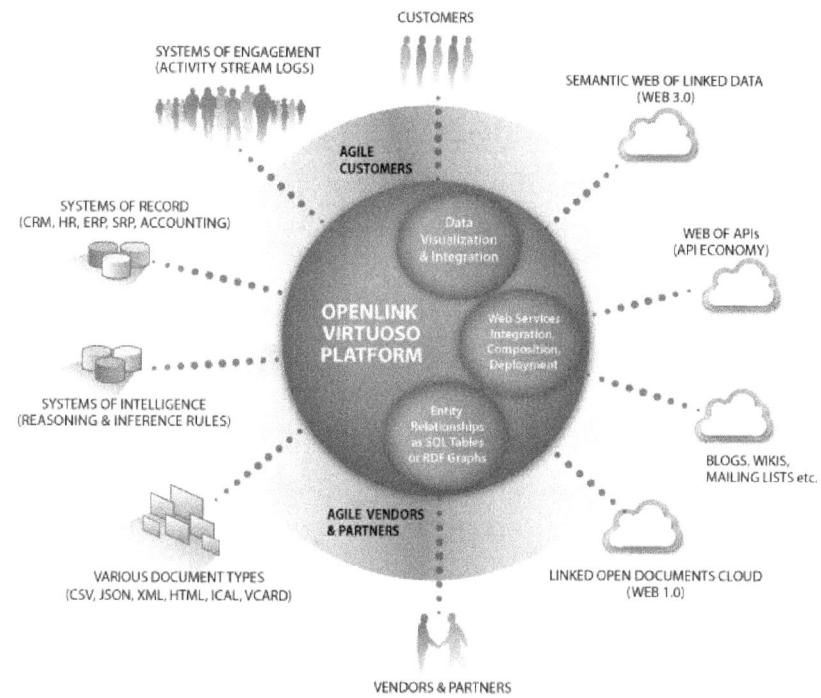

图 5-6 Openlink Virtuoso 平台示意

⑤数据隐私与安全——通过使用基于属性的细粒度访问控制,通过使用现有的开放标准(如 TLS 和 HTTPS),提供无与伦比的数据访问和操纵安全性;

⑥遗留系统的最大化投资——确保所有核心功能都基于现有的开放标准(URI、URL、HTTP、SPARQL、SQL、ODBC、JDBC、ADO.NET、OLEDB、XMLA、XQuery、XPath、XSLT),从而保护混合和匹配"最佳类"解决方案的能力。

5.2.5 AllgroGraph

AllegroGraph[61]是一个现代的、高性能的、持久的图形数据库,利用高效的内存与基于磁盘的存储相结合,使其能够扩展到数十亿个四边形,同时保持卓越的性能。AllegroGraph 支持 SPARQL、RDFS++和支持多客户机应用程序的 Prolog 推理。AllegroGraph 的第一个版本于 2004 年年底问世,其开发者是 Franz Inc.。他还开发了 Allegro Common Lisp，这是 Common Lisp 的一种实现，Common Lisp 是 Lisp 的一种编程语言。AllegroGraph 的功能可通过 Java、Python、Common Lisp 等 APIs 实现。

AllegroGraph 是为满足资源描述框架的 W3C 标准而开发的，因此，它被认为是 RDF 数据库。它是 SPARQL 协议的一个参考实现。AllegroGraph 是一个封闭的三元存储库，用于存储 RDF 三元组，这是链接数据的一种标准格式。AllegroGraph 被用于多个商业项目和国防部的一个项目，它也是将语义 Web 融入 Twitter 数据的 TwitLogic 项目[62]的存储组件[63]。

AllegroGraph 提供了 REST 协议体系结构，本质上是 Sesame HTTP 客户端超集。其体系直接支持各种语言的适配器，如 Sesame Java、Sesame Jena 及使用 Sesame 签名的 Python 和 Lisp。通过社区项目可以获得针对 C#、Ruby、Clojure、Scala 和 Perl 等多种语言的开源适配器。AllegroGraph 体系结构如图 5-7[61]所示。

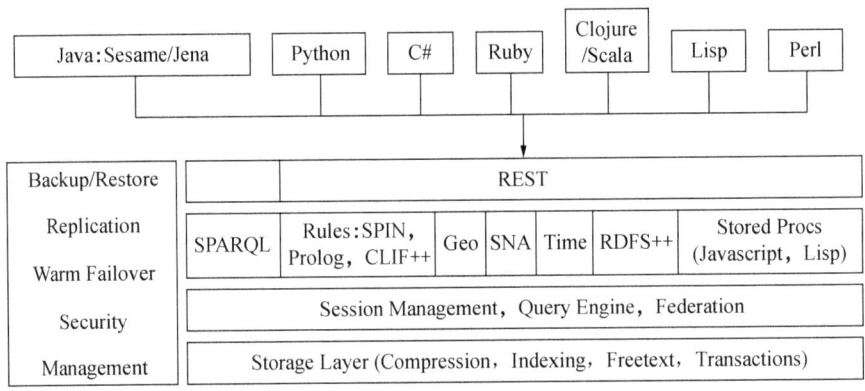

图 5-7　AllegroGraph 体系结构

5.2.6　Stardog

Stardog[64]是美国 Stardog Union 公司研发的知识图谱平台，支持快速灵活的数据统一，提供查询、分析和发现隐藏知识的功能。NASA 勘探系统分部项目数据集成经理 Andrew Schain 认为"Stardog 让你能够浏览数据和所有数据间关系，获得 10∶1 的节省"。2018 年 11 月 27 日公布的最新版本是 Stardog 6.0.1，支持 RDF 图数据模型、SPARQL 查询语言、属性图模型与

第五章 知识图谱研究及应用

Gremlin 图遍历语言、OWL 2 和用于推理和数据分析的用户自定义规则、虚拟图形、地理空间查询回答,以及可以通过多种语言和网络接口进行编程交互。Stardog 结合了图数据库和强大的基于人工智能的知识工具包,解决了目前大型企业面临的最困难的数据统一问题。Stardog 的解决方案结合了仓库、虚拟化和记录功能系统,将数据竖井快速转化为可操作的洞察。Stardog 支持最强大的数据模型,可以在忽略数据竖井而不合并或消除它们的情况下,利用知识图谱表示任何企业数据竖井、数据源或存储库。

Stardog 还提供了一个方便的开发工具 Stardog Studio,这是一个 Stardog 的知识图谱 IDE,包括一个功能丰富的 SPARQL 查询工作区和用于管理 Stardog 数据库、用户和角色的工具,支持图形可视化、Stardog 知识图谱语言及集群管理工具。Stardog Studio 如图 5-8 所示。

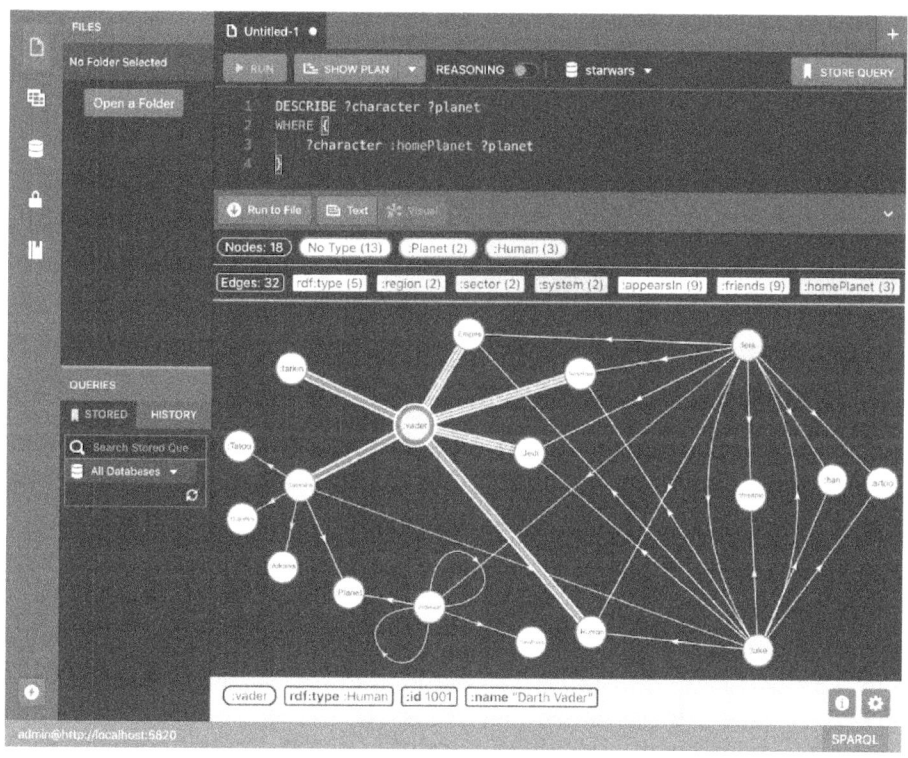

图 5-8 Stardog Studio 集成开发环境

5.3 知识图谱构建

5.3.1 知识图谱构建理论与方法

构建知识图谱的关键是确定实体及实体之间的关系。知识图谱的构建方法一般分为自顶向下和自底向上两种。自顶向下的构建方法是指借助百科类网站等结构化数据源,从高质量数据中提取本体和模式信息,加入到知识库中;自底向上的构建方法则是借助一定的技术手段,从公开采集的数据中提取出资源模式,选择其中置信度较高的新模式,经人工审核之后,再加入到知识库中[35]。

早期的知识图谱构建大多采用自顶向下的方法构建基础知识库。例如,Freebase 项目就是采用维基百科作为主要数据来源。Zhishi.me 也是通过从开放的百科数据中抽取结构化数据,其构建方法融合了三大中文百科——百度百科、互动百科及维基百科中的数据。随着自动知识抽取与加工技术的不断成熟,知识图谱的构建大多采用自底向上的方法,如 Google 的 Knowledge Vault 和微软的 Satori 知识库,都是以公开采集的海量网页数据为数据源,通过自动抽取资源的方式来构建、丰富和完善现有的知识库[35]。

自底向上的知识图谱构建过程不是一蹴而就的,而是一个不断更新、反复迭代的过程,每一轮的更新和迭代包括 3 个步骤[35]。

(1) 信息抽取 (information extraction)

信息抽取是知识图谱构建的第一步,其中的关键问题是如何从异构数据源中自动抽取信息得到候选知识单元。即从各种类型的数据源中提取出实体(概念)、属性及实体间的相互关系,在此基础上形成本体化的知识表达。信息抽取主要包括实体抽取、关系抽取和属性抽取。

实体抽取涉及的主要技术为命名实体识别,即从文本数据集中自动识别出命名实体,如人名、机构名、地名及其他所有以名称为标识的实体,还包括数字、日期、货币、地址等。

关系抽取即从文本中自动挖掘出实体之间的关系。早期的关系抽取研究方法主要是通过人工构造语法和语义规则,据此采用模式匹配的方法来识别实体间的关系,这种方法的局限性较大。随着统计机器学习方法的盛行,研究者基于统计机器学习对实体间关系的模式进行建模,替代早期的人工构造

第五章 知识图谱研究及应用

语法和语义规则。随后,又出现了大量基于特征向量或核函数的有监督学习方法。由于有监督学习方法需要人工标注大量的语料作为训练集,在大数据时代显然适宜,因此,目前大多采用无监督学习或半监督学习的方法进行关系抽取。

属性抽取是指从不同信息源中采集特定实体的属性信息。例如,电影知识图谱中,影片实体有片名、演员、导演、时长、语言等属性。属性抽取一般有两种方案:一是基于百科类网站的半结构化数据,通过自动抽取生成训练语料,用于训练实体属性标注模型,然后将其应用于对非结构化数据的实体属性抽取[65];二是采用数据挖掘或概率统计[66]的方法直接从文本中挖掘实体属性与属性值之间的关系模式,以此实现对属性名和属性值在文本中的定位[66]。

(2)知识融合(knowledge fusion)

知识融合是指在获得新知识之后,需要对其进行整合,以消除知识实体的矛盾和歧义,如某些实体可能有多种表达,某个特定称谓也许对应于多个不同的实体等。由于信息抽取阶段,绝大部分都是由机器或算法自动完成的,因此不可避免存在含大量的冗余和错误信息,数据之间的关系也是扁平化的,缺乏层次性和逻辑性[35]。知识融合的目的就是解决这些问题。知识融合通常包括实体链接和知识合并两个部分。

实体链接是指将从文本中抽取得到的实体对象链接到知识库中对应的正确的实体对象上的操作[67]。刘峤等[35]归纳出实体链接的一般流程:①从文本中通过实体抽取得到实体指称项;②进行实体消歧和共指消解,判断知识库中的同名实体与之是否代表不同的含义及知识库中是否存在其他命名实体与之表示相同的含义;③在确认知识库中对应的正确实体对象之后,将该实体指称项链接到知识库中对应实体。实体链接中实体消歧通常采用聚类法,共指消解的代表性方法有Hobbs算法、向心理论、基于句法分析和词法分析技术、统计机器学习方法等,也可以采用聚类法。

知识合并是充分利用已有的第三方知识库产品或结构化数据进行知识获取输入。目前,流行的通用知识库有DBpedia、YAGO等Linked Open Data,面向特定领域的知识库有MusicBrainz、DrugBank等。知识合并既可以合并外部数据库,也可以合并关系数据库,还可以合并一些半结构化数据。

(3)知识加工(knowledge processing)

经过知识融合之后,需要经过质量评估之后(部分需要人工参与甄别），才能将合格的部分加入到知识库中，以确保知识库的质量。新增数据之后，可以进行知识推理、拓展现有知识、得到新知识。通过实体链接和消歧后，可以得到一系列的基本事实表达或初步的本体雏形，然而事实并不等于知识，它只是知识的基本单位。要形成高质量的知识，还需要经过知识加工的过程，从层次上形成一个大规模的知识体系，统一对知识进行管理。知识加工主要包括本体构建、知识推理和质量评估3个方面的内容。

本体构建可以采用人工构建方法和半自助构建方法，由于构建本体一般均离不开领域专家的参与，故全自动的本体构建方法难度很大。人工构建本体通常利用本体编辑工具如 Protege、Swoop、OntoEdit、Hozo 等完成，而半自动构建方法是先以数据驱动或机器学习方法进行自动构建，然后采用算法评估和人工审核相结合的方式进行校验和修正。

知识推理是基于已有的知识库经过计算机推理获取更多的实体，并挖掘出更多的实体间的关系，从而拓展和丰富知识网络，即从给定的知识图谱推导出新的实体跟实体之间的关系。知识图谱推理可以分为基于符号的推理和基于统计的推理。在人工智能的研究中，基于符号的推理一般是基于经典逻辑（一阶谓词逻辑或者命题逻辑）或者经典逻辑的变异（如缺省逻辑）。基于符号的推理可以从一个已有的知识图谱推理出新的实体间关系，可用于建立新知识或者对知识图谱进行逻辑的冲突检测。基于统计的方法一般指关系机器学习方法，即通过统计规律从知识图谱中学习到新的实体间关系。知识推理在知识计算中具有重要作用，如知识分类、知识校验、知识链接预测与知识补全等。知识推理是扩大知识图谱规模的重要手段和关键环节，利用知识推理可以从已有的知识中自动发现新知识。刘峤等[35]将知识推理方法概括为两大类：基于逻辑的推理和基于图的推理。前者主要包括一阶谓词逻辑、描述逻辑及基于规则的推理；后者主要基于神经网络模型或 Path Ranking 算法。

质量评估也是知识库构建技术的重要组成部分，其意义在于可以对知识的可信度进行量化，通过舍弃置信度较低的知识，从而保障知识库的质量。为解决知识库之间的冲突问题，Mendes 等[68]在 LDIF（linked data integration framework）框架[69]基础上提出了一种新的质量评估方法（sieve 方法），支持用户根据自身业务需求灵活定义质量评估函数，也可以对多种评估方法的结果进行综合考评以确定知识的最终质量评分。Fader 等[70]对 1000 个句子中的实体关系三元组进行了人工标注，并以此作为训练集，得到了一个逻辑斯蒂回归模型，用于对 Reverb 系统的信息抽取结果计算置信度，从而对信息抽取质量进行评估。Google 的 Knowledge Vault 从全网范围内抽取结构化的数据信息，并根据某一数据信息在整个抽取过程中抽取到的频率对该数据信息的可信度进行评分，然后利用从可信知识库 Freebase 中得到先验知识对先前的可信度信息进行修正。实验结果表明，该方法可以有效降低对数据信息正误判断的不确定性，并且可以提高知识图谱中知识的质量[28]。而且，Google 还提出了一种方法 CQUAL[71]，可以依据用户的贡献历史和领域和问题的难易程度进行用户贡献知识质量的自动评估。用户提交知识后，该方法可以迅速计算出知识的可信度。该方法对大规模的用户贡献知识的评估准确率达到了 91%，召回率达到了 80%[35]。

5.3.2 知识图谱构建的主要技术

刘知远等指出，大规模知识图谱的构建与应用需要多种智能信息处理技术的支持，并介绍了知识图谱中的实体链指（entity linking）、关系抽取（relation extraction）、知识推理（knowledge reasoning）和知识表示（knowledge representation）等主要技术[72]。

（1）实体链指

实体链指，也可以称实体链接，是近几年提出的有关自然语言处理的一项新任务。实体链指用于将出现在文章中的名称链接到其所指代的实体上去。在自然语言当中，多个实体可能指向了同一个名称。也就是，名称可能具有歧义[73]。如"甲骨文"这个词既可以指中国的一种古文字，也可以指代美国的数据库软件公司。一般情况下，一个名称出现在上下文当中，其指代的对象就是明确的。而根据上下文来自动确定名称所具体指代的哪个实体也就成为实体链指技术的主要设定目的[73]。

互联网上有海量的网页，如新闻、博客等内容里涉及了大量实体。大部分网页本身并没有关于这些实体的相关说明和背景介绍。为了帮助读者更好地了解网页内容，很多网站或作者会把版页中出现的实体链接到相应的知识库词条上，为读者提供更详尽的背景材料。这种做法实际上将互联网网页与实体之间建立了一种链接关系，也即实体链指。

通过人工的方式建立实体链接关系非常费力，因此如何让计算机自动实现实体链指，成为知识图谱得到大规模应用的重要技术前提。实体链指的主要任务有两个——实体识别（entity recognition）和实体消歧（entity disambiguation），这两大任务都是自然语言处理领域的经典问题。

实体识别旨在从文本中发现命名实体，最典型的包括人名、地名、机构名3类实体。近年来，人们开始尝试识别更丰富的实体类型，如电影名、产品名等。此外，由于知识图谱不仅涉及实体，还有大量概念，因此也有研究者提出对这些概念进行识别。

不同上下文中的同一个实体名称可能会对应不同实体，即存在一词多义的情况。这种一词多义或者歧义问题普遍存在于自然语言中将文档中出现的名字链接到特定实体上，就是一个消歧的过程。消歧的基本思想是充分利用名字出现的上下文，分析不同实体可能出现在该处的概率。例如，某个文档如果出现了"殷墟"或者"考古"，那么"甲骨文"这个实体就有更高的概率指向知识图谱中的定义为"甲骨文"的一种古文字。

实体链指并不局限于文本与实体之间，还可以包括图像、社交媒体等数据与实体之间的关联。可以看到，实体链指是知识图谱构建与应用的基础核心技术。

（2）关系抽取

构建知识图谱的重要来源之一是从互联网网页文本中抽取实体关系。关系抽取是一种典型的信息抽取任务。典型的开放信息抽取方法采用自举（bootstrapping）的思想，按照"模板生成→实例抽取"的流程不断迭代直至收敛。基于模板可以抽取出三元组实例，然后根据这些三元组中的实体对可以发现更多的匹配模板。当获取了新的匹配模板后，又可以发现更多新的三元组实例，以此类推，通过反复迭代不断抽取新的实例与模板。虽然这种方法直观有效，但也面临很多挑战性问题，例如，在扩展过程中很容易引入噪声实例与模板，出现语义漂移现象，降低抽取准确率。研究者针对这一问题提出了很多解决方案：提出同时扩展多个互斥类别的知识，例如，同时扩展人物、地点和机构，要求一个实体只能属于一个类别；也有研究提出引入负实例来限制语义漂移。

通过识别表达语义关系的短语也可以抽取实体间关系。例如，我们通过句法分析，可以从文本中发现"安阳"与"甲骨文"的如下关系：（甲骨文，发现于，安阳）、（甲骨文，出土于，安阳）、（甲骨文，发源地，安阳）。通过这种方法抽取出的实体间关系非常丰富而自由，一般是一个以动词为核心的短语。该方法的优点是无须预先人工定义关系的种类，但这种自由度带来的代价是，关系语义没有归一化，同一种关系可能会有多种不同的

第五章 知识图谱研究及应用

表示。例如，上述的"发现于""出土于""发源地"3个关系实际上是同一种关系。如何对这些自动发现的关系进行聚类归约是一个挑战性问题。

还可以将所有关系看作分类标签，把关系抽取转换为对实体对的关系分类问题。这种关系抽取方案的主要挑战在于缺乏标注语料。2009 年，斯坦福大学的研究者提出远程监督（distant supervision）思想[74]，使用知识图谱中已有的三元组实例启发式地标注训练语料。远程监督思想的假设是，每个同时包含两个实体的句子，都表述了这两个实体在知识库中的对应关系。将知识图谱三元组中每个实体对看作待分类样例，将知识图谱中实体对关系看作分类标签。通过从出现该实体对的所有句子中抽取特征，可以利用机器学习分类模型（如最大分类器、SWM 等）构建信息抽取系统。对于任何新的实体对，根据所出现该实体对的句子中抽取的特征，我们就可以利用该信息抽取系统自动判断其关系。远程监督能够根据知识图谱自动构建大规模标注语料库，因此取得了瞩目的信息抽取效果。与自举思想面临的挑战类似，远程监督方法会引入大量噪声训练样例，严重损害模型准确率。由于远程监督只能机械地匹配出现实体对的句子，因此会大量引入错误训练样例。为了解决这个问题，研究学者提出了很多去除噪声实例的办法，来提升远程监督性能。例如，研究发现，一个正确训练实例往往位于语义一致的区也就是其周边的实例应当拥有相同的关系；也有研究提出利用因子图、矩阵分解等方法，建立数据内部的关联关系，有效实现降低噪声的目标关系抽取是知识图谱构建的核心技术，它决定了知识图谱中知识的规模和质量。

由此可见，关系抽取是知识图谱研究的热点问题，还有很多挑战性问题需要解决，例如，提升从高噪声的互联网数据中抽取关系的鲁棒性，扩大抽取关系的类型与抽取知识的覆盖面等。

（3）知识推理

推理能力是人类智能的重要特征，能够从已有知识中发现隐含知识。推理往往需要相关规则的支持，例如，从"配偶"+"男性"推理出"丈夫"，从"妻子的父亲"推理出"岳父"，从出生日期和当前时间推理出年龄等。这些规则可以通过人们手动总结构建，人工的方式往往费时费力，也很难穷举复杂关系图谱中的所有推理规则，而且规则的维护是一件很困难的工作。因此，很多人研究如何自动挖掘相关推理规则或模式。在实现方面主要依赖关系之间的同现情况，利用关联挖掘技术来自动发现推理规则。

知识推理可以用于发现实体间新的关系。例如，根据"父亲+父亲⇒

祖父"的推理规则，如果两实体间存在"父亲+父亲"的关系路径，可以推理它们之间存在"祖父"的关系。利用推理规则实现关系抽取的经典方法是 Path Ranking Algorithm[75]，该方法将每种不同的关系路径作为一维特征，通过在知识图谱中统计大量的关系路径构建关系分类的特征向量，建立关系分类器进行关系抽取，取得了不错的抽取效果，成为近年来的关系抽取的代表方法之一。但这种基于关系的同现统计的方法，面临严重的数据稀疏问题。

在知识推理方面还有很多的探索工作，例如，采用谓词逻辑（predicate logic）等形式化方法和马尔科夫逻辑网络（markov logic network）等建模工具进行知识推理研究。目前来看，这方面研究仍处于百家争鸣阶段，大家在推理表示等诸多方面仍未达成共识，未来路径有待进一步探索。

（4）知识表示

在计算机中如何对知识图谱进行表示与存储，是知识图谱构建与应用的重要课题。如"知识图谱"字面所表示的含义，人们往往将知识图谱作为复杂网络进行存储，这个网络的每个节点带有实体标签，而每条边带有关系标签。基于这种网络的表示方案，知识图谱的相关应用任务往往需要借助于图算法来完成。例如，当我们尝试计算两实体之间的语义相关度时，我们可以通过它们在网络中的最短路径长度来衡量，两个实体距离越近则越相关。

然而，这种基于网络的表示方法面临很多困难。首先，该表示方法面临严重的数据稀疏问题，对于那些对外连接较少的实体，一些图方法可能束手无策或效果不佳。此外，图算法往往计算复杂度较高，无法适应大规模知识图谱的应用需求。

近年来，随着深度学习和表示学习的革命性发展，研究者也开始探索面向知识图谱的表示学习方案。其基本思想是，将知识图谱中的实体和关系的语义信息用低维向量表示这种分布式表示（distributed representation）方案能够极大地帮助基于网络的表示方案。其中，最简单有效的模型是 TransE[75]方案。TransE 基于实体和关系的分布式向量表示，将每个三元组实例（head，relation，tail）中的关系 relation 看作从实体 head 到实体 tail 的翻译，通过不断地调整 h、r 和 t（h、r 和 t 分别表示 head、relation 和 tail 的向量），使（$h+r$）尽可能与 t 相等，即 $h+r=t$。该优化目标如图 5-9[72]所示。

通过 TransE 等模型学习得到的实体和关系向量，能够在很大程度上缓

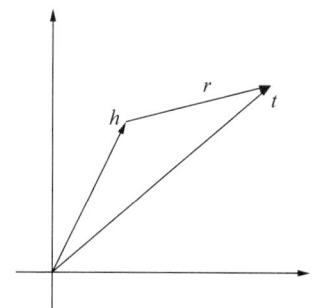

图 5-9 基于分布式表示的知识表示方案

解基于网络表示方案的稀疏性问题,应用于很多重要任务中。

首先,利用分布式向量,可以通过欧氏距离或余弦距离等方式,很容易地计算实体间、关系间的语义相关度。这将极大地改进开放信息抽取中实体融合和关系融合的性能。通过寻找给定实体的相似实体,还可用于查询扩展和查询理解等应用。

其次,知识表示向量可以用于关系抽取。以 TransE 为例,由于优化的目标是让 $h+r=t$,因此,当给定两个实体 h 和 t 的时候,可以通过寻找与 $t-h$ 最相似的 r,来寻找两实体间的关系。Bordes 等[76]经过实验证明,该方法的抽取性能较高。而且该方法仅需要知识图谱作为训练数据,并不需要外部的文本数据,因此又称为知识图谱补全(knowledge graph completion),与复杂网络中的链接预测(link prediction)类似,但是要复杂得多,因为在知识图谱中每个节点和连接边上都有标签。

最后,知识表示向量还可以用于发现关系间的推理规则。例如,对于大量 X、Y、Z 间出现的(X,父亲,Y)、(Y,父亲,Z)及(X,祖父,Z)实例,在 TransE 中会学习 $X+$ 父亲 $=Y$,$Y+$ 父亲 $=Z$,以及 $X+$ 祖父 $=Z$ 等目标。根据前两个等式,很容易得到 $X+$ 父亲 $+$ 父亲 $=Z$,与第三个等式相比,就能够得到"父亲 + 父亲 $\Rightarrow$ 祖父"的推理规则。前面提到基于关系的同现统计学习推理规则的思想,存在严重的数据稀疏问题。如果借助关系向量表示,可以显著缓解数据稀疏问题。

5.3.3 知识图谱与深度学习

前面提到随着深度学习的飞速发展,知识图谱也获得了更多的知识表示方案，尤其是在大数据时代，知识图谱与深度学习有着密切的联系。肖仰华[77]在《中国人工智能学会通讯》2017年第4期发表了题为《当知识图谱"遇见"深度学习》的文章，全面系统地介绍了知识图谱与深度学习的融合研究。

融合知识图谱与深度学习，已然成为进一步提升深度学习效果的重要思路之一。以知识图谱为代表的符号主义，和以深度学习为代表的联结主义，日益脱离原先各自独立发展的轨道，走上协同并进的新道路[77-78]。

知识图谱的构建数据来源一般分为结构化、非结构化和半结构化数据。对于结构化的数据转换为图结构相对简单。对于复杂的非结构化数据或半结构化数据，现阶段进行知识图谱构建的主要方法有传统NLP和基于深度学习模型两类方法，而目前越来越多倾向于使用深度学习来抽取AVP（属性-值对）。深度学习中很多计算模型可以用来完成端到端的包括命名实体识别NER、关系抽取和关系补全等任务，从而构建和丰富知识图谱[78]。

目前常见的基于深度学习的序列标注模型有BiLSTM-CNN-CRF。它主要由Embedding层（词向量、字向量等）、BiLSTM、tanh隐藏层及CRF层组成（对于中文可以不需要CNN）。实验表明，BiLSTM-CRF可以获得较好的效果。在特征方面，由于秉承了深度学习的优点，所以无须特征工作的铺垫，使用词向量及字向量就可以得到不错的效果[78]。

肖仰华[77]指出深度神经网络得益于大规模标注数据，能够习得有效的层次化特征表示，从而在图像识别等领域取得优异效果。但是深度学习也日益体现出其局限性，尤其体现在依赖大规模标注数据和难以有效利用先验知识等方面。这些局限性阻碍了深度学习的进一步发展。而且，在深度学习的大量实践中，人们越来越多地发现深度学习模型的结果往往与人的先验知识或者专家知识相冲突。如何让深度学习摆脱对于大规模样本的依赖，如何让深度学习模型有效利用大量存在的先验知识，以及如何让深度学习模型的结果与先验知识一致已成了当前深度学习领域的重要问题。

而近几年在知识图谱技术的推动下，对于机器友好的各类在线知识图谱大量涌现。知识图谱本质上是一种语义网络，表达了各类实体、概念及其之间的语义关系。相对于传统知识表示形式（如本体、传统语义网络），知识图谱具有实体/概念覆盖率高、语义关系多样、结构友好（通常表示为RDF格式）及质量较高等优势，从而使得知识图谱日益成为大数据时代和人工智能时代最为主要的知识表示方式。能否利用蕴含于知识图谱中的知识指导

第五章　知识图谱研究及应用

深度神经网络模型的学习从而提升模型的性能，成了深度学习模型研究的重要问题之一。

目前将知识图谱用于深度学习主要有两种方式[77-78]：一是将知识图谱的语义信息输入到深度学习模型中，将离散化的知识表示为连续化的向量，从而使得知识图谱的先验知识能够称为深度学习的输入；二是利用知识作为优化目标的约束，指导深度学习模型的学习过程，通常是将知识图谱中的知识表示为优化目标的后验正则项。

知识图谱作为深度学习的输入时，由于其离散的符号化表示难以直接应用于基于连续数值表示的神经网络。因此，为了让神经网络有效利用知识图谱中的符号化知识，大量的知识图谱的表示学习的方法被提出。知识图谱的表示学习旨在习得知识图谱的组成元素（节点与边）的实值向量化表示。这些连续的向量化表示可以作为神经网络的输入，从而使得神经网络模型能够充分利用知识图谱中大量存在的先验知识。这些向量表示应用到基于深度学习模型的各类实际任务中取得了较好的效果，特别是问答与推荐等实际应用。

知识图谱的表示学习旨在学习实体和关系的向量化表示，其关键是合理定义知识图谱中关于事实（三元组 $<h, r, t>$）的损失函数 $f_r(h, t)$，其总和是三元组的两个实体 h 和 t 的向量化表示。通常情况下，当事实 $<h, r, t>$ 成立时，期望最小化 $f_r(h, t)$。考虑整个知识图谱的事实，则可通过最小化 $\sum_{<h,r,t> \in O} f_r(h,t)$ 来学习实体及关系的向量化表示，其中 O 表示知识图谱中所有事实的集合。不同的表示学习可以使用不同的原则和方法定义相应的损失函数。刘知远等[79]较为全面地介绍了知识表示的几种代表模型，如单层神经网络模型、能量模型、双线性模型、张量神经网络模型、矩阵分解模型、翻译模型及其他模型。

肖仰华[77]以问答系统和推荐系统为例介绍了知识图谱向量化表示的应用。针对大多数深度问答模型仍然难以利用大量的知识实现准确回答的缺陷。Yin 等[80]针对简单事实类问题，提出了一种基于 encoder-decoder 框架，能够充分利用知识图谱中知识的深度学习问答模型。在深度神经网络中，一个问题的语义往往被表示为一个向量。具有相似向量的问题被认为是具有相似语义。这是联结主义的典型方式。另外，知识图谱的知识表示是离散的，即知识与知识之间并没有一个渐变的关系。这是符号主义的典型方式。通过将知识图谱向量化,可以将问题与三元组进行匹配(也即计算其向量相似度),从而为某个特定问题找到来自知识库的最佳三元组匹配。

在推荐系统应用方面,随着知识图谱的应用日益广泛,大量研究工作意识到知识图谱中的知识可以用来完善基于内容的推荐系统中对用户和项目的内容(特征)描述,从而提升推荐效果。另外,基于深度学习的推荐算法在推荐效果上日益优于基于协同过滤的传统推荐模型[81]。但是,将知识图谱集成到深度学习的框架中的个性化推荐的研究工作则较为少见。Zhang 等[82]在这方面做出了尝试。其充分利用了结构化知识(知识图谱)、文本知识和可视化知识(图片)3 类典型知识,分别通过网络嵌入(network embedding)获得结构化知识的向量化表示,然后分别用 SDAE(stacked denoising auto-encoder)和层叠卷积自编码器(stacked convolution-autoencoder)抽取文本知识特征和图片知识特征;并最终将 3 类特征融合进协同集成学习框架,利用 3 类知识特征的整合来实现个性化推荐。在电影和图书数据集上进行的实验表明,这种融合深度学习和知识图谱的推荐算法具有较好性能。

知识图谱作为深度学习的约束,可以指导深度学习模型的学习。Hu 等[83]提出了一种将一阶谓词逻辑融合进深度神经网络的模型,并将其成功用于解决情感分类和命名实体识别等问题。逻辑规则是一种对高阶认知和结构化知识的灵活表示形式,也是一种典型的知识表示形式。将各类人们已积累的逻辑规则引入到深度神经网络中,利用人类意图和领域知识对神经网络模型进行引导具有十分重要的意义。其他一些研究工作则尝试将逻辑规则引入到概率图模型,这类工作的代表是马尔科夫逻辑网络[84],但是鲜有工作能将逻辑规则引入到深度神经网络中。

Hu 等所提出的方案框架可以概括为"teacher-student network",如图 5-10[83]所示。

图 5-10 所显示的框架主要包括两个部分:teacher network $q(y|x)$ 和 student network $p_\theta(y|x)$。其中,teacher network 负责将逻辑规则所代表的知识建模,student network 利用反向传播方法加上 teacher network 的约束,实现对逻辑规则的学习。这个框架能够为大部分以深度神经网络为模型的任务引入逻辑规则,包括情感分析、命名实体识别等。通过引入逻辑规则,在深度神经网络模型的基础上实现效果提升。

肖仰华认为知识图谱将推动深度学习的发展。随着深度学习研究的进一步深入,如何有效利用大量存在的先验知识,进而降低模型对于大规模标注

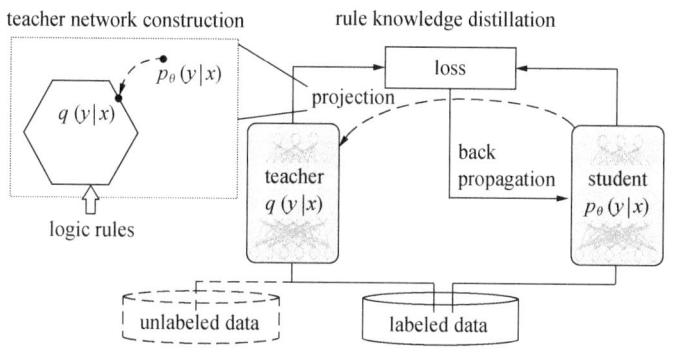

图 5-10 "teacher-student network" 框架

样本的依赖，逐渐成为主流的研究方向之一。知识图谱的表示学习为这一方向的探索奠定了必要的基础。近期出现的将知识融合进深度神经网络模型的一些开创性工作也颇具启发性。但总体而言，当前的深度学习模型使用先验知识的手段仍然十分有限，学术界在这一方向的探索上仍然面临巨大的挑战。这些挑战主要体现在以下两个方面。

①如何获取各类知识的高质量连续化表示。当前知识图谱的表示学习，不管是基于怎样的学习原则，都不可避免地产生语义损失。符号化的知识一旦向量化后，大量的语义信息被丢弃，只能表达十分模糊的语义相似关系。如何为知识图谱习得高质量的连续化表示仍然是个开放问题。

②如何在深度学习模型中融合常识知识。大量的实际任务（诸如对话、问答、阅读理解等）需要机器理解常识。常识知识的稀缺严重阻碍了通用人工智能的发展。如何将常识引入到深度学习模型将是未来人工智能研究领域的重大挑战，同时也是重大机遇。

5.3.4 垂直知识图谱的构建

基于知识图谱的应用领域，阮彤等[85]将知识图谱分为通用知识图谱和垂直知识图谱（或行业知识图谱）。通用知识图谱不面向特定领域，可将其类比为"结构化的百科知识"。这类知识图谱包含了大量常识性知识，强调知识的广度。垂直知识图谱则面向特定领域，基于行业数据构建，强调知识的深度。垂直知识图谱可以看作基于语义技术的行业知识库，其潜在使用者是行业的专业人员。在构建垂直知识图谱时，通常采用自顶向下和自底向上相结合的方式。从知识来源出发，主要通过知识获取和知识融合两个步骤，采用数据驱动的增量式知识图谱构建方法。数据驱动的增量式知识图谱构建如图 5-11[85]所示。

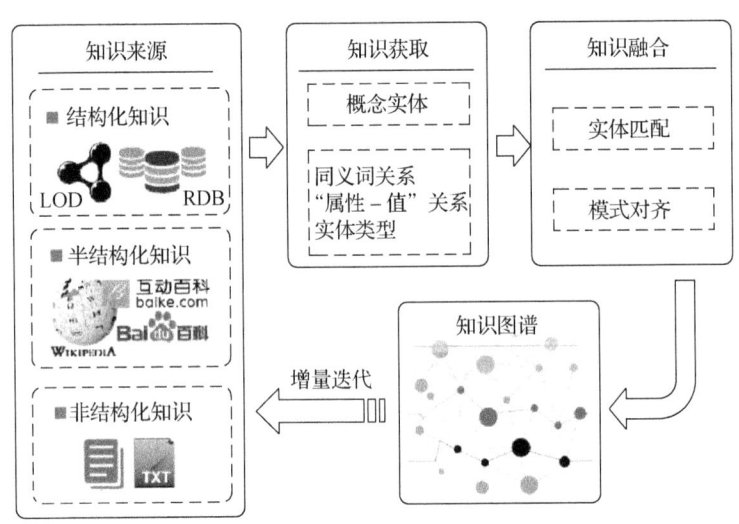

图 5-11　数据驱动的增量式知识图谱构建

针对垂直知识图谱构建中的知识获取阶段，阮彤等[85]提出多策略学习的方法进行知识获取。多策略学习是指利用不同知识源之间的冗余信息，使用较易抽取的信息来辅助抽取那些不易抽取的信息。结构化知识和半结构化知识由于具有显式的结构和固定的格式，属于易抽取的信息，而无结构的文本知识属于较难抽取的信息。抽取方法如图 5-12[85]所示。

从图 5-12 可以看出，对于结构化知识中的关系数据库数据，可以通过

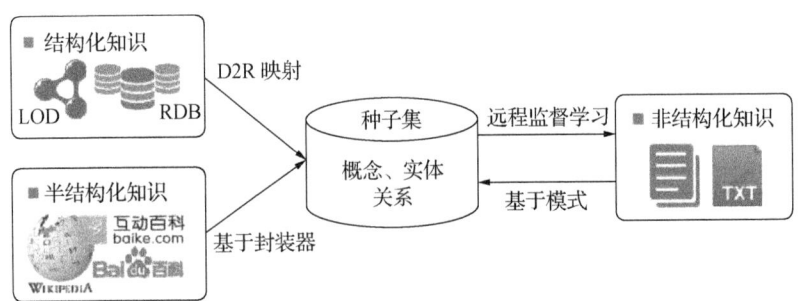

图 5-12　多数据源知识抽取

第五章　知识图谱研究及应用

D2R（relational database to RDF）映射的方法将其转化成知识图谱中的链接数据。对于百科类数据中的信息框、表格等半结构化知识，使用基于封装器（wrapper）的抽取方法。封装器是面向某一具有特殊结构的数据源的信息抽取方法。对结构化和半结构化这两类知识进行抽取，并将抽取结果加入种子集中。对于无结构的纯文本知识，采用远程监督（distant supervision）[74]和基于模式的方法相结合的增量迭代抽取方式。

在知识融合阶段主要对数据进行实体匹配和模式对齐。需要解决多种类型的数据冲突问题，包括一个短语对应多个实体、实体属性名不一致、实体属性缺失、实体属性值不一致、实体属性值一对多映射等情况。

阮彤等[85]利用数据驱动的增量式知识图谱构建方法分别构建了中医药知识图谱、海洋知识图谱和企业知识图谱，并开发了相关应用。这3个垂直知识图谱的构建体现了图谱在知识融合方面的优势，它们的相关应用反映了知识图谱在不同领域的应用价值。

近年来，领域知识图谱或行业知识图谱的研究与应用逐渐增多，为多个行业领域的发展起到了积极的推进作用。蒋秉川等[87]系统评述了知识图谱、地理知识图谱的研究现状，提出了地理知识图谱的构建流程，重点研究了地理知识图谱构建的关键技术，讨论和阐述了地理知识图谱的应用方向。

在军事领域，葛斌等[88]提出了一整套军事知识图谱构建方法与计算框架。首先梳理并改进了军事知识图谱存储框架与军事知识表示模型，在此基础上提出了军事知识图谱自动构建与智能检索等关键技术，最后提出了军事知识图谱的维护更新策略。构建后的军事知识图谱具备管理亿级实体关系三元组的能力，支持图谱的自动构建、快速检索响应与多模式查询，对网络信息体系建设中的信息组织和知识管理有一定的指导意义。

在遥感卫星领域，谢榕等[89]针对遥感卫星数据应用中的信息整合、系统集成等问题，提出建立遥感卫星特定领域大规模知识图谱的总体框架及其关键技术。在该技术框架中，构建基于国际卫星标准的标准化卫星数据集成元数据模型，并通过语义计算、语义映射与知识进化等手段进一步建立完备一致的遥感知识空间语义模型，在此基础上形成遥感卫星特定领域知识图谱及其应用模式。

在医学领域，阮彤等[90]利用文本抽取、关系数据转换及数据融合等技术，探索中医药知识图谱自动化构建方法与标准化流程，实现中医药知识图谱的智能应用，包括基于模板的中医药知识问答和基于知识图谱推理的辅助开药。袁凯琦等[91]针对医疗数据跨语种、专业性强、结构复杂等特点，对构建医学知识图谱的关键技术进行了自底向上的全面解析，涵盖了医学知识表示、抽取、融合和推理及质量评估五部分内容；此外，还介绍了医学知识图谱在信息检索、知识问答、智能诊断等医疗服务中的应用现状。聂莉莉等[92]通过自然语言处理方法自动构建基于"疾病－症候－特征"3层结构模型的医学诊断知识图谱，具体阐述智能构建方法与构建过程，将其运用到临床决策支持系统中检测临床疗效，结果表明通过该方法构建的医学知识图谱具有效率高、疾病诊断正确率高等特点。黄智生等[93]通过基于语义技术的数据整合技术，把本来松散联系的川崎病各类知识与数据资源整合成一个有机的整体，通过构造川崎病知识图谱，有效地将综合知识转换为结构化的知识。川崎病知识图谱，能够采用知识库方法，通过语义查询语，即可快速精准地获得对应的知识，为临床决策支持提供结构化的数据基础设施。

在法律领域，高翔[94]引入要件事实民事裁判论作为人工智能在民事司法领域应用的法律前提，以此为基础，构建法律知识图谱并进行知识积累，力求为破解法律数据结构化不足、算法混乱低效等人工智能司法应用中的突出问题提供些许参考。

在公共安全领域，武鸿浩[95]综合运用词向量、模糊推理这些新技术解决构建公安领域知识图谱的技术难点，并设计了一套公安领域知识图谱。旨在为语义搜索提供核心技术，从而为公安内网资源和互联网信息的数据整合和信息检索服务。

5.3.5 知识图谱的半自动构建

构建知识图谱的根本基础就是获取实体及创建实体间的关系。但是，面临海量的数据来源，人工的操作方式显然是不切实际的，虽然，大数据时代的需求催生了一系列的自动获取实体及关系的方法，但是这些自动化方法在准确率方面并不能令人满意。因此，从实际应用来看，结合人工和自动两者的知识图谱半自动化构建方法是目前最好的解决方案。

鄂世嘉等[96]为解决当前中文知识图谱构建的准确率低、耗时长且需要大量人工参与的问题，提出一种端到端的基于中文百科数据的完整中文知识图谱自动化构建解决方案，并在此基础上开发实现了面向用户的中文知识图谱系统。在此方案中，通过自定义的网络爬虫，原始百科数据的词条属性及相关的文本信息会不间断地被抓取到本地系统中，并以带扩展属性的三元组

第五章 知识图谱研究及应用

形式保存。后端系统则自动通过图数据库 Cayley 及 MongoDB 数据库系统，对三元组文件数据进行导入，转换为庞大的知识图谱系统，从而在前端为用户提供丰富的基于知识图谱的应用服务。通过与其他知识图谱系统的比较，该方案在构建时间上明显减少，并且知识图谱中的实体及关系数量总规模高于 YAGO、知网（HowNet）和中文概念词典等中文知识图谱系统至少50%。在实体关系抽取方面，他们采用了一种务实的方法。该方法并不预先定义一系列关系，也不尝试去抽取它们的实例。而是直接抓取两个概念在词条页面里所存在的任意关系实例。一般来说，抽取的关系实例具有以下形式：< 概念实例 1 的名字，概念实例 2 的名字，表达两个实例间某种关系的文本 >。具体操作实现采用了两种方法：从信息盒（InfoBox）中抽取关系、从词条文本中抽取关系。

在知识图谱存储方面，鄂世嘉等[96]采用带有扩展属性的三元组存储方式。从网络上抓取的事实数据通过具有扩展属性的三元组文本存储在本地服务器中，文本中的每一条记录以 < Subject，Predicate，Object，Label > 表示。与传统普通三元组文件相比，具有扩展属性的三元组能够在简洁有效地表达关系的基础上，通过 Label 标签，丰富关系的元数据信息。根据不同的应用需求，Label 标签可以表达多种含义及拥有不同的数据结构：其可通过文本语义理解的形式，精准表示三元组关系的时间属性。他们所构建的知识图谱系统以网络爬虫抓取该关系的时间作为 Label 的值；此外，Label 标签中还可保存关系的可信度，从而可以对关系进行可行性排序。他们采用图数据库 Cayley 与文档型数据库 MongoDB 对三元组数据进行持久化的存储，并不断根据抓取到的三元组文件对数据进行更新。MongoDB 作为 Cayley 的后台数据库，对于三元组文本形式数据的 CRUD 操作都由 Cayley 向 MongoDB 发出请求来完成。对于每一条三元组形式数据，MongoDB 均以带有扩展属性的三元组形式的文档记录存储在由 Cayley 自动创建的集合"quads"中。通过描述的时间属性，保留事实数据的时序性。

鄂世嘉等[96]研究的知识图谱自动化构建方法基于可信度高的数据源，使用定制的知识图谱数据维护框架，持续地从网络数据中抓取知识数据并以带扩展属性的三元组的数据格式进行中间存储，将三元组数据通过图数据库技术对知识数据进行持久化存储，并对所实现的 CU-KG（content understanding-knowledge graph）知识图谱系统的应用进行了充分地说明。他们的实验结果表明，该构建方法能够快速构建大规模的中文知识图谱系统，并在实体和关系的数量上有着较为明显的优势。

袁琦等[97]提出一种宠物知识图谱的构建框架。通过自顶向下的方式设计并构建了 Schema（概念）层，从半结构化和非结构化数据中进行知识抽取构建了数据层。在对非结构化数据的实体抽取方面，提出了一种条件随机场（CRF）与宠物症状词典相结合的症状命名实体识别方法。该方法利用症状词典对文本进行识别，获取语义类别信息，CRF 结合语义信息实现对症状实体的识别抽取。在知识表示方面，选用 OrientDB 数据库支持的属性图模型来表示，并采用 OrientDB 图数据库来完成知识的存储。其以宠物知识图谱的构建为例介绍了知识图谱的自动化构建，构建的总体框架包括 5 个步骤，如图 5-13[97]所示。

图 5-13 所示的步骤具体描述如下。

（1）Schema 层的构建

采用自顶向下的方式构建宠物知识图谱的概念层。Schema 层的构建是

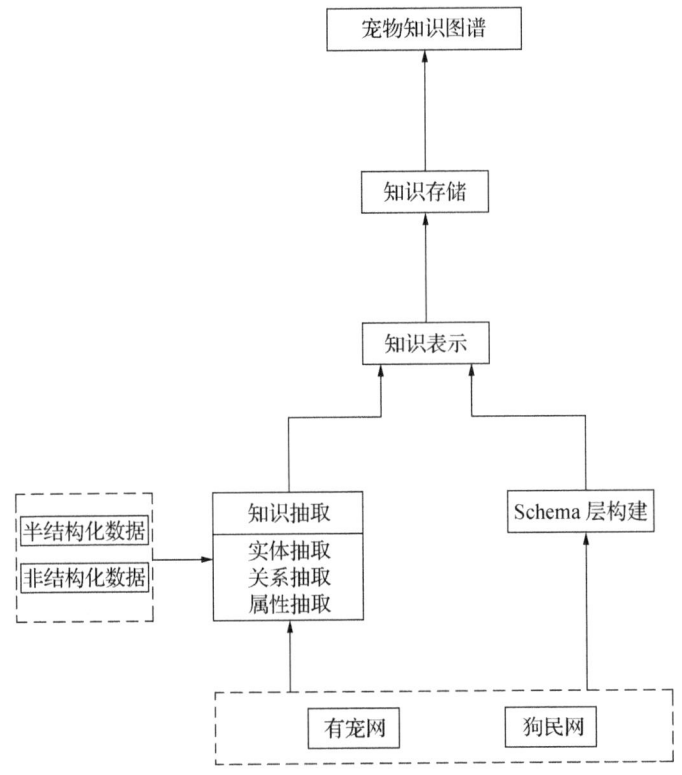

图 5-13　宠物知识图谱构建流程

对整个宠物知识图谱框架的构建，Schema 是要对类及类之间的关系进行定义，也就是对知识图谱中的概念与概念之间的语义关系进行定义。笔者设计并构建了宠物领域知识图谱的 Schema 层，定义了基本的四大类，其中包括四大类宠物品种、宠物疾病、疾病症状和宠物食物，并定义了约 20 种属性，如体型、毛长、科属、发病原因等。

（2）从半结构化数据中抽取

主要工作是从半结构化的数据源中进行实体、关系和属性的抽取。笔者选用可以从 HTML 网页中提取数据的 python 库——Beautiful Soup 作为解析器。基于网页页面布局相似的特点，采用基于标签遍历的方法，直接导航到 DOM 树的关键节点，可以避免大量遍历节点，从而提取相关网页正文。通过此方法，可以抽取宠物品种及属性、宠物疾病及属性、宠物食物及食物属性的实体。同时在抽取实体的过程中也实现了语义关系的挖掘，获取了 3 种语义关系。通过解析网页抽取了宠物疾病实例宠物狗的阿司匹林中毒，也抽取了阿司匹林中毒的科属、概述、发病原因、诊断标准、治疗方法 5 个属性，根据对宠物疾病属性的定义，也就获取了 5 条"属性 – 值"关系，用三元组描述为 < 实体，属性，属性值 >。

（3）从非结构化数据中抽取

从非结构文本中进行命名实体识别来抽取症状的实体。在现有的很多机器学习算法中，CRF 不仅可以使用包括字、词、词性在内的多种上下文特征，还可以结合词典等外部特征，在命名实体识别等任务中取得了较好的效果。因此，笔者研究采用了 CRF 与症状词典结合的方法。

（4）知识表示

笔者采用 OrientDB 图数据库来存储获取到的宠物领域的数据，所以使用属性图模型来进行知识的表示。属性图包含实体（节点）和链接实体的关系（边）。实体可以包含任何数量的属性（键值对形式），属性图中的元素如下。

①一组节点。每个节点有唯一的标志符@ rid，每个顶点有一组出边和入边，每个顶点都有个实体类型@ class，表示实体所对应的概念类，每个顶点有键值对来定义属性集合。

②一组边。每条边都有一个唯一标志符@ rid，每条边有一个头节点和尾节点，每条边有个实体类型@ class，表示两个节点之间的关系，每条边有键值对来定义属性结合。

(5) 知识存储

笔者使用了 OrientDB 图数据库存储引擎存储获取到的宠物知识数据。将获取到的宠物领域的实例层数据通过 OrientDB 原生数据库进行知识的整合和存储，存储语言使用类 SQL。在创建好模式之后，需要载入对应标签中的所有节点信息及节点之间的关系。在导入数据信息时为了防止重复的节点信息和重复的关系，需要用类 SQL 查询语句进行判断。

邹玉薇[98]研究了中文医疗知识图谱自动构建机制，以医疗领域网站为信息获取源，提出了一种面向实体属性分离存储的自动化关系抽取系统，用来获取实体属性关系。使用基于卷积神经网络的弱监督关系抽取，针对获取到的实体属性关系数据，进一步的提取实体对关系。最终将数据存放于图数据库 Neo4j 中，并完成医疗数据的可视化展示。其主要研究工作如下。

①针对医疗网站中的大多数实体详细页面存在结构化数据（实体和属性关系）并且这些结构化数据分布在不同的属性关系页面中的特征，提出了一种面向实体属性分离存储的自动化关系抽取系统。该系统不仅可以完成分离存储的实体与属性关系抽取，还能够兼容常规的单页面级别的关系抽取。

②在获取得到了医疗领域网站的实体属性关系后，针对其中包含大量的实体文本描述信息，可以进一步帮助完善实体间的关系抽取。因此，进行基于卷积神经网络（convolutional neural networks）的弱监督关系抽取，主要根据实体的属性关系描述数据，生成句子级别的实体描述，找出包含该实体及其属性关系对应实体的正样本训练数据，最后进行基于卷积神经网络的关系抽取。

③设计和实现了中文医疗知识图谱半自动化构建的系统架构，并提供可视化的医疗信息查询和展示页面。其系统架构如图 5-14[98]所示。

从图 5-14 可以看出，笔者使用 EARES 系统从医疗领域网站中获取有关疾病、症状、手术、检查和药品相关实体属性关系。而基于卷积神经网络的弱监督关系抽取是进一步的对实体属性关系中存在的实体描述文本进行实体对的关系抽取，用于充实和完善知识图谱。使用 Neo4j 图数据库存储引擎来存储获取到的中文医疗数据，因此使用属性图模型表示的知识图谱。最后使用知识可视化工具 D3.js 对知识图谱进行实体关系展示。

第五章 知识图谱研究及应用

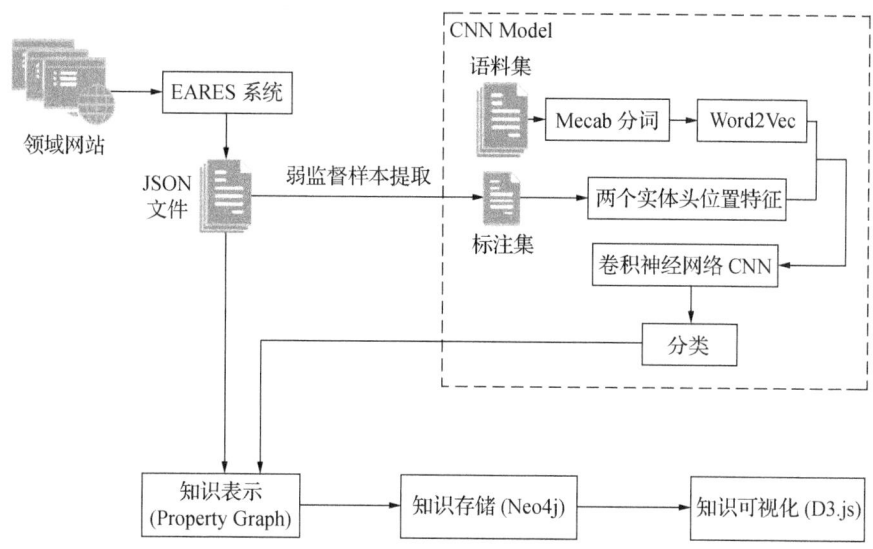

图 5-14 中文医疗知识图谱半自动化构建的系统架构

5.4 知识图谱应用

2018 年 8 月，中国中文信息学会语言与知识计算专委会发布了《知识图谱发展报告（2018）》[99]，该报告系统地介绍了当前知识图谱的应用领域和发展情况。主要包括通用知识图谱和领域知识图谱、语义集成、语义搜索、基于知识的问答等方面。

5.4.1 通用知识图谱和领域知识图谱

知识图谱分为通用知识图谱与领域知识图谱两类，两类图谱本质相同，其区别主要体现在覆盖范围与使用方式上。通用知识图谱可以形象地看成一个面向通用领域的结构化的百科知识库，其中包含了大量的现实世界中的常识性知识，覆盖面广。领域知识图谱又叫行业知识图谱或垂直知识图谱，通常面向某一特定领域，可看成一个基于语义技术的行业知识库，因其基于行业数据构建，有着严格而丰富的数据模式，所以对该领域知识的深度、知识准确性有着更高的要求。

领域知识图谱（domain-specific knowledge graph，DKG）的概念是从通

用知识图谱（general-purpose knowledge graph，GKG）演化而来的。在理解领域知识图谱时，复旦大学肖仰华教授[100]指出一个非常重要的观点，并称之为"NoKG"，也就是 Not only KG，借鉴了"NoSQL"的说法。首先，知识图谱只是知识表示的一种，单单知识图谱不足以表达现实世界的丰富语义，不足以解决所有问题。例如，很多领域有着丰富的 if-then 规则（如故障维修、计算机系统配置），这些规则利用知识图谱表达就很牵强，特别是对于 if A and B then C 这样的规则。条件部分的原子表达式之间的关系可以很复杂，利用知识图谱难以表达。知识表示方面的缺陷限制了知识图谱解决问题的范围。其次，知识图谱辅以其他知识表示则有可能解决很多复杂的实际问题。在大数据的赋能下，其他类型的知识表示也将能够解决更多实际的问题。越来越多的领域应用需要的知识已经突破了知识图谱的范围，对其他知识（如产生式规则、贝叶斯网络、决策树等）提出了诉求。例如，联合使用知识图谱与产生式规则实现面向故障诊断的精准语义检索。NoKG 的另一层含义在于领域应用不仅需要静态知识，更需要动态知识。知识图谱侧重于表达实体、概念之间的语义关联，这些语义关联大多是静态的、显性的、客观的、明确的。而实际应用中对过程性、决策性知识是有着大量需求的，这些知识大部分是动态的、隐形的，带有一定主观性。

通用知识图谱和领域知识图谱两者之间的区别是明显的，主要体现在知识表示、知识获取和知识应用 3 个层面。在知识表示层面的差别又可以从广度、深度和粒度这 3 个维度加以考察。从广度来看，通用知识图谱涵盖的范围明显大于领域知识图谱；从深度来看，领域知识图谱通常更深，尤其体现在概念图谱的层级体系上；从知识表示的粒度来看，领域知识图谱通常涵盖细粒度的知识。

同时，通用知识图谱与领域知识图谱关系又是十分密切的，根本原因是人类的知识体系是有结构的。通用知识图谱与领域知识图谱的另一个联系在于行业应用对于领域知识的需求难以闭合。即很多行业应用看上去好像只需要领域知识，但是实际应用过程中往往会超出领域所预先设定的知识边界。很多领域知识图谱应用的方案是建立在通用知识图谱基础之上的。因此，通用知识图谱对于领域知识图谱有着重要的支撑作用。一方面，通用知识图谱可以给很多领域知识图谱提供高质量的种子事实，这些种子事实可以用做样本指导抽取模型的训练；另一方面，通用知识图谱可以提供领域的 Schema 表示。

5.4.2 语义集成

语义集成的目标就是将不同知识图谱融合为一个统一、一致、简洁的形式，为使用不同知识图谱的应用程序间的交互提供语义互操作性。常用技术方法包括本体匹配（也称为本体映射）、实例匹配（也称为实体对齐、对象共指消解）及知识融合等。语义集成是知识图谱研究中的一个核心问题，对于链接数据和知识融合至关重要。语义集成研究对于提升基于知识图谱的信息服务水平和智能化程度，推动语义网及人工智能、数据库、自然语言处理等相关领域的研究发展，具有重要的理论价值和广泛的应用前景，可以创造巨大的社会和经济效益。

语义集成是知识图谱研究中的一个核心问题，对于链接数据和知识融合至关重要。语义集成的流程一般包括输入、预处理、匹配、知识融合和输出5个环节。经过了一段时间的蓬勃发展并随着大数据时代的来临，大数据背景下的语义集成已成为当下的研究热点。同时，表示学习（representation learning）技术在图像、视频、语音、自然语言处理等领域的成功也引起了语义集成领域研究人员的注意，如何将表示学习技术运用于语义集成过程成为新的热点。目前语义集成过程中具有代表性的技术和方法有：本体全体匹配方法 LPHOM[101]、跨语言属性匹配因子图模型 EAFG[102]、解决大规模知识库间实例匹配的众包方法 Hike[103]、通过结合主动学习和遗传算法来生成链接规约的链接发现工具 Silk[104] 和 LIMES[105]、基于转移的跨语言知识图谱表示学习和匹配方法 MTransE[106]、基于先验的实例匹配方法 IPTransE[107] 和 JAPE[108]、基于强化学习的实例匹配方法 ALEX[109] 等。

5.4.3 语义搜索

知识图谱于 2012 年由 Google 提出并成功应用于搜索引擎，给互联网语义搜索带来了活力，并成为互联网知识驱动的智能应用的基础设施。知识图谱是对客观世界认识的形式化表示，将字符串映射为客观事件的事务（实体、事件及之间的关系）。当前基于关键词的搜索技术在知识图谱的知识支持下可以上升到基于实体和关系的检索，称之为语义搜索。语义搜索利用知识图谱可以准确地捕捉用户搜索意图，借助于知识图谱，直接给出满足用户搜索意图的答案，而不是包含关键词的相关网页的链接。

概括而言，语义搜索主要面临的问题有以下三点。

①与传统的 Web 文档相比，语义网文档的本质是 RDF Graph。给定一个 RDF Graph，可以采取多种语法格式对其进行序列化。当采用不同的语法进行序列化时，生成的语义网文档之间可能有显著的差别，然而它们表达的语义却是一致的。有时即使采用相同的语法，也会导致不同的结果文档，因此，对于语义网文档的搜索而言，如何针对 RDF 数据模型的特点进行文档分析、索引建立和查询匹配即变得极为重要。

②理解一个 URI 所指称的实体对于判断语义网上的实体共指问题非常重要，因为共指现象给语义网数据的整合和建立在其上的搜索均带来了困难。自动的共指消解技术能够帮助人们快速地找到可能的共指 URI 列表。为更好地解决实体共指问题，离不开人工干预。因此，提供一种快速、高效的办法理解一个 URI 所指称的实体，将能够很好地帮助人们做出共指判断，进而帮助人们理解所获取的信息的真实含义。

③在现有缺乏必要的手段形成语义网的背景下，如何利用语义网技术改进传统的 Web 信息检索系统对用户来说极为重要。传统 Web 是基于自然语言的方式进行组织的，而语义网提供的一系列的技术规范，包括语义的明确表达和语义网数据查询，能够以一个特定领域的搜索系统为切入点，利用语义网技术帮助获取传统 Web 上的信息。

语义搜索的研究涉及多个领域，包括搜索引擎、语义 Web、数据挖掘和知识推理等。运用的主要方法可归纳为图理论、匹配算法、逻辑（特别是描述逻辑、模糊逻辑等）。

未来的语义搜索研究方向可沿以下几点展开。

①语义搜索概念模型。语义模型能改善当前搜索引擎的搜索效果，未来可扩展成为构建在语义 Web 上的新一代搜索引擎。

②语义搜索本体知识库的构建、维护与进化。研究垂直领域的本体知识库构建方法、本体知识库设计方法和本体知识库查询方法，构建完备的领域本体知识库，探索本体知识库的维护方案，随着领域本体知识库的丰富还要研究并解决多领域异构的本体知识库的融合问题，提供本体相容性冲突检测方案。

③语义搜索的推理机制。研究语义搜索中基于描述逻辑及模糊逻辑的推理问题，提高基于描述逻辑的本体推理技术的推理效率，扩大其推理算法的适用范围，结合文本信息获取用户的查询语义，提高处理用户查询需求的准确度。

④语义搜索的结果排序。传统搜索引擎采用的排序方法只能对文本信息

进行排序，不能对实体之间的复杂关系排序，无法实现语义搜索结果的排序，因此需研究基于语义的结果排序方法，实现本体知识库中实体及实体之间关系的排序，提高返回结果的相关性。

⑤语义搜索的原型系统实现。在上述研究基础上实现语义搜索引擎系统原型，在应用环境中进行测试并实现性能优化。

5.4.4 基于知识的问答

问答系统是指让计算机自动回答用户所提出的问题，是信息服务的一种高级形式。不同于现有的搜索引擎，问答系统返回用户的不再是基于关键词匹配的相关文档排序，而是精准的自然语言形式的答案。华盛顿大学图灵中心主任 Etzioni 教授 2011 年曾在 *Nature* 上发表文章"Search Needs a Shake-Up"，其中明确指出："以直接而准确的方式回答用户自然语言提问的自动问答系统将构成下一代搜索引擎的基本形态。"[110] 因此，问答系统被看作未来信息服务的颠覆性技术之一，被认为是机器具备语言理解能力的主要验证手段之一。

问答系统的发展是伴随着人工智能技术的发展而推进的。近些年，问答系统更是取得一系列倍受关注的成果。2011 年，IBM Watson 自动问答机器人在美国智力竞赛节目 Jeopardy 中战胜人类选手，在业内引起了巨大的轰动。随着人工智能技术的突飞猛进，各大 IT 巨头更是相继推出以问答系统为核心技术的产品和服务，如移动生活助手（Siri、Google Now、Cortana、微软小冰等）、智能音箱（HomePod、Alexa、叮咚音箱、公子小白等）等。因此，人们觉得现有的问答技术已经十分成熟。

事实上，尽管 IBM Watson 系统在 Jeopardy 中战胜了人类选手，但是其核心技术并没有突破传统基于"检索+抽取"的问答模式，而是缺乏对于文本语义深层次的分析和处理，难以实现知识的深层逻辑推理。这种处理方式无法达到人工智能的高级目标。Watson 问答系统也仅仅局限于限定领域、特定类型的问题，离语义的深度理解及智能问答还有很大的距离。其他问答系统也存在类似的问题。因此，为了提升信息服务的准确性与智能性，研究者选择知识图谱作为问题的解决方案。通过信息抽取、关联、融合等手段，将互联网文本转化为结构化的知识，利用实体及实体间语义关系对于整个互联网文本内容进行描述和表示，从数据源头对于信息进行深度的挖掘和理解，从而实现真正的智能问答。

基于知识库的问答系统在回答用户问题时，需要正确理解用户所提的自然语言问题，抽取其中的关键语义信息，然后在已有单个或多个知识库中通过检索、推理等手段获取答案并返回给用户。其中所涉及的关键技术包括词法分析、句法分析、语义分析、信息检索、逻辑推理、语言生成等。大数据时代，随着知识图谱的规模在不断增大，所涉及的领域不断增多。问答系统的研究与发展趋向于开放域、面向大规模、开放域、多源异构知识库问答等。总体来讲，基于知识图谱实现问答系统主要面临3个问题：问句语义解析、大规模知识推理、异构知识关联。

（1）问句语义解析

问句语义解析就要正确理解用户所提问题的语义内容，具体过程需要分析用户问题中的语义单元与知识图谱中的实体、概念进行链接，并分析问句中这些语义单元之间的语义关系，将用户问题解析成为知识图谱中所定义的实体、概念、关系所组成的结构化语义表示形式。

（2）大规模知识推理

传统的推理方法基于符号的知识表示形式，通过人工构建的推理规则推理出答案。但是面对大规模、开放域的问答场景，人工方式显然是不切实际的。如何自动进行规则学习，如何解决规则冲突仍然是亟待解决的难点问题。随着深度学习的飞速发展，基于分布式表示的知识表示学习方法能够将实体、概念及它们之间的语义关系表示为低维空间中的对象（向量、矩阵等），通过在低维空间中的数值计算完成知识推理任务。

（3）异构知识关联

问答系统中，用户提问具有复杂性和多样性，问题答案往往不能够在单一知识库中找到，需要综合多个知识库（多种语言、多个领域、多种模态）内的知识才能给出答案[36]。而多源知识库之间存在结构差异、内容差异、语言差异和模态差异等，基于多源知识库完成问答任务难度较大：①多源异构知识库问答过程中，问句文本歧义更加严重，同一短语，在不同知识库中会映射为更多的概念（实体、关系）候选项，这使得问句的语义解析更加困难；②问句中不同的子问题需要在不同的知识库中进行求解，这需要问答系统对于子问题进行精准的划分，同时确定子问题求解范围；③多源异构知识库之间存在冗余关联，不同知识库中的不同实体、关系间具有同指关系。多源知识库问答需要利用这种同指关系对于多个知识库中的知识进行综合，回答用户提问。然而多源异构知识库间的同指关系通常是一种隐含关系。因此，系统需要挖掘知识库间的同指关系，完成异构知识库的关联与对齐。

基于知识库的问答系统按技术路线划分大致可以分为基于语义解析的知识库问答和基于检索排序的知识库问答两种方法。各种实现技术也取得了一些效果，而深度学习在这方面的成绩令人瞩目。图 5-15[99] 显示了基于开放域知识库 Freebase，在公开问题库 WebQuestion 上，现有系统能够达到的精度。

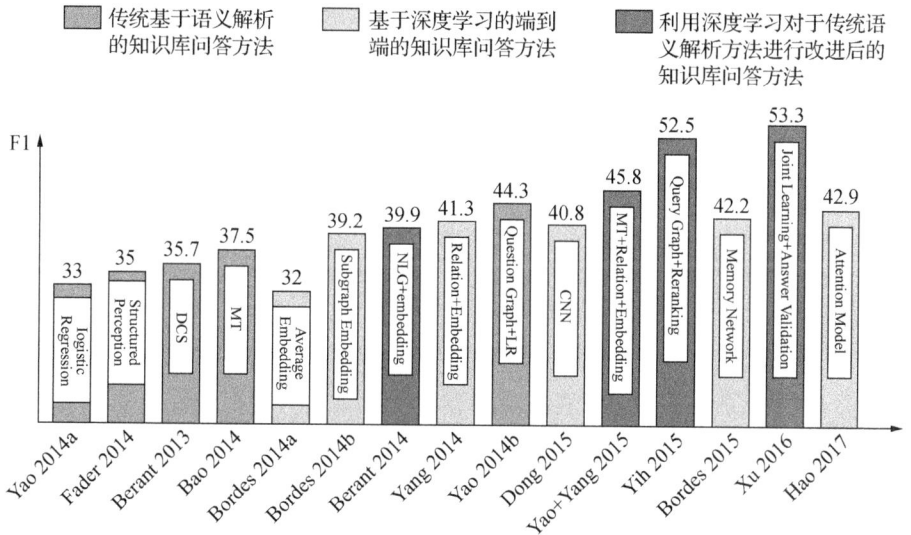

图 5-15　已有知识库问答方法在 WebQuestion 问题集上的性能

从图 5-15 可以看出，融合了深度学习的知识库问答方法，在整体性能上表现较基于传统语义解析的方法更好。

未来知识库问答系统将在领域和行业重点关注如下问题：

①面向复杂问句的深度学习知识库问答方法；

②分布式表示与符号表示相结合的知识库问答；

③面向问答的深度推理；

④对话中的自然语言形式回复。

5.5　本章小结

本章主要综述了知识图谱的研究与应用，包括知识图谱的基本概述、知识图谱的分类、知识图谱的构建方法及主要技术、知识图谱的具体应用等。因涉及知识图谱的存储，因此还介绍了目前主流的图数据库的研究情况。目前，知识图谱的两大阵营为基于文献计量学的科学知识图谱和基于知识库的以 Google 为代表的知识图谱。由于计算甲骨学的特殊性，在研究中必须依赖大量的文献资料，故基于科学知识图谱构建甲骨学知识图谱也是一个重要的介绍部分。所以与其他领域知识图谱构建方式不同的是，本书对知识图谱的两大阵营都做了较为细致的介绍，以期为后面融合科学知识图谱和知识图谱这两类方法构建甲骨学知识图谱奠定基础。

参考文献

[1] 赵军，刘康，何世柱，等. 知识图谱 [M]. 北京：高等教育出版社，2018.

[2] 李联宁. 大数据技术及应用教程 [M]. 北京：清华大学出版社，2016.

[3] 王昊奋. 知识图谱技术原理介绍 [EB/OL]. [2018 - 12 - 30]. https：//blog. csdn. net/noter16/article/details/52856230/.

[4] SINGHAL A. Introducing the knowledge graph：things，not strings [EB/OL]. [2017 - 03 - 22]. https：//blog. csdn. net/eli00001/article/details/64905724.

[5] ATKINS E，BORNER K，MCCAIN K. Visualizing knowledge domains [C]. Proceedings of the American Society for Information Science and Technology，2002.

[6] BÖRNER K，CHEN C，BOYACK K W. Visualizing knowledge domains [J]. Annual review of information science and technology，2003，37（1）：179 - 255.

[7] 陈悦，刘则渊. 悄然兴起的科学知识图谱 [J]. 科学学研究，2005，23（2）：149 - 154.

[8] 李杰. 科学知识图谱原理及应用：VOSviewer 和 CitNetExplorer 初学者指南 [M]. 北京：高等教育出版社，2018.

[9] 冯新翎，何胜，熊太纯，等. "科学知识图谱"与"Google 知识图谱"比较分析：基于知识管理理论视角 [J]. 情报杂志，2017，36（1）：149 - 153.

[10] 秦长江，侯汉清. 知识图谱：信息管理与知识管理的新领域 [J]. 大学图书馆学报，2009，27（1）：30 - 37.

[11] 胡泽文，孙建军，武夷山. 国内知识图谱应用研究综述 [J]. 图书情报工作，2013，57（3）：131 - 137.

[12] 刘则渊，陈悦，侯海燕，等. 科学知识图谱：方法与应用 [M]. 北京：人民出版社，2008.

[13] CHEN C. CiteSpace Ⅱ：Detecting and visualizing emerging trends and transient patterns in scientific literature [J]. Journal of the American society for information science and technology，2006，57（3）：359 - 377.

第五章 知识图谱研究及应用

[14] CHEN C, IBEKWE SANJUAN F, HOU J. The structure and dynamics of cocitation clusters: a multiple - perspective cocitation analysis [J]. Journal of the American society for information science and technology, 2010, 61 (7): 1386 – 1409.

[15] 李杰, 陈超美. Citespace: 科技文本挖掘及可视化 [M]. 北京: 首都经济贸易大学出版社, 2016.

[16] 汤建民, 余丰民. 国内知识图谱研究综述与评估: 2004—2010 年 [J]. 情报资料工作, 2012 (1): 16 – 21.

[17] 王亚男, 黄国彬, 张一楠, 等. 近十年我国图情领域科学计量可视化的研究特点剖析 [J]. 图书情报知识, 2015 (1): 86 – 94.

[18] 肖明. 知识图谱工具使用指南 [M]. 北京: 中国铁道出版社, 2014.

[19] ECK N, WALTMAN L. Software survey: VOSviewer, a computer program for bibliometric mapping [J]. Scientometrics, 2010, 84 (2): 523 – 538.

[20] ECK N, WALTMAN L. Visualizing Bibliometric Networks [M]. Berlin: Springer International Publishing, 2014.

[21] 刘冬潇, 许振亮, 王春博, 等. CitNetExplorer: 一款新的科学文献分析软件介绍与评价 [J]. 信息资源管理学报, 2016, 6 (2): 51 – 62.

[22] SUCHANEK F M, KASNECI G, WEIKUM G. Yago: a core of semantic knowledge [C]. Proceedings of the 16th international conference on World Wide Web, 2007.

[23] CARLSON A, BETTERIDGE J, Kisiel B, et al. Toward an architecture for never-ending language learning [C]. AAAI, 2010.

[24] MITCHELL T, COHEN W, HRUSCHKA E, et al. Never-ending learning [C]. SAAAI, 2015.

[25] AUER S, BIZER C, KOBILAROV G, et al. DBpedia: a nucleus for a web of open data [M]. Berlin: Springer, 2007.

[26] BOLLACKER K, EVANS C, PARITOSH P, et al. Freebase: a collaboratively created graph database for structuring human knowledge [C]. Proceedings of the 2008 ACM SIGMOD international conference on Management of data, 2008.

[27] NIU F, ZHANG C, RÉ C, et al. Elementary: large-scale knowledge-base construction via machine learning and statistical inference [J]. International journal on semantic web and information systems, 2012, 8 (3): 42 – 73.

[28] DONG X, GABRILOVICH E, HEITZ G, et al. Knowledge vault: a web – scale approach to probabilistic knowledge fusion [C]. Proceedings of the 20th ACM SIGKDD international conference on Knowledge discovery and data mining, 2014.

[29] NIE Z, MA Y, SHI S, et al. Web object retrieval [C]. Proceedings of the 16th international conference on World Wide Web, 2007.

[30] FERRUCCI D A. Introduction to "this is watson" [J]. IBM journal of research and development, 2012, 56 (3): 1.

[31] DESHPANDE O, LAMBA D S, TOURN M, et al. Building, maintaining, and using knowledge bases: a report from the trenches [C]. Proceedings of the 2013 ACM SIGMOD International Conference on Management of Data, 2013.

[32] NIU X, SUN X, WANG H, et al. Zhishi. me-weaving Chinese linking open data [M]. Berlin: Springer, 2011.

[33] WANG Z, LI J, WANG Z, et al. XLore: a large-scale English-Chinese bilingual knowledge graph [C]. International Semantic Web Conference (Posters & Demos), 2013.

[34] WANG Z, ZHANG J, FENG J, et al. Knowledge graph embedding by translating on hyperplanes [C]. Proceedings of the Twenty-Eighth AAAI Conference on Artificial Intelligence, 2014.

[35] 刘峤, 李杨, 段宏, 等. 知识图谱构建技术综述 [J]. 计算机研究与发展, 2016, 53 (3): 582-600.

[36] BIZER C, HEATH T, BERNERS-LEE T. The story so far [J]. British medical journal, 2009, 303 (6795): 196.

[37] GATTANI A, LAMBA D S, GARERA N, et al. Entity extraction, linking, classification, and tagging for social media: a wikipedia-based approach [J]. Proceedings of the VLDB Endowment, 2013, 6 (11): 1126-1137.

[38] WU C, WANG H, QU J, et al. Linked data and knowledge graph [M]. Berlin: Speringer, 2013.

[39] WANG Z, LI J, WANG Z, et al. Cross-lingual knowledge linking across wiki knowledge bases [C]. Proceedings of the 21st international conference on World Wide Web, 2012.

[40] XU M, WANG Z, BIE R, et al. Discovering missing semantic relations between entities in wikipedia [M]. Berlin: Springer, 2013.

[41] WANG Z, LI J, TANG J. Boosting cross-lingual knowledge linking via concept annotation [C]. Proceedings of the Twenty-Third international joint conference on Artificial Intelligence, 2013.

[42] LIN Y, LIU Z, SUN M, et al. Learning entity and relation embeddings for knowledge graph completion [C]. The Twenty-Ninth AAAI Conference on Artifical Intelligence, 2015.

[43] 库恩 T S, 北林. 科学革命的结构 [J]. 世界哲学, 1978 (1): 37-41.

[44] 陈悦, 陈超美, 刘则渊, 等. CiteSpace 知识图谱的方法论功能 [J]. 科学学研究, 2015, 33 (2): 242-253.

[45] 徐鹏. 知识图谱红利 图数据库在 AI 时代新生 [EB/OL]. (2018-12-26)

第五章 知识图谱研究及应用

［2018－12－29］. http：//cloud. zol. com. cn/701/7017430. html.

［46］张帜. Neo4j 权威指南［M］. 北京：清华大学出版社，2017.

［47］Pelhans. 知识图谱入门（五）知识存储［EB/OL］.［2018－12－26］. https：//blog. csdn. net/pelhans/article/details/80020462.

［48］崔斌，高军，童咏昕，等. 新型数据管理系统研究进展与趋势［J］. 软件学报，2018（1）：1－30.

［49］Webber J. A programmatic introduction to Neo4j［C］. Conference on Systems, 2012.

［50］Holzschuher F. Performance of graph query languages：comparison of cypher, gremlin and native access in Neo4j［C］. Joint Edbt/icdt Workshop Graphq, 2013.

［51］The Neo4j cypher manual v3. 5［EB/OL］.［2018－12－30］. https：//neo4j. com/docs/cypher-manual/current/.

［52］ABERGER C R, LAMB A, TU S, et al. EmptyHeaded：a relational engine for graph processing［J］. ACM transactions on database systems, 2017, 42（4）：20－21.

［53］NGO H Q. Worst-Case optimal join algorithms：techniques, results, and open problems［J］. Journal of the ACM, 2018, 65（3）：1－40.

［54］ZOU L, ÖZSU M T, CHEN L, et al. gStore：a graph-based SPARQL query engine［J］. Vldb Journal, 2014, 23（4）：565－590.

［55］LEI Z, MO J, LEI C, et al. gStore：Answering SPARQL queries via subgraph matching［J］. Proceedings of the Vldb Endowment, 2011, 4（8）：482－493.

［56］SHEN X, ZOU L, ÖZSU M T, et al. A graph-based RDF triple store［C］. IEEE International Conference on Data Engineering, 2015.

［57］PENG P, LEI Z, ÖZSU M T, et al. Processing SPARQL queries over distributed RDF graphs［J］. The Vldb Journal, 2014, 25（2）：243－268.

［58］OrientDB［EB/OL］.［2018－12－30］. https：//orientdb. com/.

［59］Titan：db［EB/OL］.［2018－12－30］. http：//s3. thinkaurelius. com/docs/titan/1. 0. 0/titan-intro. html.

［60］virtuoso 官网［EB/OL］.［2018－12－26］. https：//virtuoso. openlinksw. com/.

［61］Allegrograph 官网［EB/OL］.［2018－12－26］. http：//www. franz. com/agraph/allegrograph.

［62］Shinavier J. Real-time#SemanticWeb in 140 chars［C］. The Third Workshop on Linked Data on the Web（LDOW2010）at WWW2010, 2010.

［63］AllegroGraph Wikipedia［EB/OL］.［2018－12－26］. https：//en. wikipedia. org/wiki/AllegroGraph.

［64］stardog 官网［EB/OL］.［2018－12－26］. https：//www. stardog. com/.

［65］FEI W, HOFFMANN R, WELD D S. Information extraction from Wikipedia：moving down the long tail [C]. Acm Sigkdd International Conference on Knowledge Discovery & Data Mining, 2008.

[66] LEE T, WANG Z, WANG H, et al. Attribute extraction and scoring: a probabilistic approach [C]. 2013 29th IEEE International Conference on Data Engineering, Brisbane, 2013.

[67] LI Y, WANG C, HAN F, et al. Mining evidences for named entity disambiguation [Z]. KDD'13 ed. ACM - Association for Computing Machinery, 2013.

[68] MENDES P N, HLEISEN H, BIZER C. Sieve [C]. Linked Data Quality Assessment and Fusion, 2012.

[69] SCHULTZ A. Linked data integration framework [C]. International Conference on Consuming Linked Data, 2011.

[70] FADER A, SODERLAND S, ETZIONI O. Identifying relations for open information extraction [C]. Conference on Empirical Methods in Natural Language Processing, Stroudsburg, 2011.

[71] TAN C H, AGICHTEIN E, IPEIROTIS P, et al. Trust, but verify: predicting contribution quality for knowledge base construction and curation [C]. Proc of the 7th ACM Int Conf on Web Search and Data Mining, 2014.

[72] 刘知远,崔安颀,赵鑫,等. 大数据智能 [M].北京: 电子工业出版社,2016.

[73] 郭宇航,秦兵,刘挺,等. 实体链指技术研究进展 [J].智能计算机与应用, 2014, 4 (5): 9-13.

[74] MINTZ M, BILLS S, SNOW R, et al. Distant supervision for relation extraction without labeled data [C]. Joint Conference of the Meeting of the Acl & the International Joint Conference on Natural Language Processing of the Afnlp: Volume, 2009.

[75] COHEN, WILLIAM W. Relational retrieval using a combination of path-constrained random walks [J]. Machine learning, 2010, 81 (1): 53-67.

[76] BORDES A, USUNIER N, GARCÍADURÁN A, et al. Translating embeddings for modeling multi-relational data [C]. International Conference on Neural Information Processing Systems, 2013.

[77] 肖仰华. 当知识图谱"遇见"深度学习 [J]. 中国人工智能学会通讯, 2017 (4): 13.

[78] SEDROZHOU. 知识图谱与深度学习 [EB/OL]. [2018-12-25]. https://www.jianshu.com/p/9250d359047a.

[79] 刘知远,孙茂松,林衍凯,等. 知识表示学习研究进展 [J].计算机研究与发展, 2016, 53 (2): 247-261.

[80] YIN J, JIANG X, LU Z, et al. Neural generative question answering [C]. International

第五章 知识图谱研究及应用

Joint Conference on Artificial Intelligence, 2016.

［81］SEMERARO G, LOPS P, BASILE P, et al. Knowledge infusion into content-based recommender systems［C］. Acm Conference on Recommender Systems, 2009.

［82］ZHANG F, YUAN N J, LIAN D, et al. Collaborative knowledge base embedding for recommender systems［C］. Acm Sigkdd International Conference on Knowledge Discovery & Data Mining, 2016.

［83］HU Z, MA X, LIU Z, et al. Harnessing deep neural networks with logic rules［J］. arXiv, 2016（1）：2410 – 2420.

［84］RICHARDSON M, DOMINGOS P. Markov logic networks［J］. Machine learning, 2006, 62（1 – 2）：107 – 136.

［85］阮彤, 王梦婕, 王昊奋, 等. 垂直知识图谱的构建与应用研究［J］. 知识管理论坛, 2016, 1（3）：226 – 234.

［86］RUAN T, LIN Y, WANG H, et al. A multi-strategy learning approach to competitor identification［M］. Berlin：Springer, 2014.

［87］蒋秉川, 万刚, 许剑, 等. 多源异构数据的大规模地理知识图谱构建［J］. 测绘学报, 2018, 47（8）：1051 – 1061.

［88］葛斌, 谭真, 张翀, 等. 军事知识图谱构建技术［J］. 指挥与控制学报, 2016, 2（4）：302 – 308.

［89］谢榕, 罗知微, 王雨晨, 等. 遥感卫星特定领域大规模知识图谱构建关键技术［J］. 无线电工程, 2017, 47（4）：1 – 6.

［90］阮彤, 孙程琳, 王昊奋, 等. 中医药知识图谱构建与应用［J］. 医学信息学杂志, 2016, 37（4）：8 – 13.

［91］袁凯琦, 邓扬, 陈道源, 等. 医学知识图谱构建技术与研究进展［J］. 计算机应用研究, 2018, 35（7）：1929 – 1936.

［92］聂莉莉, 李传富, 许晓倩, 等. 人工智能在医学诊断知识图谱构建中的应用研究［J］. 医学信息学杂志, 2018, 39（6）：7 – 12.

［93］黄智生, 缪崇, 胡青, 等. 川崎病知识图谱构建研究［J］. 中国数字医学, 2018, 13（9）：28 – 31.

［94］高翔. 人工智能民事司法应用的法律知识图谱构建：以要件事实型民事裁判论为基础［J］. 法制与社会发展, 2018, 24（6）：66 – 80.

［95］武鸿浩. 公安领域中知识图谱的构建与应用研究［J］. 网络安全技术与应用, 2018（8）：93 – 94.

［96］鄂世嘉, 林培裕, 向阳. 自动化构建的中文知识图谱系统［J］. 计算机应用, 2016, 36（4）：992 – 996.

［97］袁琦, 刘渊, 谢振平, 等. 宠物知识图谱的半自动化构建方法［J］. 计算机应用研

究, 2018, 37 (1): 1-7.

[98] 邹玉薇. 中文医疗知识图谱半自动化构建研究 [D]. 武汉: 武汉科技大学, 2016.

[99] 中国中文信息学会语言与知识计算专委会. 2018 知识图谱发展报告 [R]. 北京: 中国中文信息学会, 2018.

[100] 肖仰华. 领域知识图谱落地实践中的问题与对策 [EB/OL]. [2018-12-06]. https://blog.csdn.net/dQCFKyQDXYm3F8rB0/article/details/81463941.

[101] MEGDICHE I, TESTE O, TROJAHN C. An extensible linear approach for holistic ontology matching [J]. Berlin: Springer, 2016.

[102] ZHANG Y, PARADIS T, HOU L, et al. Cross-lingual infobox alignment in wikipedia using entity-attribute factor graph [C]. Berlin: Springer, 2017.

[103] YAN Z, LI G, ZHONG Z, et al. Hike: a hybrid human-machine method for entity alignment in large-scale knowledge bases [C]. The 2017 ACM, 2017.

[104] ISELE R, BIZER C. Active learning of expressive linkage rules using genetic programming [J]. Social science electronic publishing, 2013, 23 (4): 2-15.

[105] NGOMO A C N, LYKO K. Efficient active learning of link specifications using genetic programming [C]. International Conference on the Semantic Web: Research & Applications, 2012.

[106] CHEN M, TIAN Y, YANG M, et al. Multilingual knowledge graph embeddings for cross-lingual knowledge alignment [J]. arXiv, 2016 (1): 15.

[107] HAO Z, XIE R, LIU Z, et al. Iterative entity alignment via joint knowledge embeddings [C]. International Joint Conference on Artificial Intelligence, 2017.

[108] SUN Z, WEI H, LI C. Cross-lingual entity alignment via joint attribute-preserving embedding [C]. International Semantic Web Conference, 2017.

[109] EL-ROBY A, ABOULNAGA A. Automatic link exploration in linked data [C]. IEEE International Conference on Data Engineering, 2015.

[110] ETZIONI O. Search needs a shake-up [J]. Nature, 2011, 476 (7358): 25-26.

第六章 甲骨学知识图谱构建方法

甲骨学的研究必须依赖已经出版的著录和文献，基于著录和文献进行一系列的知识关联分析，如著录与甲骨片的关系、甲骨片与甲骨片的关系、著录与文献的关系、学者与文献的关系、学者及其合作关系、研究机构及其合作关系、著录及文献之间引用与被引关系。这些都涉及科学知识图谱 MKD 的构建。但是，一方面，目前相关研究均以文献计量为本，侧重分析学科结构及布局、研究领域进展、重点研究方向及热点、主流研究机构和学者及其合作网络等宏观知识群，而在分析领域内部微观知识方面研究较少；另一方面，科学知识图谱 MKD 的分析关系大多是直接或间接关联关系，且存在的语义解释性不佳的问题[1]，无法表达甲骨文知识中深层次的语义关系，如商王世系关系、贞人与商王的关系、方国地理位置关系、祭祀对象关系等。因此，仅采用 MKD 不足以表达甲骨学领域中的微观知识。

根据前述可知，构建甲骨学知识图谱的关键是确定知识实体及实体之间的关系。通过关系连接实体后，根据连接的路径能将相关实体联系起来从而获取知识。KG 在实体连接方面有极大的优势，但是 KG 在直观描述知识的群落分布、关联紧密程度及知识演化方面尚存在不足。而且，目前 KG 的构建大多是在大数据环境下，综合维基百科等百科类数据、网络知识库、搜索日志、开放链接数据、社会网络、众包等资源实现实体抽取和实体链接，并利用本体进行知识映射或知识融合。但是，目前网络上的甲骨学数据及知识描述资源极少，绝大多数甲骨文数据均以不同的形式存储在各研究机构，因此，针对这类线下数据需要重新考虑知识实体的发现及关系挖掘方法。

综合而言，构建甲骨学知识图谱存在的主要问题有：①MKD 在宏观上展示知识关联和知识群方面具有优势，且能从时间序列上反映知识的演化规律，但在表达微观层面的语义关联方面存在不足；②KG 在微观上展示知识间的语义关联具有优势，但是无法直观描述知识关联的紧密程度、知识的演化和分布群落，在知识表达上"图"有余而"谱"不足；③甲骨学知识图谱的研究数据和文献非常少，可用的开放链接资源稀缺，利用通用知识图谱或其他领域知识图谱的构建方法无法直接套用，需要考虑专门针对甲骨学的知识图谱构建方法。

因此，本书考虑综合 MKD 和 KG 两者的优势来构建甲骨学知识图谱，并以构建过程中实体的识别及实体间语义关系的挖掘为核心研究内容。

6.1 甲骨学知识图谱构建框架

构建甲骨学知识图谱是以现有的甲骨文研究成果为数据源，在完善现有甲骨文本体库的基础上，融合 MKD 和 KG 两类方法构建甲骨学知识图谱，MKD 以甲骨文文献为对象，KG 以甲骨文语料为对象。具体的构建框架如图 6-1 所示。

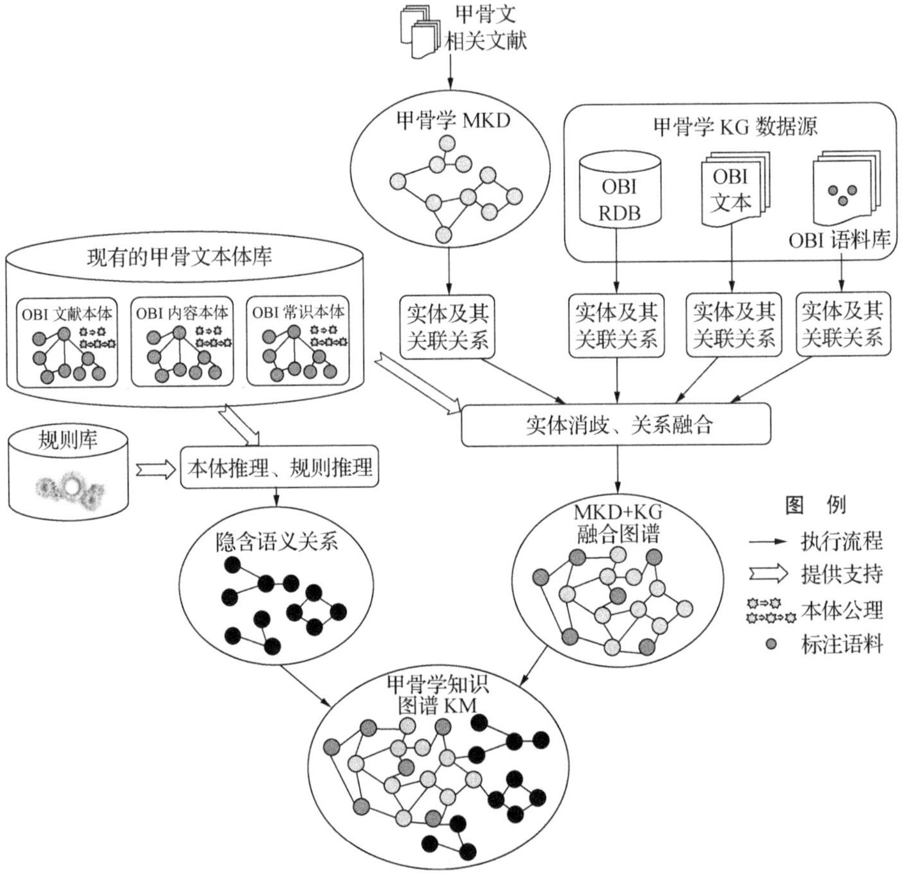

图 6-1 甲骨学知识图谱构建框架

第六章 甲骨学知识图谱构建方法

从图6-1可以看出，构建甲骨学知识图谱首先以甲骨文文献为数据源，利用MKD显示甲骨学知识关联、知识演化及知识群结构。由于甲骨文的古籍特性，使得甲骨文研究必须充分依赖大量的文献资料，而MKD在文献计量方面极具优势。甲骨文研究离不开相关的辅助学科，如借助考古学，去解决甲骨出土问题；借助历史学和文献学，去解决甲骨文中的殷商历史问题；借助语言学，去解决甲骨文字的问题。同时，甲骨文研究又促进了相关学科的发展，并延伸到其他学科领域。这些学科的文献资料对甲骨文的研究起到积极作用。MKD可作为一种新生成的数据源，利用共引、共词、聚类分析等方法从中提取实体（如研究机构、学者、甲骨文中记载的地点、人物、事件等）、属性（如主题、分期等）及其关系（如合作、被引、共现、为……提供依据、祭祀、继承等）。

根据多源异构数据源中的数据类型采取相应的抽取方案。针对非结构化数据，采用文本挖掘、本体学习等技术实现实体及关系抽取；针对结构化数据，采用D2R（database to RDF）方法将数据转成实体及关系的RDF形式；针对半结构化数据，充分利用已标注的数据，采用半监督学习的方法或Bootstrapping算法。

通过扩充和完善现有的甲骨文本体库，可为知识图谱提供概念模型和逻辑基础。目前我们已构建了甲骨文文献本体、甲骨文内容本体和甲骨文常识本体3个本体[2]。其中，甲骨文文献本体是依据甲骨文研究论文及专著建立的资源本体；甲骨文内容本体是描述经甲骨文专家及历史学家考释出来的，反映商代社会人们的家庭关系、生活、农作、天气、战争、狩猎等事件及其相互关系的知识库；甲骨文常识本体描述的是甲骨文基础知识，包括甲骨文发现历史、考古记录、文字特征、语法知识等。

基于本体实现实体消歧和关系融合，利用本体的语义关系和本体推理，可以发现隐含的潜在语义关系。由于甲骨学的领域专业程度高，因此，基于规则的推理必不可少，甲骨文规则的获取需要结合人工书写和规则挖掘两种方式。

6.2 甲骨文文献语义检索

由于甲骨文是距今久远的一种现已停止使用的古代文字，因此，从事甲骨学研究必须查阅大量的相关文献。传统的检索方式都是以关键词进行机械式的匹配，这种检索方式严重的分离了字和词之间的语义关联，检索的结果不包含任何语义信息很难满足用户的需求。语义检索是目前研究的一个热点，检索模式由原来的关键词匹配改为基于内容的匹配。在语义检索中本体扮演着十分重要的角色。目前的语义检索主要是基于概念匹配的检索方法，把传统的基于关键词的检索提升到基于概念级的检索；还有的语义检索考虑了概念之间的关系，利用概念间的层次分析刻画概念间的距离和相似度。

我们设计了基于本体的甲骨文文献查询框架，通过本体构建、语义标注等技术提高了甲骨文领域文献检索的查准率和查全率，并开发了甲骨文文献综合检索系统，以获取甲骨学领域相关的文献，为构建甲骨学知识图谱收集数据。

基于本体的甲骨文文献语义检索平台主要由用户界面模块、查询分析模块、检索分析模块和数据存储模块。系统功能示意如图6-2[3]所示。

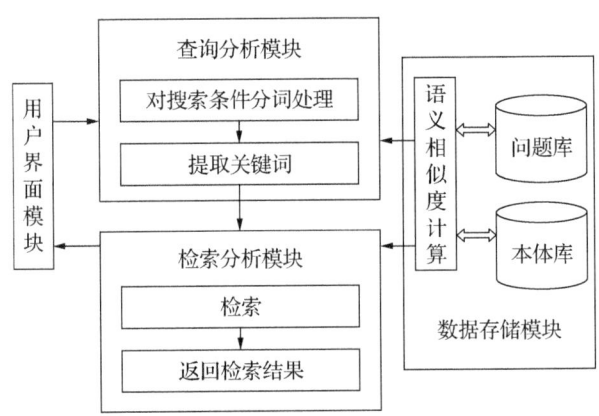

图6-2 甲骨文文献语义检索系统功能

如图6-2所示的语义检索系统共包括用户界面模块、查询分析模块、检索分析模块和数据存储模块。4个模块相互协作共同完成检索任务，现将4个模块功能介绍如下。

（1）用户界面模块

用户界面模块是本系统与用户的接口，该模块的主要功能包括接受用户的查询请求，将用户请求提交给查询模块去处理，最后将检索分析模块检索的结果显示出来。

第六章　甲骨学知识图谱构建方法

（2）查询分析模块

查询分析模块的主要功能是将用户的检索条件进行处理，首先对用户提出的检索条件进行分词，抽取出有检索意义的关键词。

（3）检索分析模块

检索分析模块首先得到查询分析模块提取的关键词，把关键词作为信息资源的特征值，查询它在数据库中的位置，然后根据检索条件对本体库进行检索，最后把检索结果返回给用户。

（4）数据存储模块

数据存储模块通过语义相似度的计算，将用户提出的检索问题进行存储。把问题的提出的时间、频率都保存至问题库中，为以后分析问题打下基础。同样把问题检索出的结果同样保存起来，作为本体库的事例，能更好地理解用户查询的目的，为提高检索的查全率和查准率打下基础。

系统基于甲骨文文献本体提供语义检索功能。语义的基础是概念，通过词汇或短语把一些具有共同属性的对象、事件表示出来记为概念。基于本体构建的领域知识库不但可以明确的表达概念的含义还可以表示概念之间的语义关系。通过领域知识库把用户的原始查询信息映射成本体知识库中的元素后，借助本体的语义信息和语义推理机制可以对用户的查询进行语义层次的扩展，更好地理解用户的查询意图，从而提高查询的查全率和查准率[4]。

通过分析甲骨文文献的特征，我们通过查阅甲骨文文献、提取专业论文关键词及向甲骨文专家咨询等方式抽取了一系列概念，包括甲骨文文献本体和甲骨学领域本体和计算机学科本体（因为甲骨文数字化离不开计算机学科）。文献本体描述了和文献相关的概念以及属性；甲骨学领域本体描述甲骨学领域的概念和属性；计算机学科本体描述计算机学科的概念和属性，为文献检索提供学科知识，如学科分类等。

甲骨文文献本体包括5个核心类：论文、图书、期刊、学术机构、作者。其中，论文类包含6个子类：博士论文、硕士论文、学士论文、期刊论文、会议论文、网上资源。甲骨学本体和计算机学科本体各包括1个类：甲骨学和计算机科学。它们包含若干个直接子类和众多的间接子类。在OWL中属性有2种类型：对象属性（object properties）和数据类型属性（datatype properties），前者表示两个类的实例间的关系，后者表示类实例与RDF文字或XML Schema数据类型间的关系。6个重要的对象属性如下。

①论文作者：描述了文献和论文作者之间的写作关系，定义域（domain）为"文献"类，值域（range）为"作者"类。

②发表：描述了文献作者和文献之间的关系，定义域为"作者"类，值域为"文献"类。该属性是"论文作者"的反转属性（inverse property），即如果"文献 A 的论文作者为作者 B"，则可以推理得出"作者 B 发表了文献 A"。

③出版期刊：描述了文献和文献所在的期刊之间的关系，定义域为"文献"类，值域为"期刊"，它的反转属性是"出版"。

④所属学科：描述了论文和计算机学科方向的关系，定义域为"文献"，值域为"计算机科学"，其反转属性为"拥有文献"。

⑤研究领域：描述了作者和计算机学科方向的关系，定义域为"作者"类，值域为"计算机科学"类。

⑥所属机构：描述了作者和学术机构的关系，定义域为"作者"类，值域为"学术机构"类。

按照上述步骤建立的甲骨文文献本体，根据论文元数据进行概念的定义及分类，类层次结构如图 6-3 所示。

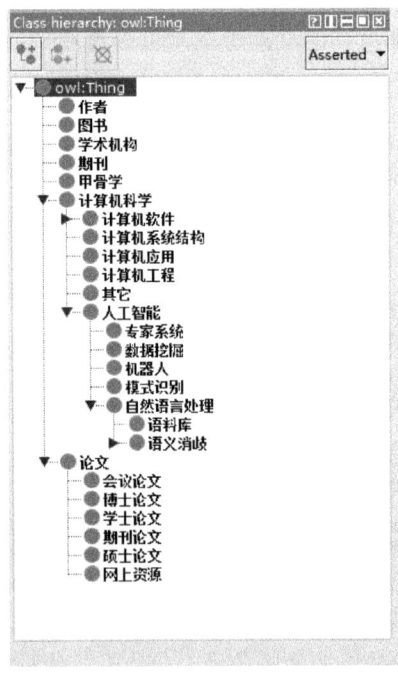

图 6-3　本体类及继承层次

本体属性(包括对象属性和基本数据属性)如图 6-4 所示。

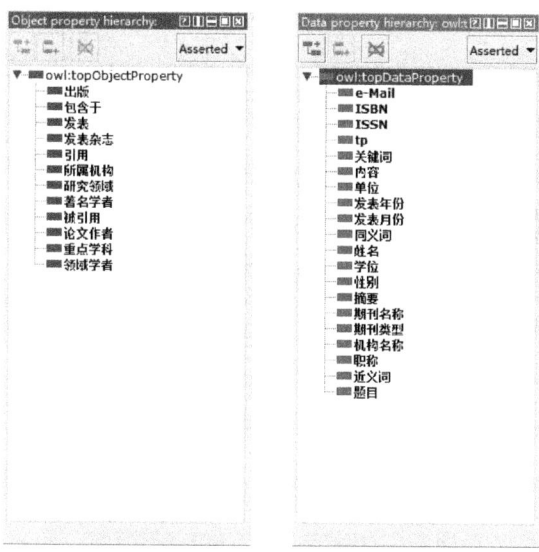

图 6-4 本体属性

确定了本体的类、属性等元素,就可以创建本体实例。实例的创建过程就是将各个甲骨文文献的元数据信息填充到类的个体中,如图 6-5 所示。

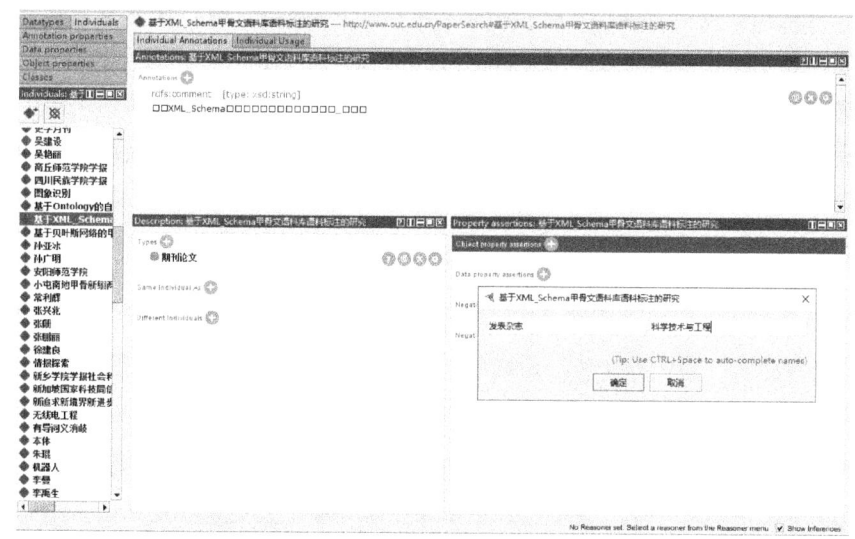

图 6-5 实例创建详细过程

在实例创建环节，最重要、最关键的就是对实例中各元素间的关系的确定。甲骨文文献本体实例如图 6-6 所示。

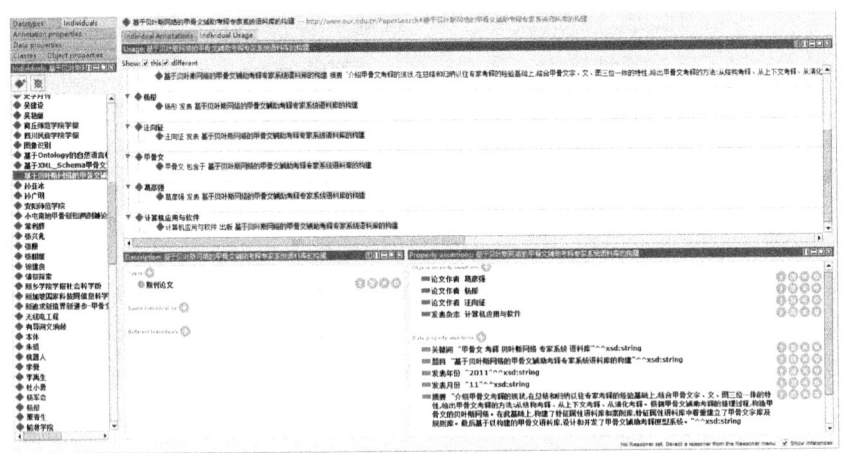

图 6-6　甲骨文文献本体的实例详情

本体的构建及在基于本体的应用中，语义相似度计算是信息检索领域的基本问题，通过对相似度的计算可以实现问题库的检索及问题与答案的匹配等。

语义相似度是指两个概念在语义层次上的相似程度，其值在 [0，1] 之间。如果两个概念间的语义越相近，语义距离越小，相反语义距离越大。概念间的语义相似度计算是通过两个概念间的语义距离来衡量的，用两个概念在层次网络中的几何距离来量化，将两个概念对应的节点在层次树中的最短路径看成语义距离。通过求语义距离与语义相似度的反比关系[5]，公式表示如下：

$$Sim(v_i, v_j) = \frac{1}{(Dist(v_i, v_j))^2 + u} \quad (6-1)$$

式中：$Dist(v_i, v_j)$ 表示节点 v_i 到节点 v_j 的最短路径的边数，u 表示调节参数。

依据式（6-1）计算语义相似度得到的结果并不精确，因为语义相似度还受概念节点"深度"的影响[6]。当语义距离相等时，在层次树中离根节点近的概念间的相似度比距离远的概念间的相似度小。另外，在语义层次树中，不同的概念节点的直接子节点数是不同的，如果直接子节点数越多说明此概念节点被细化的程度越好、分类越具体、概念越相似。因此，概念节点

第六章 甲骨学知识图谱构建方法

的子节点数也是影响语义相似度的一个因素[7]。依据上述结论做如下定义[3]。

定义1：假设语义层次树中任意两个概念节点 v_i 和 v_j 直接最短的路径长度为 $Lenth(v_i, v_j)$，其根节点为 $Root$，对任一非根节点 v，其深度可以表示为 $Depth(v) = Lenth(Root, v)$，其中 $Depth(Root) = 0$。

定义2：假设 v 为层次树中的任一节点，层次树的深度为 $MaxDepth = Max(Depth(v))$。

定义3：概念 v_i 和 v_j 的语义距离定义为：

$$Dist(v_i, v_j) = \sum_{i=1}^{t} weight\ k(v) \tag{6-2}$$

式中：$Weight\ k(v)$ 表示 v_i 到 v_j 的最短路径上第 k 条边的权值。公式表达如下：

$$Weight(v) = \frac{1}{Dense(v) \times u^{Depth(v)}} (u \geqslant 2) \tag{6-3}$$

式中：$Dense(v)$ 表示节点 v 的直接子节点的个数。

综上所述，同时考虑概念在层次树中的深度和直接子节点的个数，定义概念节点 v_i 和 v_j 间的语义相似度计算公式如下：

$$Sim(v_i, v_j) = 1 - \left(\frac{Dist(v_i, v_j)}{2 \times Dist_{max}}\right)^{1/t} \tag{6-4}$$

式中：$Dist_{max} = 2 \times \left(1 - \frac{1}{2^{MaxDepth}}\right)$，$t$ 为调节因子，可通过改变 t 的值确定不同需要。

基于领域本体可以实现语义查询扩展。用户通过界面输入原始查询后，依据领域本体推理出相关的知识，通过对概念的语义相似度的计算，选择概念相似度大于阈值的词汇作为扩展概念集，实现细化和扩展等语义查询。另外通过量化计算，限制搜索范围明确搜索目的真实地反映出领域本体中概念语义关联程度，使查询的结果更符合用户的需求，更有针对性，查询更为精确[6-7]。语义扩展查询的工作步骤如下[3]。

步骤1：自然语言处理。即用户查询条件预处理、去除无意义的字和词，通过分词技术抽取出概念作为查询初始关键词。

步骤2：概念与本体知识库之间的映射。将抽取出的关键概念映射为本体中的概念、属性和实例，并根据本体语义树中的连接路径找到与关键概念相关的概念集，并计算其语义相似度。

步骤 3：查询条件的扩充。通过步骤 2 得到每一个概念与其子概念的相似度，并与设定的阈值相比较，筛选出相似度大于阈值的关键词。加入到查询条件中，作为新的查询语句提交给系统。

语义查询是一个发现甲骨文文献关联信息的过程。为了能够基于语义查询符合需要的甲骨文相关文献，为后续的 MKD 构建奠定基础，我们开发了一个基于本体的甲骨文文献语义检索系统。该系统采用 RDQL[8]语言进行查询，可以进行简单关联查询，综合查询和语义扩展查询。

简单关联查询的 RDQL 关键代码如下：

```
ModelRDB model = pModel.getModel();
String queryString = "SELECT * WHERE (? x,baseURI:关键词,? z)," +
                    " (? x,baseURI:题目,? title)," +
                    " (? x,baseURI:发表杂志,? magazine)," +
                    " (? x,baseURI:关键词,? keywords)," +
                    " (? x,baseURI:摘要,? describe)," +
                    " (? x,baseURI:发表年份,? year)," +
                    " (? x,baseURI:发表月份,? month) " +
                    "AND ? z = ~/" + condition + "/i " +
                    " USING ex FOR < http://hpl.hp.com/semweb/JenaTutorial/RDQL/schema# >," +
                    " rdf FOR < http://www.w3.org/1999/02/22-rdf-syntax-ns# >," +
                    " rdfs FOR < http://www.w3.org/2000/01/rdf-schema# >," +
                    " baseURI FOR < http://www.aynu.edu.cn/PaperSearch# >";
Query query = new Query(queryString);
query.setSource(model);
QueryExecution qe = new QueryEngine(query);
QueryResults results = qe.exec();
```

在我们开发的甲骨文文献管理系统中，以关键词为查询条件，输入关键词"甲骨文"，检索结果如图 6-7 所示。

该系统还具有综合查询功能，即在简单查询基础上提供多个查询条件的

第六章 甲骨学知识图谱构建方法

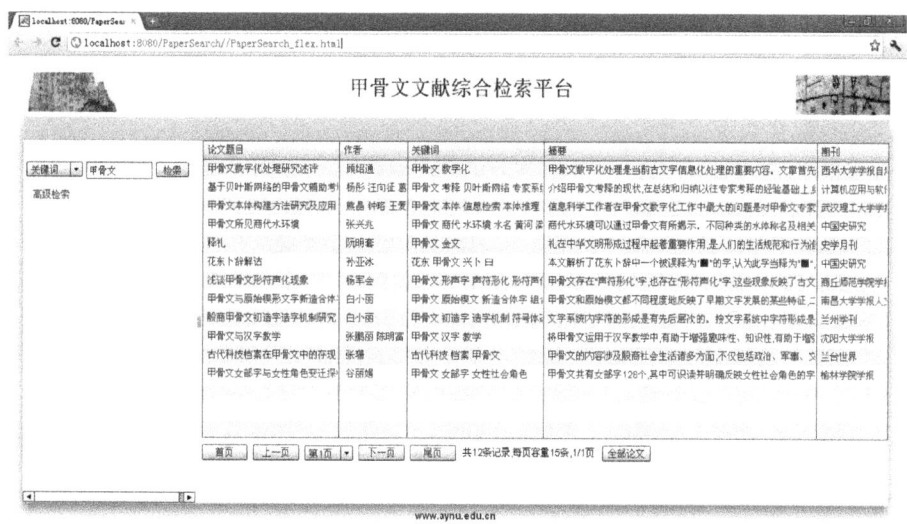

图 6-7　简单关联查询

选择，通过 and、or、not 的方式进行组合。

综合查询功能的一个简单示例如图 6-8 所示。

利用本体的语义推理功能，可以实现扩展查询，以提高检索的查全率。在图 6-8 的基础上进行语义扩展后，文献的查询结果如图 6-9 所示。

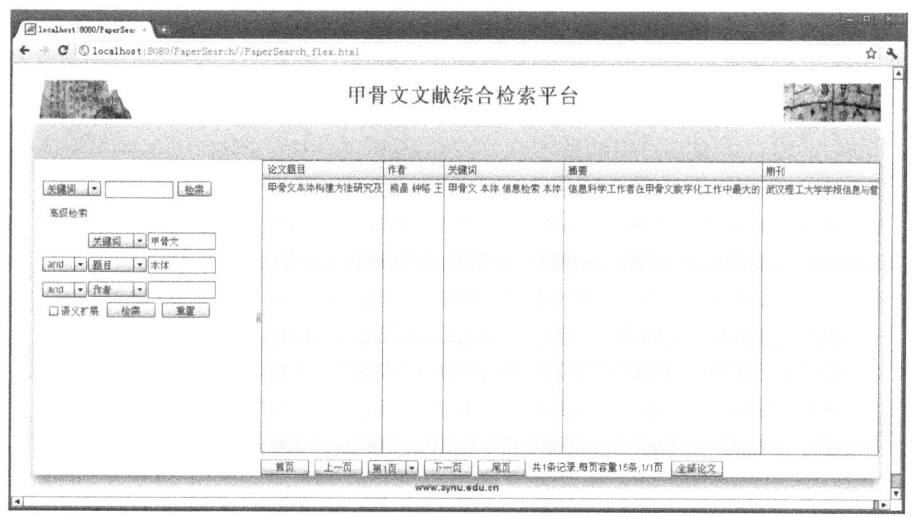

图 6-8　综合查询示例

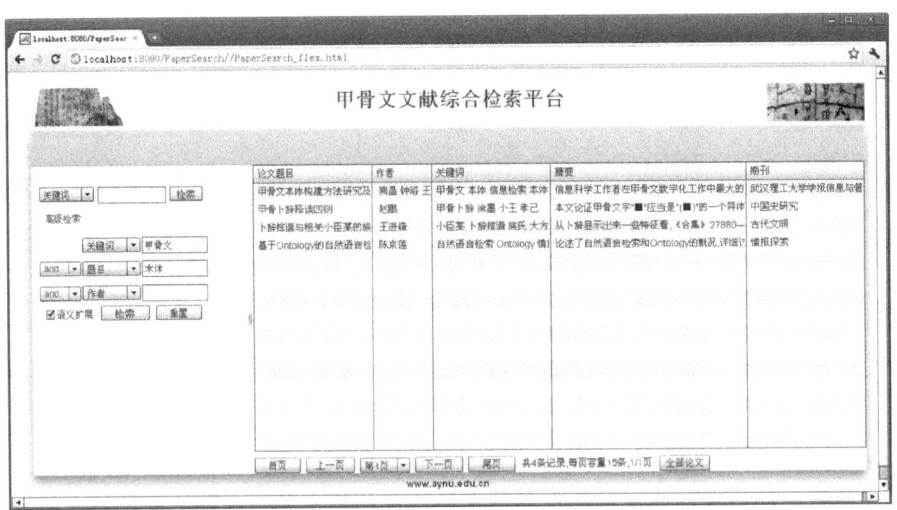

图 6-9 语义扩展查询示例

与图 6-8 相比较，图 6-9 的查询结果有所增加。主要原因是关键词"甲骨文"和"本体"通过本体的语义扩展后，分别得到同义词"卜辞"和"Ontology"，再基于关键词及其同义词进行查询，提高了检索的查全率[9-10]。

为验证基于本体的甲骨文文献语义检索系统的有效性，我们做了相关实验。实验数据为从中国知网收录的论文中选择 453 篇进行了实验。将这些论文进行人工分类，其中，农业 45 篇，文史哲 230 篇，政治军事与法律 78 篇，电子技术与信息科学 100 篇。实验论文中涉及甲骨学领域的有 261 篇。采用传统基于关键词匹配的检索和基于本体的语义检索两种方法进行了对比实验。实验结果如表 6-1 所示。

表 6-1 两种方法的对比

	查全率	查准率	F 值
关键词匹配方法	50%	80%	0.62
语义扩展方法	57%	93%	0.71

从表 6-1 的结果看，基于本体的语义扩展方法可以提高甲骨文相关文献检索的查全率，其主要原因是经过本体推理，扩展了关键词的语义，找到了与其相关的潜在信息；查准率有了显著的提高，原因是本体将检索范围限

第六章 甲骨学知识图谱构建方法

定在甲骨学领域,因而筛除了领域无关的信息(如知名软件公司"甲骨文公司"的相关信息)。F 值也说明了该方法在查全率和查准率两方面均有提高。

6.3 基于 MKD 的甲骨学知识图谱

6.3.1 甲骨学 MKD 绘制

现有的 MKD 绘制方法较多,如共引分析法、共词分析法、聚类分析法、社会网络分析法,以及融合了其他文献特征的综合分析方法等[1]。在众多的方法中,具有知识表达功能的元素只有引文、分类和词(短语),如基于引文的共引分析和基于主题词的共词分析等。引文指向的是一篇文献,代表的是一条法则、规律或一个问题,是若干知识单元的集合,所以基于引文的分析是不能反映微观层次的知识关联的。分类一般代表的是一个综合的知识领域,即使是比较详细的分类,对微观知识的反映也是有限的[1]。共词分析方法通过分析在同一个文本主体中的关键词对共同出现的形式,确定文本所代表的学科领域中主题间的关系,从而分析该领域的科学发展[1]。为了明确分析知识之间的关联关系,只有选择知识继承与发展的最小功能单元词作为分析对象[1]。因此,选择共词分析法描述知识之间的联系。

共词分析是通过分析词和词之间的知识关联来实现的。由于词代表的领域知识概念,与共引分析方法相比较来看,共词分析更有利于揭示领域知识在微观层面的联系。国外针对共词方法的研究起步较早,近年来,国内学者也逐渐开始从事这方面的研究。早期共词分析方法的研究基础是问题网络的层次结构,例如,通过包容指数和临近指数来寻找中心 – 边缘关系,以期发现目前规模尚小,但是发展潜力较大的领域,并将问题网络展现为包容地图和临近地图[1]。

上述方法在计算复杂性及结果解释方面均存在不足,因此,学者们开始研究基于网络密度和中心度的分析方法,并利于建立空间坐标的方式进行网络比较。这种方法分别将密度作为横坐标,中心点作为纵坐标来绘制战略坐标图,通过分析研究主题在图中所处的位置,并且对比不同时期研究主题发生的位移,预测该研究领域的发展趋势。与早期的方法相比,该方法具有更高的可操作性,从而得到了较快的发展。

上述的共词分析方法随着研究的推进，经历了不同阶段的发展和完善，包括分析用词、聚类算法和可视化方法等方面的改进，共词分析的结果也因此大为改观，进行科学知识演化的描述也更具可靠性。利用共词分析揭示学科知识的演化特征，其功能可以概括为：从学科内部的角度看，可以区分科学的子领域，确定该学科的知识结构；从学科之间的角度看，可以揭示学科研究主题之间的特点，对比主题之间的差异；从时间的维度看，可以揭示出学科领域中，不同子领域的研究发展、演化规律和相互作用关系；从横向的主题比较角度看，可以揭示学科研究主题是否接近研究热点问题，并计量接近研究热点的程度，从而对知识发展趋势进行合理的预测。

目前，共词关系的计算方法较多，常见的计算方法如下[1]。

（1）内积法

设关键词 $D_i = (d_{1i}, d_{2i}, \cdots, d_{ni})^T$ 和关键词 $D_j = (d_{1j}, d_{2j}, \cdots, d_{nj})^T$，则两者之间的共词关系相似度的内积可表示为：

$$RC_1 = \sum_{k=1}^{n} d_{ki} d_{kj} \tag{6-5}$$

（2）Jaccard 系数法

关键词 D_i, D_j 的定义同前，则 D_i, D_j 的 Jaccard 系数的计算公式如下：

$$RC_2 = \frac{\sum_{k=1}^{n} d_{ki} d_{kj}}{\sum_{k=1}^{n} d_{ki}^2 + \sum_{k=1}^{n} d_{kj}^2 - \sum_{k=1}^{n} d_{ki} d_{kj}} \tag{6-6}$$

（3）Dice 系数法

关键词 D_i, D_j 的定义同前，则 D_i, D_j 的 Dice 系数的计算公式如下：

$$RC_3 = \frac{2 \sum_{k=1}^{n} d_{ki} d_{kj}}{\sum_{k=1}^{n} d_{ki}^2 + \sum_{k=1}^{n} d_{kj}^2} \tag{6-7}$$

（4）Cosine 函数法

关键词 D_i, D_j 的定义同前，则 D_i, D_j 的余弦函数计算公式如下：

$$RC_4 = \frac{\sum_{k=1}^{n} d_{ki} d_{kj}}{\sqrt{\sum_{k=1}^{n} d_{ki}^2} \sqrt{\sum_{k=1}^{n} d_{kj}^2}} \tag{6-8}$$

第六章 甲骨学知识图谱构建方法

通过对比选择,本研究确定用 Cosine 函数法作为共词关系计算的方法。

因此,面向甲骨学的知识图谱 MKD 需要针对甲骨文知识特点寻找合适的分析方法,来揭示知识之间的关联关系。甲骨学 MKD 绘制步骤大体如下:

①选择具有代表性的数据来源,完成预处理工作;

②利用知识图谱分析方法进行实验;

③对比分析各方法的优劣,选择最合适的方法绘制甲骨文知识图谱 MKD。

通过实验对比,我们选择关键词共现的方式(即关键词共词方法)进行绘制。

我们以 CNKI 为数据来源,用"甲骨文"作为主题词检索相关文献进行实验。由于文献的标题、关键词和摘要已经能反映出甲骨文知识的大部分内容,因此,实验中只取文献的标题、关键词和摘要进行共词分析,从而得到甲骨学 KMD 图谱,而不需要文献全文。利用 CiteSpace 工具,采用余弦函数进行的共词分析片段如图 6-10 所示。

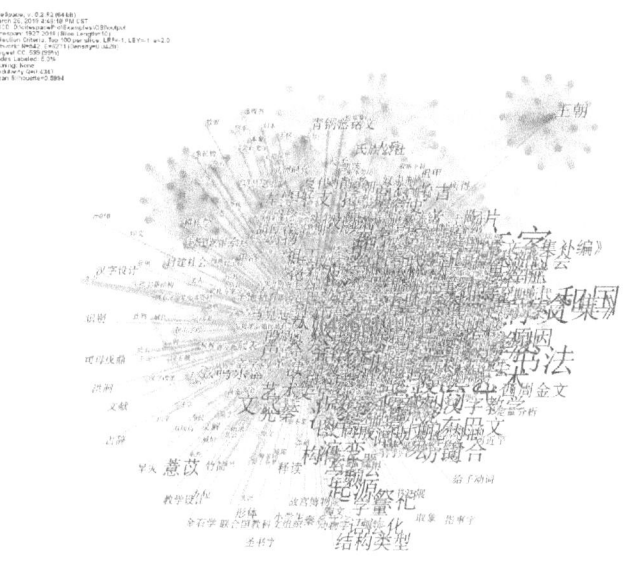

图 6-10 甲骨文关键词共现网络

从图 6-10 可以看出,MKD 可以通过关键词共现方式显示知识结构和分布,而且节点和字体的大小体现了关键词的词频,连线表明了知识之间的关联,线条颜色对应着文献发表年份。图6-10的显示结果存在的最大问题是未考虑语义关系对关键词的优化,如"比较""字符""字频"等对表示甲骨文知识的意义不大,应该剔除;相反,有助于表示甲骨文知识的同义词、上位词、下位词等关系则没有体现出来。这也是我们采用本体对甲骨学MKD进行扩展和优化的目的所在。

6.3.2 基于本体的甲骨学MKD扩展

甲骨文信息处理研究过程中,已有知识的有效共享和活用一直是个难以突破的瓶颈。甲骨文信息处理离不开甲骨文专家的指导,研究过程中,我们发现存在下列问题:不同人甚至同一人会针对同一问题反复咨询专家;专家被咨询的问题是零碎的、无条理的、无征兆性的;咨询人无法真正理解专家已解答的问题并传授给其他人。造成这些问题的根本原因是甲骨文研究难度大,对已掌握的知识而言,其表示和传承缺乏有效的手段。因为甲骨文专家释读和理解甲骨文字,依靠的是长期的学术经验积累,并且涉及多个学科的背景知识,而这种经验作为隐性知识仅存储在专家的头脑中,并不能实现知识的有效管理和共享。而且,甲骨文知识的表达通常是自然语言形式,缺乏概念化和形式化的表达,因此不利于计算机进行理解和推理。

本体作为共享概念模型明确的形式化规范说明[12],可以给知识提供形式化的概念描述,为知识的理解和共享提供了有效途径,从而方便机器像人一样可以理解语义。因此,构建甲骨文本体可以促进领域专家知识的有效共享和重用,绘制甲骨文知识图谱可用直观的图形量化知识点之间的联系,而且本体具备较强的语义推理功能,可以丰富和优化知识图谱的分析关系。王建芳等[1]在研究中考虑本体的上下位关系、关联关系等,通过计算词之间的语义关系,并将共词关系与不同类型的语义关系相结合,提出了科学知识图谱的融合算法。但是他们的研究尚未对合并结果的可视化进行描述,并且尚未展开本体推理对知识图谱关系的优化作用研究。

甲骨文属于古籍文字,本体技术用于古籍资料的研究已有相关研究,这些研究说明在古籍类知识管理中,本体依然具有较大的优势。曹玲等[13]关注于农业古籍,研究了本体的构建方法,并实现了基于农业古籍本体的语义检索,但其研究重点为基于Jena的本体解析及基于RDQL的查询转换,在揭示本体隐含关系方面尚有不足;何琳等[14]利用七步法,并吸收图书馆和情报领域方面的分析方法构建了古农书本体,研究了古农书的知识表示和知

第六章 甲骨学知识图谱构建方法

识组织,但其可视化是基于 protégé 工具的,知识解释性程度较低且本体构建工作量大;钱智勇[15-16]研究了楚辞文献本体构建方法,并在楚辞本体基础上开展了语义检索应用。但是,其研究对象是关于楚辞的文献元数据,关注的是书目之间的相关性,而不是知识内容上的关联;孙海舒等[17]研究了基于本体论的中医古籍知识库,但是却未在中医知识的共享和重用方面做深入研究。熊晶等[18]研究了甲骨文本体的构建步骤及应用,但是所述本体尚处于初级阶段,也并未涉及知识管理方面的研究。台湾研究院语言学研究所利用 IEEE SUMO 作为分类框架构建的汉字知识本体[19]是与甲骨文本体最为接近的研究,但是其主要以汉字或部首为研究对象,且网站内容已不再更新。分析得知,目前还未见有关面向知识管理的较为完善的甲骨文本体研究报道,而且现有古籍本体大多采用本体构建工具手工构建,其自动或半自动构建方法有待研究。

由以上分析可以看出,知识图谱和本体均有利于甲骨文知识表示和共享,其中知识图谱以直观的图示解读甲骨文知识,能描绘甲骨文及相关辅助学科的知识联系;本体描述甲骨文领域概念及概念间的语义关系,提供甲骨文知识的形式化表达,并可以通过推理机制丰富知识图谱的关系分析方法。基于此,我们考虑利用本体理论优化知识图谱的表现能力,从而丰富和扩展甲骨学 MKD。

本体对知识图谱的优化主要体现在本体关系及基于本体的推理对知识图谱分析关系的补充和优化。本体关系是显式定义的概念或实例之间的关系,这些关系可以发现文献元数据共现关系之外的知识关联,因此可以丰富知识图谱的表示能力。项目负责人曾研究了信息检索方面基于本体关系的优化策略。没有在本体中显式定义的一些关系,可望通过本体推理得到,如 $(?xsubclassof?y)(?ysubclassof?z) \rightarrow (?xsubclassof?z)$ 就是通过关系的传递性获取的新关系。由于我们的甲骨文本体是采用 OWL 语言来描述的,而 OWL 语言是基于描述逻辑的。因此,利用描述逻辑来表示本体中隐含的知识,主要涉及两个方面的内容:①获取 TBox 中类及属性的关系,包括类的子集、属性的子集、属性的特征及其定义域和值域等;②获取 ABox 中类的实例、实例的属性、满足条件的所有实例等信息。

如前所述,现有的科学知识图谱 MKD 的分析方法在展现学科内部、学科之间的知识现状、发展和完善情况,以及揭示知识和知识之间的联系及进化规律方面有较大的优势。但是这些关系大都建立在文献元数据的共现基础

243

之上，缺乏较深层次的语义联系。甲骨文本体既描述了概念间的 kind-of、instance-of、property-of、part-of、equivalence 等通用关系，还描述了甲骨学领域的商王世系、占卜事件、地理位置、时间空间等复杂的语义关系。在甲骨学知识图谱的分析中融入本体关系势必能揭示知识之间更丰富更完善的关联关系，从而优化知识图谱的表达能力。

因此，本书主要考虑基于 kind-of、part-of 和 equivalent-class 3 种关系[20]的本体优化。

(1) 基于 kind-of 关系的优化

Kind-of 描述了概念的分类关系，也就是说父概念的实例为子概念实例之和。子概念添加相应约束之后可以看作特殊化的父概念。当搜索关于某个概念 C 的文档时，可以通过 C 的父概念 P，或者子概念 S 作为约束来提高搜索的查准率。同时，如果搜索不到含有概念 C 的文档时，则可以查找含有父概念 P，或者是子概念 S 的文档，这样可以提高查全率。于是，可以将一个概念优化成概念本身和它的父概念或子概念的查询对。

(2) 基于 part-of 关系的优化

Part-of 关系，即整体 – 部分关系，它描述的是概念与组成这一概念的部分概念之间的相互关系。一个概念的组成部分也与此概念所属的领域紧密相关。因此，如果一个文档中包含了部分概念，则其通常也和整体概念有着关联关系，于是，可以将一个概念转化成概念本身及组成这个概念的部分概念的组合体。

(3) 基于 equivalent-class 关系的优化

Equivalent-class 描述的是领域知识中概念的同义词关系。通过解析 equivalent-class 关系，用户可以将查询关键词体现的概念映射成等价的同义词概念，由此提高信息检索的效率。而且，equivalent-class 关系通常作为 kind-of 关系和 part-of 关系的辅助策略。

用于建立共词关系的词往往是来自于文献的关键词列表，或者从标题、摘要或全文中提取的主题词，它们体现的是词的共现关系，在一定程度上可以描述同一或相近主题之间的知识关联。但是，共词关系缺乏深层次的语义描述功能，尤其是在描述甲骨文领域知识中人、事、物、时空之间的语义关系方面无能为力。而本体可以精确定义领域内的概念及它们之间的关系，可以很好地弥补共词关系在语义表达能力上的不足。

在甲骨文信息处理的研究成果基础上构建甲骨文本体库，可为 MKD 提供概念模型和逻辑基础。甲骨文本体库主要包括甲骨文文献本体、甲骨文内容本体和甲骨文常识本体3个本体[2]。其中，甲骨文文献本体描述的是关于甲骨文研究论文及专著的资源本体，如图6-11a所示；甲骨文内容本体是描述经甲骨文专家及历史学家考释出来的，反映商代社会国家机构、政治、社会、军事、文化、科技、经济等内容及其相互关系的知识库，如图6-11b所示；甲骨文常识本体描述的是甲骨文基础知识，包括甲骨文发现历史、考古记录、文字特征、语法知识等，如图6-11c所示。

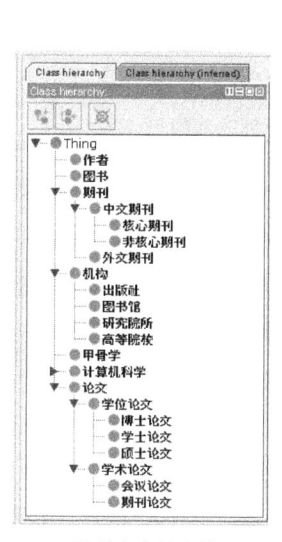
a 甲骨文文献本体

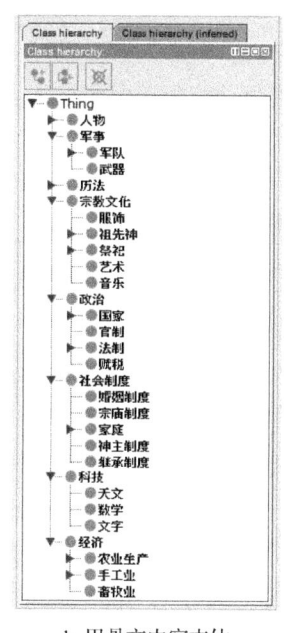
b 甲骨文内容本体

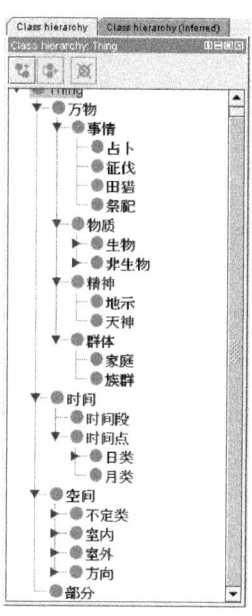
c 甲骨文常识本体

图 6-11 甲骨文本体库

基于本体实现实体消歧和语义扩展，需要考虑语义相似度和语义相关度的计算。语义相似度是指两个实体（或概念）之间存在某些共同特性。相似度计算通常考虑 is-a 关系；语义相关度是指两者之间可能不存在相似性，但是可以通过某些其他关系关联起来。相关度计算通常考虑 is-a 之外的关系，如 part-of 关系等[21]。

HowNet 在语义相似度和相关度计算方面有着广泛的应用，本书前面的章节已经叙述过 HowNet 在描述客观世界上和商代社会的古人认识客观世界上有着较高的一致性。因此，扩展 HowNet 体系的描述范围，通过构建"甲骨文知网 OBIHownet（Oracle Bone Inscriptions HowNet）"，将甲骨文同现代汉语在语义上进行融合，实现 HowNet 在甲骨学方面的语义计算。OBIHownet 构建步骤参见我们的前期研究成果[2]。

目前我们已添加 300 个甲骨学词条到 HowNet，扩充后的 HowNet 在语义相似度方面的对比结果如图 6-12、图 6-13 所示。

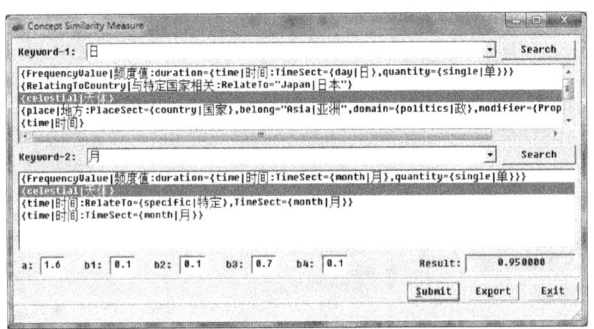

图 6-12　HowNet 语义相似度计算

图 6-12 显示，HowNet 中"日""月"的语义相似度达到 0.95，这是因为该例中"日"和"月"均是"天体"的实例，因此相似度很高。

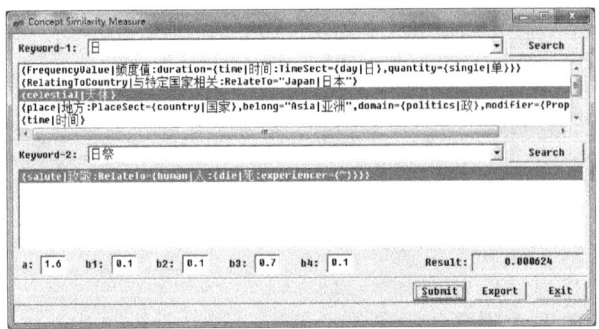

图 6-13　"甲骨文知网"的语义相似度计算

图 6-13 显示，OBIHownet 在 HowNet 中加入了甲骨文词条"日祭"后，与"日"的相似度只有 0.000 624。这个结果与甲骨文知识是吻合的，因为"日祭"是一种祭祀事件，是指对太阳神的祭拜，从而与作为"天体"实例的"日"相似度很低。

以上实验表明，通过构建 OBIHownet 进行甲骨学知识的语义相似度和相

第六章　甲骨学知识图谱构建方法

关度的计算是可行的。

利用知识推理可以发现更多的隐含知识，并挖掘实体间更多的潜在语义关联。本书的知识推理包含两个部分：一是基于本体关系的推理，即利用甲骨文本体已经定义好的关系（既有 kind-of、instance-of、property-of、part-of、equivalence 等通用关系，也有甲骨学领域涉及的商王世系、占卜事件、地理位置、时间空间等复杂的语义关系）和公理进行推理，还可以充分利用关系的传递性、自反性等进行推理；二是基于规则的推理，即需要书写显式的规则来表示本体无法直接完成的推理，如因果关系、甲骨字考释、甲骨文分期断代、残辞拟补等。

基于本体关系的推理参见作者的前期研究[9]。基于规则的推理需要建立有效的甲骨文知识规则库，利用本体推理机，获取更多的隐含语义信息。

推理的实现采用的是 Jena 推理机。Jena[22]是一个基于 Java 语言的语义 Web 开发工具包，是惠普实验室的一个开源项目，它以 RDF API 为中心，提供了对 RDF（S）、OWL 操作的接口、方法及基于规则的推理引擎编程环境，可以实现 RDF、OWL 存储、查询和推理。具体来说，它包括以下工具。

①一组 RDF API。即一组对 RDF 图进行操作的接口、类和方法，支持对 RDF 容器（bag、alt and seq）的操作，还可以将 RDF 以 RDF/XML（ARP）、N3、N-TRIPLES 等格式输出到文件。

②ARP。这是一个 RDF/XML 解析器。

③为 RDF 提供了基于内存和数据库持久存储两种方式。

④一套推理系统。包括一个 RDF 推理机、一个 OWL/Lite 推理机和一个基于规则的通用推理机。

⑤一组 Ontology API。提供了对 OWL、DAML + OIL 和 RDFS 的直接支持，可以对本体中的类、属性、实例及它们之间的关系进行操作，还可以同推理机一起对基于本体的数据进行推理以发现隐含的信息。

⑥RDQL。RDQL[8]是一个 RDF 数据的查询语言，提供了类似 SQL 的语法。

为了查询隐含信息，Jena 提供了推理子系统，它能够把本体中的公理、定理、规则和某个推理机（reasoner）绑定，根据已有的类、属性、实例数据推理派生 RDF 模型未明确表达的陈述（叫作派生三元组，virtual triples）。因为 RDF 图模型并不区分哪些是原生三元组，哪些是派生三元组，因此，虽然利用 RDQL 无法查询本体隐含的信息，但是 RDQL 语句查询推理以后的

RDF 图模型将返回所有语义上匹配的三元组。因此，在进行 RDQL 查询以前，我们首先调用 Jena 推理机对数据库中的 RDF 模型推理，从而产生派生三元组，然后再用 RDQL 语句查询匹配。因为本系统采用 OWL 作为本体描述语言，因此，选择了 OWL Reasoner。经过 OWLReasoner 推理，不但能够查询出 RDF 图模型明确声明的信息，而且根据本体中的公理、定理、规则、实例数据可以得到其中隐含的信息，从而使得整个查询过程智能化、人性化，能够更好地满足用户的查询要求[23]。例如，查询甲骨文学科的子类，根据子类关系可传递这一规则不但能够得到它的直接子类，而且能够得到它的子类的子类（间接子类）。但是推理产生的 RDF 图模型只能够保存在内存中，因而隐含关系也只能保存在内存中，供本次的查询推理使用。为了提高系统的相应效率，可以对用户的查询日志进行分析，将经常使用的派生语义关系存储在数据库中以备重复使用。

通过建立甲骨文语法规则和句法规则库，借助本体推理机，可以挖掘出潜在的语义信息，从而提高甲骨文领域信息检索的效率，还可以进行甲骨文的计算机辅助考释。本书第四章已介绍了基于规则的推理实例，具体内容请参见本书 4.7 节。

利用本体对甲骨学知识图谱 MKD 的分析方法进行优化，需要先确定共词关系、通过上述的本体关系计算方法，将两者进行融合，从而构建支持语义扩展的甲骨文知识图谱。

对于任意词对，我们考虑 4 种关系：kind-of 关系（用 R_k 表示）、part-of 关系（用 R_p 表示）、equivalent-class 关系（用 R_e 表示）和共词关系（用 R_c 表示）。这 4 种关系的融合是将 4 个矩阵合并，形成关系的合成。合并时利用不同的权重（分别用 W_{rk}、W_{rp}、W_{re} 和 W_{rc} 表示）来分配融合项。各权重的取值可以通过经验获取，且满足 $W_{rk} + W_{rp} + W_{re} + W_{rc} = 1$ 的条件。也可以通过下列公式进行计算：

$$W_{rk} = \frac{rk\_\max^2}{rk\_\max^2 + rp\_\max^2 + re\_\max^2 + rc\_\max^2} \tag{6-9}$$

$$W_{rp} = \frac{rp\_\max^2}{rk\_\max^2 + rp\_\max^2 + re\_\max^2 + rc\_\max^2} \tag{6-10}$$

$$W_{re} = \frac{re\_\max^2}{rk\_\max^2 + rp\_\max^2 + re\_\max^2 + rc\_\max^2} \tag{6-11}$$

$$W_{rc} = \frac{rc\_\max^2}{rk\_\max^2 + rp\_\max^2 + re\_\max^2 + rc\_\max^2} \tag{6-12}$$

第六章 甲骨学知识图谱构建方法

以上各式中，r*_ max 表示各对应关系矩阵中非对角线的最大值。

为验证不同关系对利用共词方法建立的 MKD 所起到的优化作用，首先分别将共词关系与 kind-of 关系、part-of 关系、equivalent-class 关系进行合并，然后再将它们进行融合。

合并算法操作如下。

（1）共词关系与 kind-of 关系合并

如果 kind-of 关系为 0 值，则合并值仍取共词关系值，如果 kind-of 关系为非 0 值，则合并值为共词关系值 * kind-of 关系值，这样可以在某种程度上调整共词关系的强度，弱化 kind-of 关系的强关联，从而凸显语义关系。

（2）共词关系与 part-of 关系合并

为了体现共词关系中存在的整体－部分关系，可以利用 part-of 关系来调整共词关系词之间的结合强度，算法为赋权合并，共词关系权重设置为 0.8，part-of 关系权重设置为 0.2。

（3）共词关系与 equivalent-class 关系合并

equivalent-class 关系能够有助于查找词对之间的同义关系，从而扩大共词范围，可以挖掘并不在文献中显式共现的潜在关系。在共词关系与 equivalent-class 关系合并时，取两者的并集作为最终值。

（4）共词关系与 kind-of、part-of 及 equivalent-class 合并

共词关系与 kind-of、part-of 及 equivalent-class 合并目的是在若干 kind-of 关系的基础上，挖掘更充分的语义关系，因此，这里的算法是在共词关系与 kind-of 关系合并的基础上，再与 part-of 及 equivalent-class 进行赋权合并。权重取值分别为 0.6、0.1、0.1 和 0.2。

因此，利用本体进行甲骨学知识图谱 MKD 的优化并与共词关系进行融合，得到的结果如图 6-14 所示。

图 6-14 结果较之前述直接利用共词关系获得的如图 6-10 的 MKD 有更为丰富的语义关系。如通过图 6-10 中的"武丁"可以获取图 6-14 中的"妇好"，因为本体中定义了"武丁"的妻子是"妇好"这一关系；利用本体关系，通过"刻辞"能获取"卜辞"；通过"粟"，可在本体中得到其属于"农业"，进而得到"麦""大豆""黍"等更多的农作物。

实验中还发现，利用本体可以剔除与甲骨文领域无关的信息。如"甲骨文软件中国公司的差异化竞争战略研究""甲骨文公司的应用产品发展策略研究"等文献的信息不会出现在本体优化后的甲骨学知识图谱中，原因

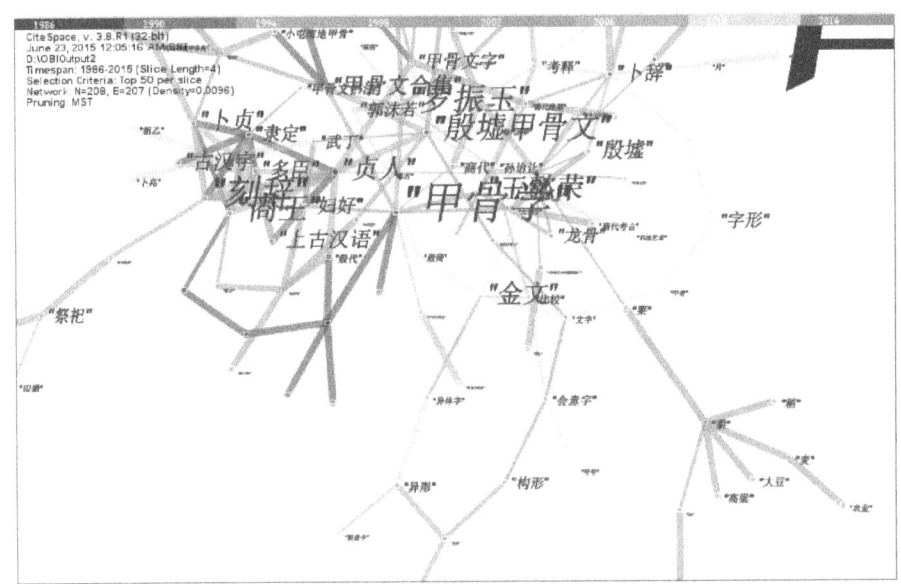

图 6-14　共词关系与本体融合的甲骨学 MKD 片段

是甲骨文本体限定了描述领域为古文字中的"甲骨文"而不是软件公司"甲骨文"。

6.4　基于 KG 的甲骨学知识图谱

由前面章节的介绍可知，基于 KG 的知识图谱构建关键是实体发现和关系抽取，甲骨学基础数据是多源异构的，因此，从多数据源中进行实体发现和关系抽取既需要用到通用方法，也需要专门采取甲骨学领域的专用方法。

甲骨学的多源数据集中存在着各种各样的实体，由图 6-1 所示的甲骨学知识图谱构建框架可知，实体可以从甲骨学 MKD、甲骨学相关数据库、甲骨学文本、甲骨学图文资料库等多源异构的数据集中获取，另外，甲骨文本体中已经创建了大量实例，这些实例就是对应概念下的实体，只需要利用相关技术获取即可。

6.4.1　基于甲骨学 MKD 的实体发现与关系抽取

前面章节已介绍甲骨学 MKD 的构建方法。现以 CiteSpace 为例详细介绍基于 MKD 的实体发现与关系抽取。

第六章 甲骨学知识图谱构建方法

我们利用 CiteSpace 创建甲骨学 MKD，可以获得学者合作网络。以 1950—2019 年 1 月 CNKI 的有关甲骨学的文献为数据，获取的国内学者及学者之间的合作网络如图 6-15 所示。

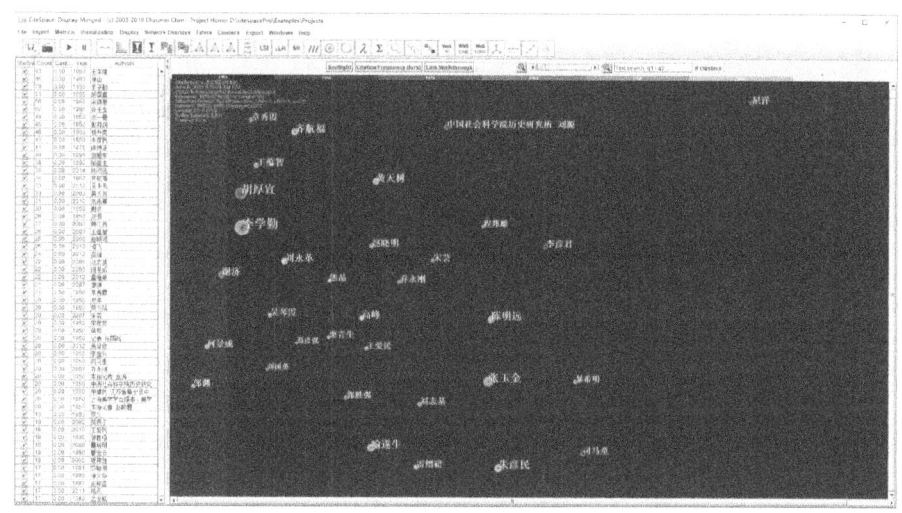

图 6-15 甲骨文学者合作网络

由图 6-15 可以看出，文献中所列的学者在左侧列表中已经列出，具有合作关系的学者在右侧图示区以连线显示。以"刘永革"为例，可以清晰地看到与其合作的学者情况，如图 6-16 所示。

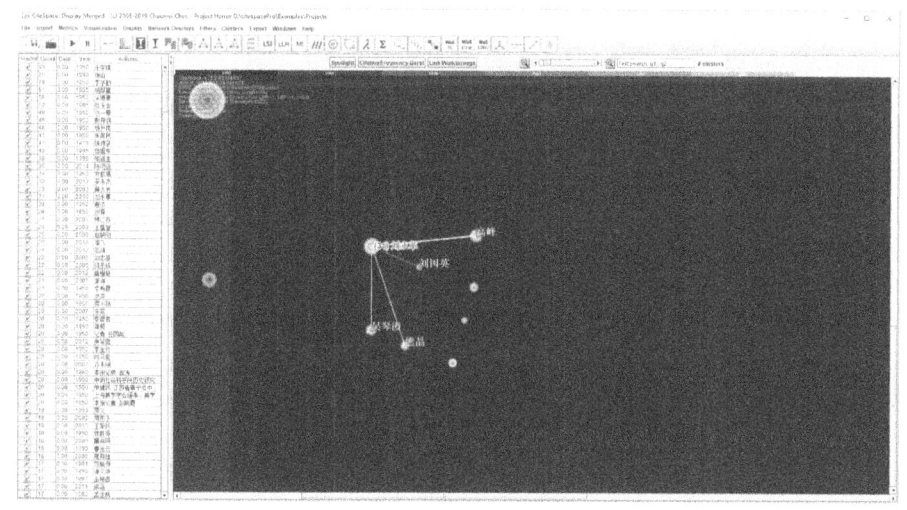

图 6-16 学者"刘永革"合作网络

251

利用 CiteSpace 创建甲骨学 MKD，可以获得研究机构合作网络。以 1950—2019 年 1 月 CNKI 的有关甲骨学的文献为数据，获取的国内研究机构及机构的合作网络如图 6-17 所示。

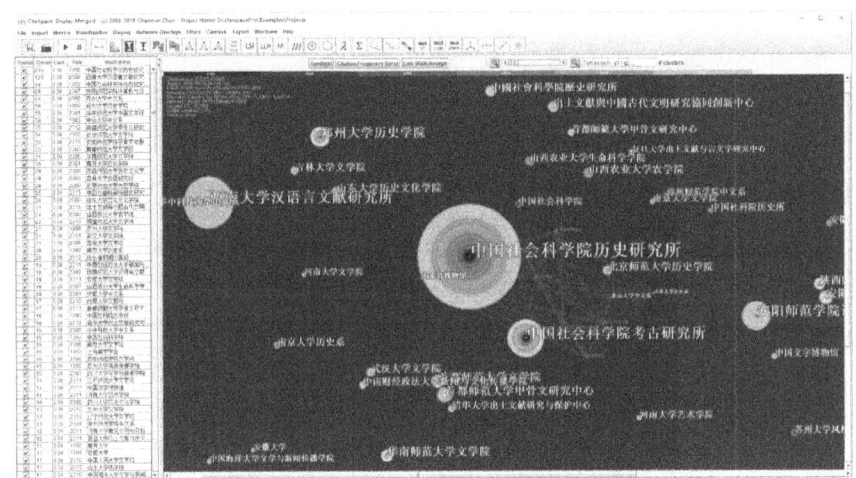

图 6-17　研究机构合作网络

由图 6-17 可以看出，文献中所列的机构名在左侧列表中已经列出，具有合作关系的研究机构在右侧图示区以连线显示。以"中国社会科学院历史研究所"为例，可以清晰地看到其合作的研究机构，如图 6-18 所示。

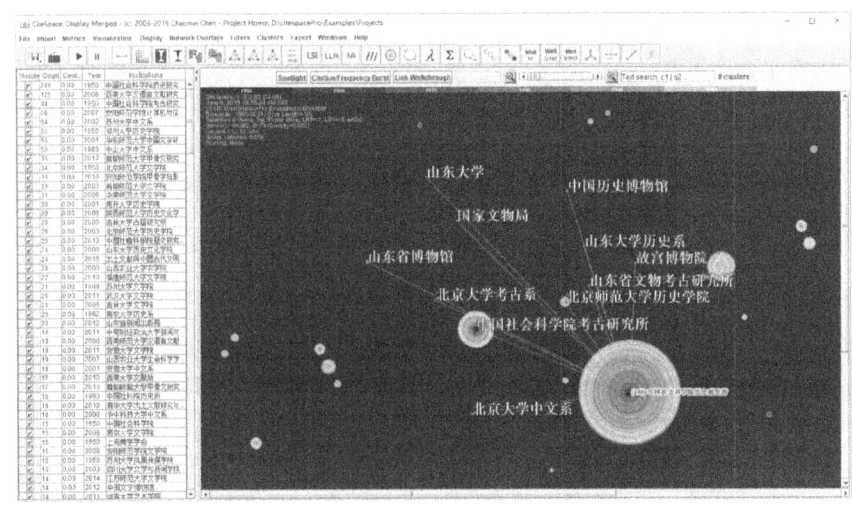

图 6-18　"中国社会科学院历史研究所"机构合作网络

第六章 甲骨学知识图谱构建方法

利用 CiteSpace 创建甲骨学 MKD，可以获得学者与研究机构的隶属关系图。以 1950—2019 年 1 月 CNKI 的有关甲骨学的文献为数据，获取的国内学者及研究机构的隶属关系如图 6-19 所示。

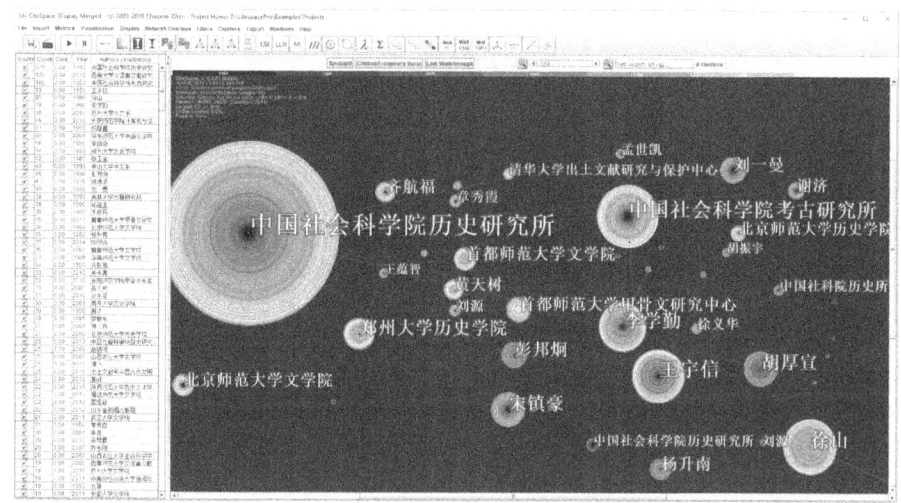

图 6-19　学者与研究机构隶属关系

如何从 MKD 图中获取实体和实体间的关系呢？利用 CiteSpace 构建的 MKD 图可以基于项目文件 *.graphml 直接获取实体及实体之间的关系。一个 graphml 文件代码片段如下：

```
//前面部分省略……
< node id = "199" >
    < data key = "name" >中山大学人文科学学院中文系</data >
    < data key = "label" >中山大学人文科学学院中文系</data >
    < data key = "author" >中山大学人文科学学院中文系</data >
    < data key = "year" >1997</data >
    < data key = "title" >...</data >
    < data key = "so" >SO</data >
    < data key = "vol" >0</data >
    < data key = "page" >0</data >
    < data key = "ut" ></data >
    < data key = "freq" >3</data >
```

253

```xml
        <data key="centrality">0.0</data>
    </node>
    <node id="200">
        <data key="name">山东省新闻出版局</data>
        <data key="label">山东省新闻出版局</data>
        <data key="author">山东省新闻出版局</data>
        <data key="year">2012</data>
        <data key="title">...</data>
        <data key="so">SO</data>
        <data key="vol">0</data>
        <data key="page">0</data>
        <data key="ut"> </data>
        <data key="freq">13</data>
        <data key="centrality">0.0</data>
    </node>
    <node id="201">
        <data key="name">栗青生</data>
        <data key="label">栗青生</data>
        <data key="author">栗青生</data>
        <data key="year">2011</data>
        <data key="title">...</data>
        <data key="so">SO</data>
        <data key="vol">0</data>
        <data key="page">0</data>
        <data key="ut"> </data>
        <data key="freq">9</data>
        <data key="centrality">6.633499368506284E-5</data>
    </node>
    <edge source="1" target="19">
        <data key="weight">0.10482848435640335</data>
        <data key="slice">4</data>
        <data key="year">1990</data>
```

```
</edge>
<edge source = "1"  target = "60" >
  <data key = "weight" >0.1380131095647812 </data>
  <data key = "slice" >3 </data>
  <data key = "year" >1980 </data>
</edge>
//后面部分省略……
```

由上面代码可以看出，<node>标签描述的是节点（即实体），<edge>标签描述的是边（即实体直接的关系）。

6.4.2　基于关系数据库的实体发现与关系抽取

在计算甲骨学研究过程中，我们建立了多种类型的数据库，如甲骨文词典数据库、甲骨文著录数据库、甲骨文文献数据库、甲骨文语法库等。实际上在构建数据库的时候就已经对关注的对象进行了分析和设计，在分析过程中已经遵循了相应的规范，而这些规范是基于对象进行制定的。如先有概念的定义，再有属性的定义，后有实例的添加。所以，数据库中的记录本身就可以看作一个对象，这也就是 ORM 映射的基本思想。现以“甲骨文著录数据库”（图 6-20）为例进行说明。

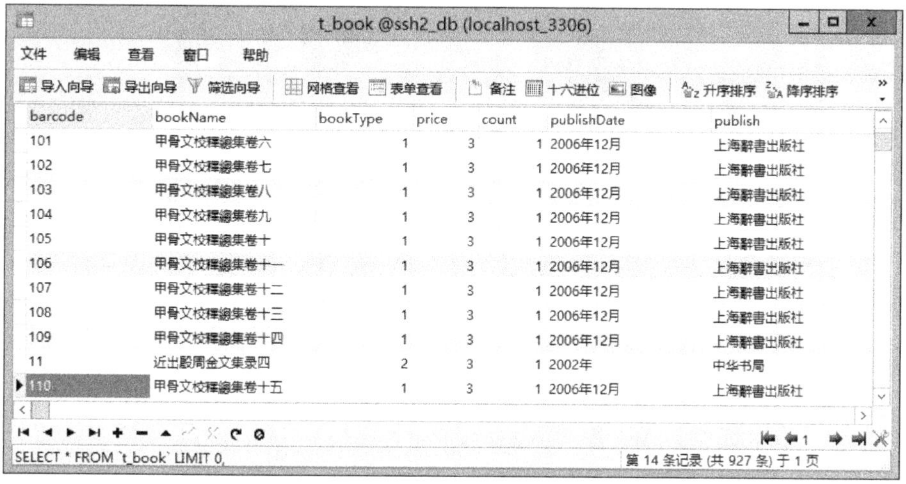

barcode	bookName	bookType	price	count	publishDate	publish
101	甲骨文校釋總集卷六	1	3	1	2006年12月	上海辭書出版社
102	甲骨文校釋總集卷七	1	3	1	2006年12月	上海辭書出版社
103	甲骨文校釋總集卷八	1	3	1	2006年12月	上海辭書出版社
104	甲骨文校釋總集卷九	1	3	1	2006年12月	上海辭書出版社
105	甲骨文校釋總集卷十	1	3	1	2006年12月	上海辭書出版社
106	甲骨文校釋總集卷十一	1	3	1	2006年12月	上海辭書出版社
107	甲骨文校釋總集卷十二	1	3	1	2006年12月	上海辭書出版社
108	甲骨文校釋總集卷十三	1	3	1	2006年12月	上海辭書出版社
109	甲骨文校釋總集卷十四	1	3	1	2006年12月	上海辭書出版社
11	近出殷周金文集录四	2	3	1	2002年	中华书局
110	甲骨文校釋總集卷十五	1	3	1	2006年12月	上海辭書出版社

图 6-20　甲骨文著录数据库

从图 6-20 所示的数据库的记录和字段来看，至少可以描述下列关系：<专家，编纂，著录>、<研究机构，编纂，著录>、<出版社，出版，著录>、<专家，合作，专家>等。通过获取数据库记录，可以得到实体和实体之间的关系，而且由于数据库中存储的是结构化数据，因此实体间的关系较为固定，实体数量随着数据库记录可不断扩充。基于甲骨文著录数据库获取的图谱如图 6-21 所示。

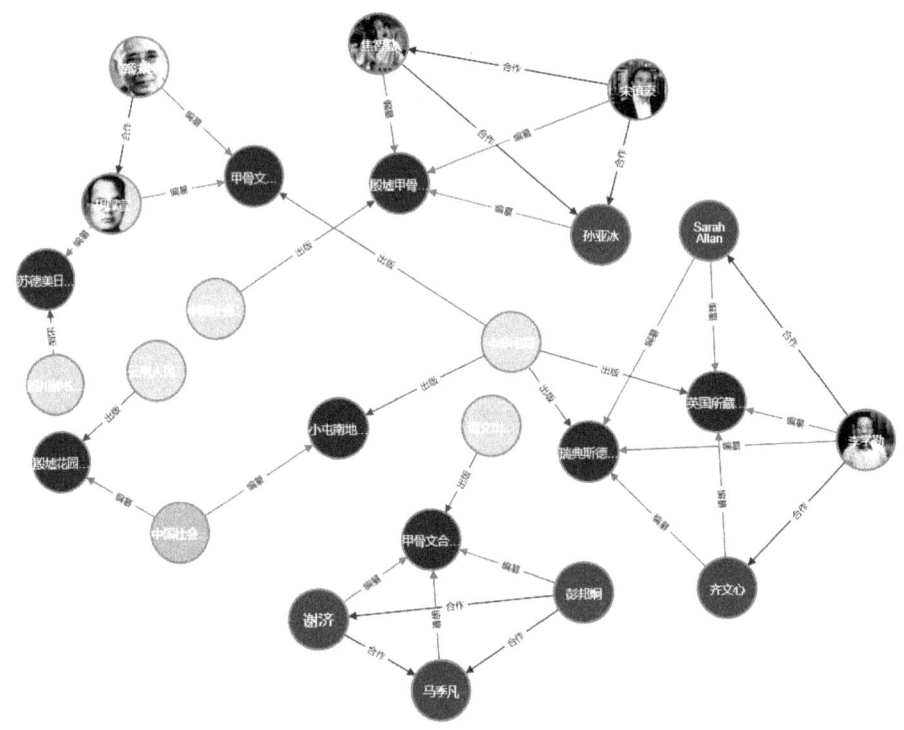

图 6-21　甲骨文著录及出版信息图谱

从图 6-21 可以看出，该图谱可以完整地展示著录数据库所描述的关系。

6.4.3　基于本体的实体发现与关系抽取

前述章节已经介绍了甲骨学本体的构建。由于本体描述了概念、属性及其关系，因此，在创建本体实例时就已经对其进行了关系建立。构建知识图谱时可以直接从本体中获取实体（即本体概念下的实例）及实体之间的关系（即通过属性尤其是对象属性建立的关系）。以商王本体为例，从该本体中获取知识实体和关系的结果如图 6-22 所示。

```
类:商王
类:商王's 父类 is :Thing
 --- 关联关系: 被祭
 --- 关联关系: has_uncle
 --- 关联关系: has_father
 --- 关联关系: has_brother
 --- 关联关系: 别名
 --- 关联关系: 主祭
 --- 关联关系: has_nephew
 --- 关联关系: 商王名号
 --- 关联关系: 参与
 --- 关联关系: has_son
 --- 实体: http://www.owl-ontologies.com/商王.owl#小辛
 --- 实体: http://www.owl-ontologies.com/商王.owl#南庚
 --- 实体: http://www.owl-ontologies.com/商王.owl#雍己
 --- 实体: http://www.owl-ontologies.com/商王.owl#大庚
 --- 实体: http://www.owl-ontologies.com/商王.owl#武乙
 --- 实体: http://www.owl-ontologies.com/商王.owl#康丁
 --- 实体: http://www.owl-ontologies.com/商王.owl#祖辛
 --- 实体: http://www.owl-ontologies.com/商王.owl#卜丙
 --- 实体: http://www.owl-ontologies.com/商王.owl#大丁
```

图 6-22　从商王本体中获取实体和关系

我们利用 Jena 解析本体文件，实现图 6-22 的结果。关键代码如下：

```
OntModel ontModel = ModelFactory
                    .createOntologyModel(OntModelSpec.OWL_MEM);
try {
        ontModel.read(new FileInputStream("D:\\OBI\\商王
.owl"),"");
} catch (FileNotFoundException e1) {
        e1.printStackTrace();
}

for (Iterator i = ontModel.listClasses();i.hasNext();) {
    OntClass c = (OntClass) i.next();
    if (!c.isAnon()) {
        System.out.print("类");
        System.out.println(c.getModel().getGraph().getPrefixMapping()
                        .shortForm(c.getURI()));
        for (Iterator it = c.listSuperClasses();it.hasNext();) {
```

```
                    OntClass sp = (OntClass) it. next( );
                    String str = (new StringBuilder(String. valueOf(c. getModel( )
                            . getGraph( ). getPrefixMapping( )
                            . shortForm(c. getURI( ))))). append("'s 父类 is ")
                            . toString( );
                    String strSP = sp. getURI( );
                    try {
                        if (strSP ! = null) {
                            str = (new StringBuilder(String. valueOf(str)))
                                            . append(":")
                                            . append(strSP. substring(strSP. indexOf
('#') + 1)). toString( );

                            System. out. println((new StringBuilder("类")). append
(str). toString( ));
                        }

                    } catch (Exception e) {
                        e. printStackTrace( );
                    }
                }

                OntClass sb;
                for (Iterator it = c. listSubClasses( );it. hasNext( );System. out
                            . println((new StringBuilder(String. valueOf(c. getModel( )
                            . getGraph( ). getPrefixMapping( )
                            . shortForm(c. getURI( )))))
                            . append("'s 子类 is ")
                            . append(sb. getModel( ). getGraph( )
                                    . getPrefixMapping( )
                                    . shortForm(sb. getURI( ))). toString( ))) {
                    System. out. print("类");
```

第六章　甲骨学知识图谱构建方法

```
            sb = (OntClass) it.next();
        }

    OntProperty ontproperty;
        for (Iterator ipp = c.listDeclaredProperties(); ipp.hasNext();
            System.out.println(" --- 关联关系:" + ontproperty.getLocalName()))
            ontproperty = (OntProperty) ipp.next();

    Object p;
        for (Iterator ipp = c.listInstances(); ipp.hasNext();
            System.out.println((new StringBuilder(" --- 实体:")).append(p).toString()))
            p = ipp.next();
        }
    }
```

6.4.4　基于图文资料库的实体发现与关系抽取

甲骨学的研究对象以甲骨文为主，因此分析甲骨文图文资料相关元素之间的关系显得尤为重要。由于目前没有类似的研究可供参考，故本书站在甲骨文图文资料的研究需求角度进行分析，从而实现甲骨学知识图谱的实体发现与关系抽取。

甲骨学研究的基本要求是释读甲骨片，因此，甲骨学著录是第一手资料。甲骨片著录的形式一般有甲骨照片、甲骨拓片、甲骨摹本，其中以甲骨拓片为主要形式。而且，同一张甲骨片可能会在不同的著录中收录，其收录编号也不一致。所以，明确某一张拓片出自何种著录至关重要。于是，甲骨片与著录之间的关系可以表示为＜甲骨片，收录于，著录＞。示例如图6-23所示（为展示效果，只选择一部著录中的30片甲骨片）。

构建甲骨字网络可以为计算甲骨学中的语义挖掘及考释线索找寻提供有益的帮助，因此，需要将甲骨片上的单个甲骨字分离出来。由于目前还没有高效的算法自动实现甲骨片上的甲骨字检测和识别，常用做法就是利用标注软件进行人工定位标注。标注效果如图6-24所示。

图 6-23　甲骨片与著录的关系

图 6-24　甲骨片上的甲骨字标注

图 6-24 标注后生成的 XML 描述文件如下：

第六章　甲骨学知识图谱构建方法

```
< annotation >
    < folder >00000 </folder >
    < filename >h00001. JPG </filename >
    < path >C:/Users/Administrator/Desktop/00000/h00001. JPG </path >
    < source >
        < database >Unknown </database >
    </source >
    < size >
        < width >1583 </width >
        < height >2060 </height >
        < depth >1 </depth >
    </size >
    < segmented >0 </segmented >
    < object >
        < name >甲骨文 </name >
        < pose >Unspecified </pose >
        < truncated >0 </truncated >
        < difficult >0 </difficult >
        < bndbox >
            < xmin >534 </xmin >
            < ymin >390 </ymin >
            < xmax >609 </xmax >
            < ymax >512 </ymax >
        </bndbox >
    </object >
    < object >
        < name >甲骨文 </name >
        < pose >Unspecified </pose >
        < truncated >0 </truncated >
        < difficult >0 </difficult >
        < bndbox >
            < xmin >515 </xmin >
```

```
                <ymin>551</ymin>
                <xmax>615</xmax>
                <ymax>828</ymax>
            </bndbox>
        </object>
        <object>
            <name>甲骨文</name>
            <pose>Unspecified</pose>
            <truncated>0</truncated>
            <difficult>0</difficult>
            <bndbox>
                <xmin>489</xmin>
                <ymin>835</ymin>
                <xmax>615</xmax>
                <ymax>919</ymax>
            </bndbox>
        </object>
        <object>
            <name>甲骨文</name>
            <pose>Unspecified</pose>
            <truncated>0</truncated>
            <difficult>0</difficult>
            <bndbox>
                <xmin>525</xmin>
                <ymin>951</ymin>
                <xmax>609</xmax>
                <ymax>1086</ymax>
            </bndbox>
        </object>
        <object>
            <name>甲骨文</name>
            <pose>Unspecified</pose>
```

第六章　甲骨学知识图谱构建方法

```
        <truncated>0</truncated>
        <difficult>0</difficult>
            <bndbox>
                <xmin>515</xmin>
                <ymin>1132</ymin>
                <xmax>634</xmax>
                <ymax>1225</ymax>
            </bndbox>
</object>
<object>
        <name>甲骨文</name>
        <pose>Unspecified</pose>
        <truncated>0</truncated>
        <difficult>0</difficult>
        <bndbox>
                <xmin>483</xmin>
                <ymin>1261</ymin>
                <xmax>647</xmax>
                <ymax>1419</ymax>
            </bndbox>
</object>
<object>
        <name>甲骨文</name>
        <pose>Unspecified</pose>
        <truncated>0</truncated>
        <difficult>0</difficult>
        <bndbox>
                <xmin>496</xmin>
                <ymin>1454</ymin>
                <xmax>641</xmax>
                <ymax>1541</ymax>
            </bndbox>
```

```
</object>
<object>
    <name>甲骨文</name>
    <pose>Unspecified</pose>
    <truncated>0</truncated>
    <difficult>0</difficult>
    <bndbox>
        <xmin>496</xmin>
        <ymin>1570</ymin>
        <xmax>638</xmax>
        <ymax>1715</ymax>
    </bndbox>
</object>
<object>
    <name>甲骨文</name>
    <pose>Unspecified</pose>
    <truncated>0</truncated>
    <difficult>0</difficult>
    <bndbox>
        <xmin>667</xmin>
        <ymin>1532</ymin>
        <xmax>767</xmax>
        <ymax>1570</ymax>
    </bndbox>
</object>
<object>
    <name>甲骨文</name>
    <pose>Unspecified</pose>
    <truncated>0</truncated>
    <difficult>0</difficult>
    <bndbox>
        <xmin>660</xmin>
```

第六章　甲骨学知识图谱构建方法

　　　　＜ymin＞1580＜/ymin＞
　　　　＜xmax＞751＜/xmax＞
　　　　＜ymax＞1702＜/ymax＞
　　＜/bndbox＞
＜/object＞
＜object＞
　　＜name＞甲骨文＜/name＞
　　＜pose＞Unspecified＜/pose＞
　　＜truncated＞0＜/truncated＞
　　＜difficult＞0＜/difficult＞
　　＜bndbox＞
　　　　＜xmin＞625＜/xmin＞
　　　　＜ymin＞506＜/ymin＞
　　　　＜xmax＞731＜/xmax＞
　　　　＜ymax＞693＜/ymax＞
　　＜/bndbox＞
＜/object＞
＜object＞
　　＜name＞甲骨文＜/name＞
　　＜pose＞Unspecified＜/pose＞
　　＜truncated＞0＜/truncated＞
　　＜difficult＞0＜/difficult＞
　　＜bndbox＞
　　　　＜xmin＞634＜/xmin＞
　　　　＜ymin＞893＜/ymin＞
　　　　＜xmax＞767＜/xmax＞
　　　　＜ymax＞1077＜/ymax＞
　　＜/bndbox＞
＜/object＞
＜object＞
　　＜name＞甲骨文＜/name＞
　　＜pose＞Unspecified＜/pose＞

```
            < truncated >0</truncated >
            < difficult >0</difficult >
            < bndbox >
                < xmin >663</xmin >
                < ymin >1170</ymin >
                < xmax >773</xmax >
                < ymax >1380</ymax >
            </bndbox >
        </object >
    </annotation >
```

基于定位标注后 XML 中的位置信息,可以将甲骨片上单个甲骨字的图像分割开来。分割关键代码如下:

```
public static void createImage(String xmlFile,String imageFile)
{
            //使用 set 集合,可以去掉重复元素
            Set < OBIFont > obis = new ParseOBIFontJDOM().parseJDOM(new File(xmlFile));
            int i = 0;
            for(OBIFont obiFont:obis){
                int xmin = obiFont.getXmin();
                int xmax = obiFont.getXmax();
                int ymin = obiFont.getYmin();
                int ymax = obiFont.getYmax();
                int width = xmax - xmin;
                int height = ymax - ymin;
                try{
                    int index = imageFile.lastIndexOf("\\");
                    String imageName = imageFile.substring(index + 1);
                    String outFile = imageFile + "\\" + imageName + "_" + (++i) + ".jpg";
                    ImageUtils.cutJPG(new FileInputStream(imageFile + ".jpg"),new FileOutputStream(outFile),xmin,ymin,width,height);
```

```
        } catch ( FileNotFoundException e ) {
            e. printStackTrace( );
        } catch ( IOException e ) {
            e. printStackTrace( );
        }
    }
}
```

甲骨字分割之后的结果如图 6-25 所示。

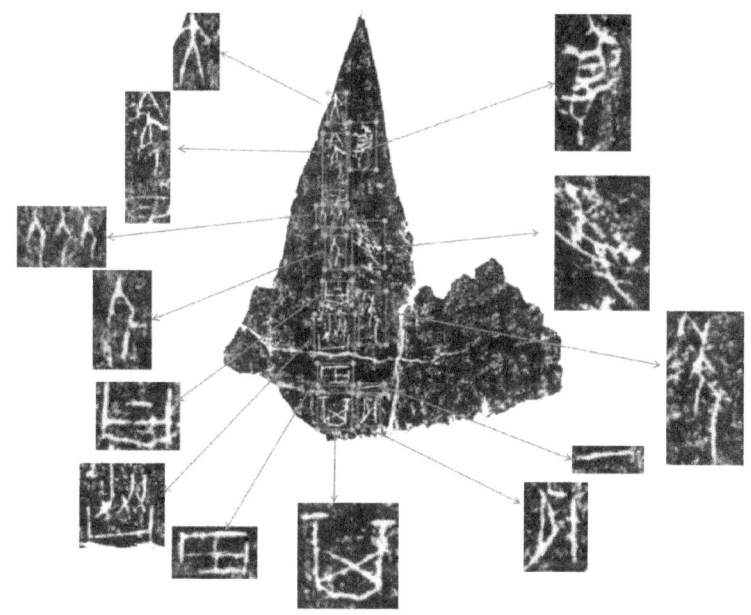

图 6-25　甲骨字图片分割

由图 6-25 可以看出，甲骨字与所在甲骨片直接存在关系，两者之间的关系表示为 < 甲骨字，出现于，甲骨片 >。其关系图片段显示如图 6-26 所示。

甲骨文异体字多是一个突出的特点。异体字对甲骨文字识别、考释、分期断代、字库建设、图像检索、数字化出版等需求有较大影响。从众多的异体字中找出一个代表字（作为"字头"）可以方便后续的甲骨学研究。因此，甲骨字之间存在着异体字关系，表示为 < 甲骨字（字头），异体字，甲骨字 >。其关系图片段如图 6-27 所示。

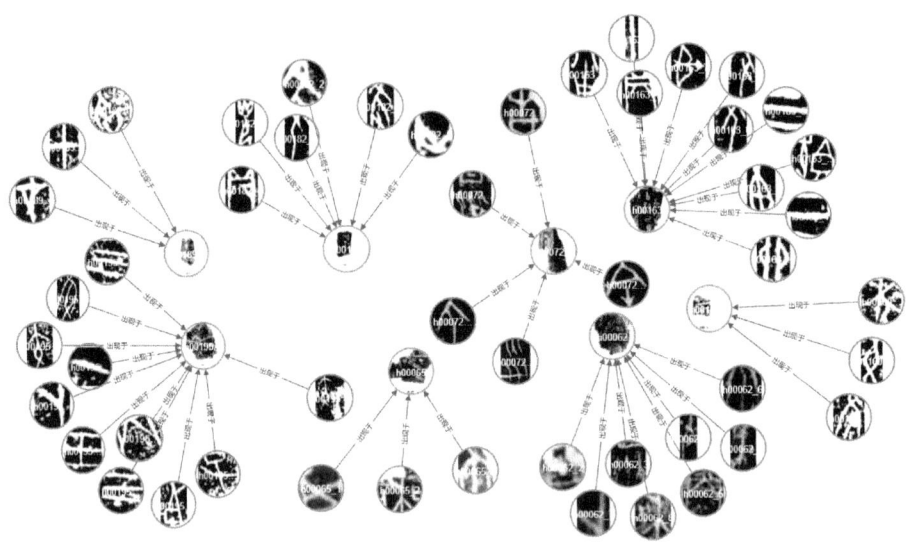

图 6-26　甲骨字与甲骨片关系

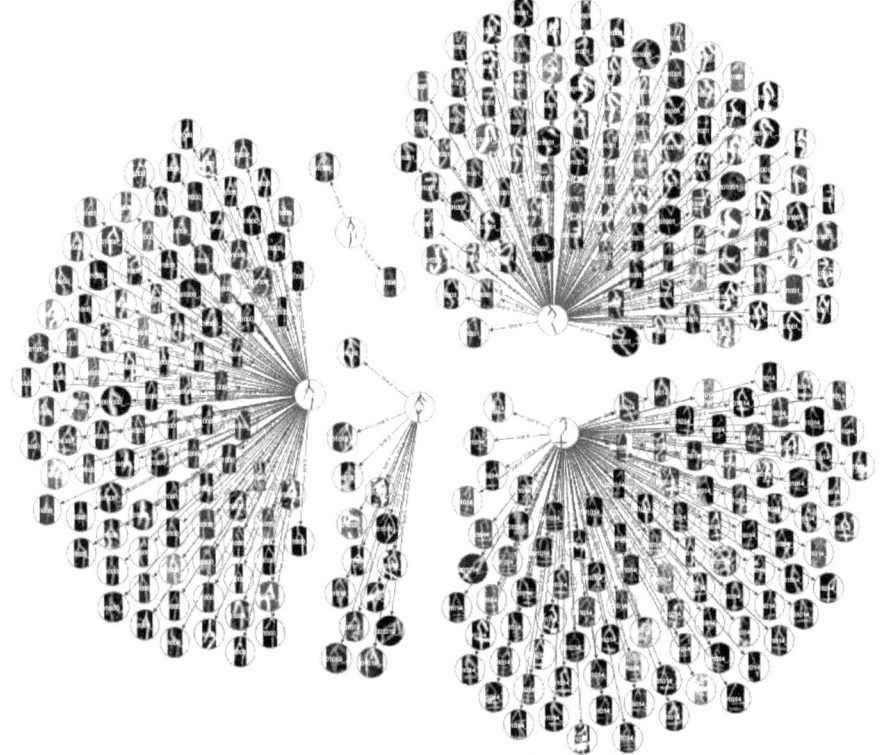

图 6-27　甲骨文异体字关系

第六章 甲骨学知识图谱构建方法

由图 6-26 和图 6-27 可以看出，甲骨字（字头）与甲骨字之间存在异体字关系，而该关系节点的方向指向的甲骨字是截取自某一甲骨片，因此该甲骨字与甲骨片间必然存在"出现于"关系，两者结合会得到更为丰富的关联关系，一个关联片段图如图 6-28 所示。

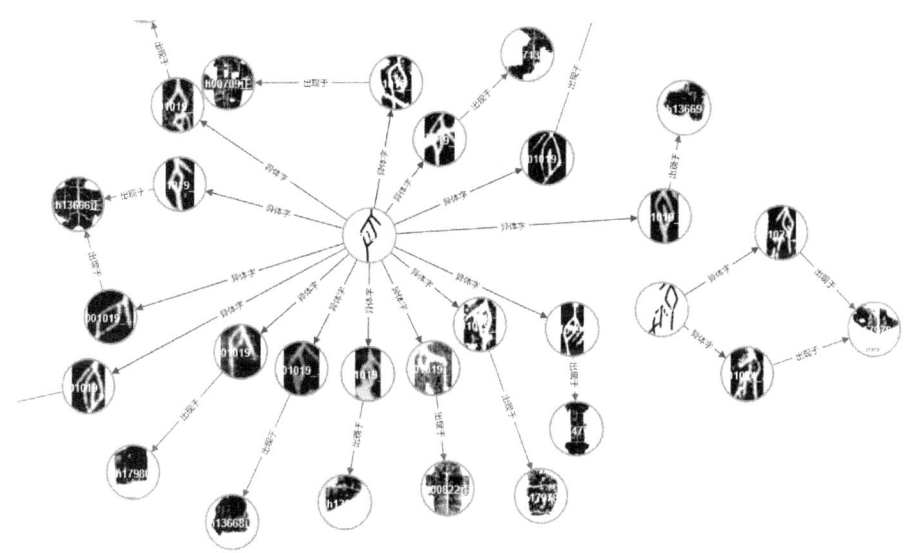

图 6-28　甲骨文异体字及甲骨片关系

从图 6-28 可以看出，同一片甲骨上某个甲骨字可能以异体字形式出现多次，这也体现了甲骨文异体字繁多、出现频率高的特点。

6.5　甲骨学知识图谱融合及可视化

由前述已知甲骨学知识图谱的构建是融合了甲骨学 MKD 和甲骨学 KG 两种图谱的结果，构建的关键是获取实体和实体之间的关系。基于甲骨学 MKD 和甲骨学 KG 分别从异构数据源中获取了大量实体和关系。一方面，将这些实体和关系进行融合时需要考虑实体消歧问题；另一方面，甲骨学 MKD 和甲骨学 KG 具备各自不同的可视化功能，要将两种知识图谱进行合并，需要采用一个统一的可视化方法。

6.5.1 实体消歧

由于实体具有歧义性，因此实体识别的结果很难直接存放到知识图谱中。一方面，同一实体在文本中会有不同的指称，这是指称的多样性（name variation）；另一方面，相同的实体指称在不同的上下文中可以指不同的实体，这是指称的歧义性（name ambiguation）。因此，必须对实体识别的结果进行消歧才能得到无歧义的实体信息。实体消歧是信息抽取和集成领域的一项关键技术，旨在解决文本信息中广泛存在的名字歧义问题，在知识图谱构建、信息检索和问答系统等领域具有广泛的应用价值[24]。

实体消歧系统按照不同的分类维度可以有多种分类方法，按照目标实体列表是否给定，实体消歧系统可以分为基于聚类的消歧系统和基于实体链接的消歧系统；按照实体消歧任务的领域不同，实体消歧系统还可以分为结构化文本实体消歧系统和非结构化文本实体消歧系统。在结构化文本命名实体消歧系统中，每一个实体指称项被表示为一个结构化的文本记录，如 List 列表、知识库等；而在非结构化文本实体消歧系统中，每一个实体指称项被表示为一段非结构化文本。结构化文本的命名实体消歧由于缺少上下文，主要依赖于字符串比较和实体关系信息完成消歧；而非结构化文本实体消歧系统有大量上下文辅助消歧，因此，主要利用指称项上下文和背景知识完成消歧[24]。

甲骨学知识图谱中的实体消歧对象是用不同方法从不同数据源中获取的实体。当甲骨文著录的作者为境外学者时，通常会有不同的实体名称。如"艾兰"和"Sarah Allan"指的是同一学者，"许进雄"和"Hsu Chin-hsi-ung"指的是同一学者。当某一甲骨片被收录进不同的著录时，其甲骨片编号根据研究的需要往往是不同的。如《甲骨文合集补编》中第 b00008 片甲骨与《东京大学东洋文化研究所藏甲骨文字》中第 d00123 片甲骨是同一片甲骨；《甲骨文合集补编》中第 b00012 片甲骨与《天理大学附属天理参考馆》中第 L00076 片甲骨是同一片甲骨。当甲骨文著录是海外出版的，其著录名称一般为外文，在国内发行时需要用中文名称，如"Oracle Bone Collections in the United States"与"美国所藏甲骨录"指的是同一本著录。类似的情况还有著录的中文繁体与中文简体版本。在某些情况下，甲骨文异体字也属于实体消歧的范畴，如在甲骨文字库建设、甲骨文输入法设计、甲骨字检索时都有可能需要将各种异体字进行统一。甲骨文异体字分为异写字和异构字两大类。异写字又可分为构件层面的异写字和笔画层面的异写字两大类。异构字分为因构件不同造成的异构字、因构形方式不同造成的异构字、因声符形化造成的异构字三大类[25]。本书根据陈婷珠[26]在《甲骨文字形表》已有字的范围内进行的整理，按仅取消、仅增补和错讹三类情况进行处理。

由于甲骨学的专业性很强，目前利用计算机进行自动消歧的效果并不好。绝大部分需要甲骨学专家的帮助。针对有歧义的实体，我们一般采取的方法有利用链表存储所出现的歧义现象、在数据库中进行对应存储、利用 same-as 关系进行连接、选择代表字作为字头等。

同一张甲骨片在不同著录中分别收录的记录形式如图 6-29 所示。

105	B00110	b02适a06与祖乙	
106	B00111反	a12（字不清）	B00111=D00245
107	B00111臼	a18癸卯帚丰示一屯， b02遘a04。	B00111=D00245
108	B00111正	a15(1)壬子卜争贞b02适a10祖乙，乙卯b02i	B00111=D00245
109	B00113	a16甲午卜贞翌乙未b02适a26于祖乙，羌十/	B00113=W00050
110	B00114	a30……贞 ……用，示……祖乙 ……	
111	B00115	a14…祖乙一牛，羽b02适b02透a10，隹兹…	B00115=D01241=H32565
112	B00116	a12贞来乙亥勿b02适a22乙祖乙。 三 三	B00116=L00024
113	B00117	a28乙亥卜， 贞今日……祖乙……	
114	B00118	a26（1）庚…… 贞…… 往…… b02送a13（2） 卜，b02送a05 ……b02适a10……祖乙。	
115	B00119	a05口 未b02适a10于祖乙。	B00119=L00027
116	B00120	a22癸亥[卜]，争，贞翌乙丑b02适a08于祖乙。	
117	B00123	a07(1)贞b02适a10于祖乙。a17(2)贞勿往出	B00123=L00026
118	B00124	a13（1）甲子卜，b02送a10，贞翌乙丑b02适a27于祖[乙]。（2）……死……	
119	B00125	a14甲午卜，翌乙酉b02适a14于祖乙，告……	
120	B00126	a19……王 ……祖乙……b02逅a05 ……	
121	B00127	a30[甲]辰卜，贞[翌]乙巳 祖乙。	
122	B00129	a28（甲）…申卜贞（翌乙）…酉b02适a08礻	B00129=W00045
123	B00130	a14…卜内：翌…辰b02遢a10…祖乙…	B00130=W00044
124	B00131	a13(1)…三月。a23(2)…戌卜…祖乙…咎…	B00131=W00042
125	B00132	a14贞口于祖乙	B00132=D00009

图 6-29 在数据库中记录甲骨片收录于不同著录的情况

建设甲骨文字库时对甲骨字的不同异体字记录方式如表 6-2 所示。

6.5.2 知识图谱可视化

本书构建甲骨学 MKD 采用的是 CiteSpace 工具，构建甲骨学 KG 采用的是 Neo4j 图数据库，两种工具均具备性能优异的可视化功能。但是将两种图谱进行融合时，可视化并不能统一。针对这一问题，本书采用两种方法实现融合图谱的可视化：一是利用 D3. js[27] 编程实现；二是利用 Neo4j 中文版[28] 进行可视化优化。

表 6-2　异体字记录方式

字形	外码（文件名）	来源	分类	部首号（前三位）	字头（4～7位）	字头号（4位）
	0762641001	H20610	A1	076	2641	2890
	0762641002	H19755	A2	076	2641	2890
	0762641003	H00586	A7	076	2641	2890
	0762641004	H00674	A7	076	2641	2890
	0762641005	H04037	A7	076	2641	2890
	0762641006	H04276	A7	076	2641	2890

构建知识图谱的关键是获取实体及实体之间的关系，知识图谱的可视化就是将这些实体和关系以直观、丰富的图形展现出来。一旦获取了甲骨学知识图谱的实体及实体关系后，可以利用 D3 进行可视化展示。D3 是基于数据的文档操作 Javascript 库，D3 能够把数据和 HTML、SVG、CSS 结合起来，创造出可交互的数据图表。D3 能够提供更具表达性的框架并且考虑了 Web 标准提供更好的可视化表现，并成功应用于知识组织系统 Web 动态交互可视化[29]。利用 D3.js 构建的甲骨学专家知识图谱示例如图 6-30 所示。

上述实现的关键代码如下：

```
var svg = d3.select("body").append("svg").attr("width",width)
                    .attr("height",height);
d3.json("experts.json",function(error,root){
    if( error ){
        return console.log(error);
    }
    console.log(root);
```

第六章　甲骨学知识图谱构建方法

```
//D3 力导向布局
var force = d3.layout.force().nodes(root.nodes).links(root.edges)
                .size([width,height]).linkDistance(200)
                .charge(-1500)
                .start();
//关系边
var edges_line = svg.selectAll("line").data(root.edges).enter()
                .append("line").style("stroke","#ccc")
                .style("stroke-width",1);

//关系边的标签(专家之间的关系)
var edges_text = svg.selectAll(".linetext").data(root.edges).enter()
                .append("text")
                .attr("class","linetext")
                .text(function(d){
                    return d.relation;
                });
```

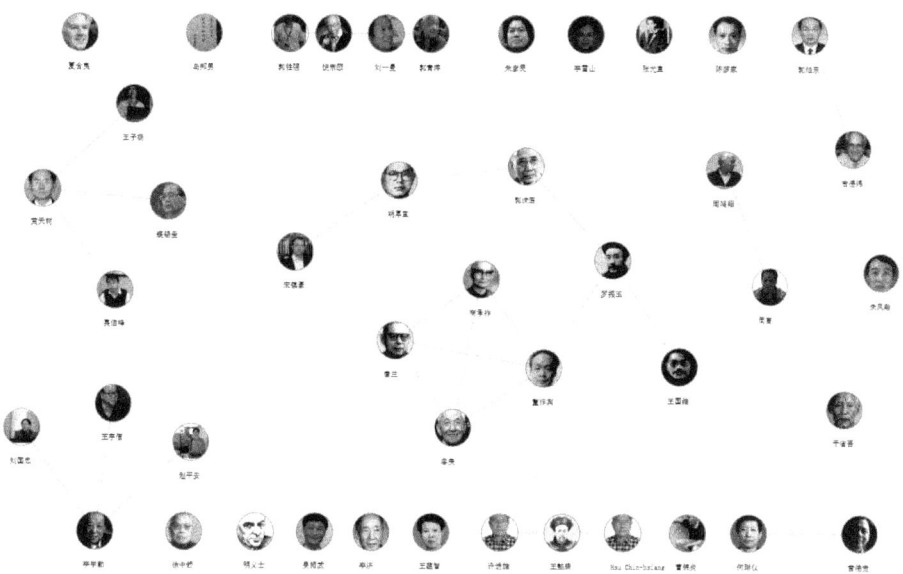

图 6-30　甲骨学专家知识图谱

利用D3.js构建的甲骨学融合知识图谱示例如图6-31所示。

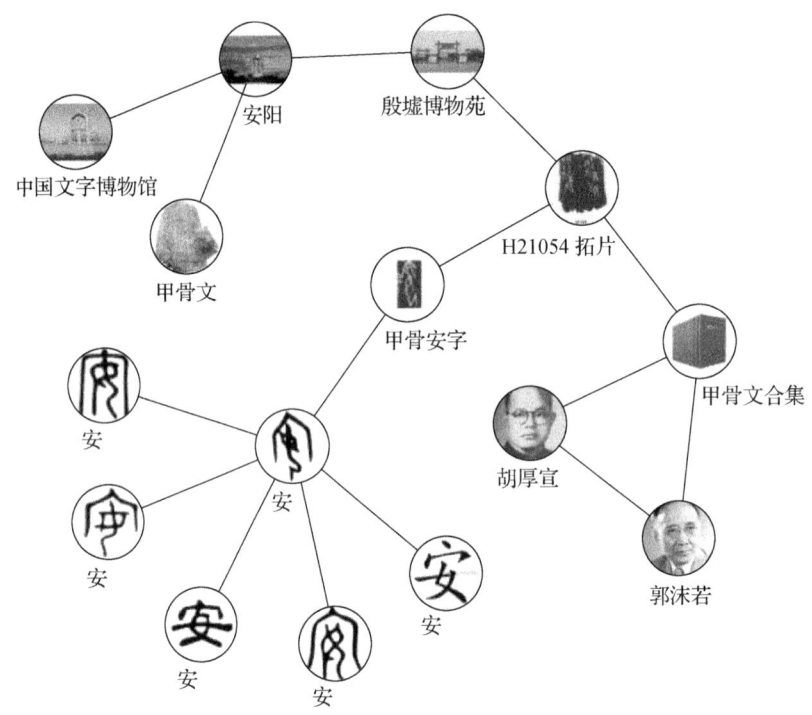

图6-31　甲骨学融合知识图谱（D3）

另一种可视化的方法是利用Neo4j中文版对甲骨学实体及关系进行存储和显示。Neo4j简体中文版是由微云数聚（北京）有限公司自主研发实现的，该版本除了提供Neo4j简体中文界面外，还提供了特别适合中国用户习惯的一组扩展功能，并具备更好的可视化效果和更易用的查询功能，简体中文版对Neo4j扩展功能如下[28]。

①节点可以显示为图片，使显示效果更加生动。所支持的图片类型包括静态的jpg和动态的gif格式。

②节点的大小和颜色及关系的粗细和颜色都可由数据驱动，使显示效果更加直观明了。

③提供了智能查询功能，用户不需要编写Cypher语句，也能像操作Google搜索一样，方便地查询节点及节点之间的关系，使得图数据库对最终用户更加友好。

利用 Neo4j 中文版构建的甲骨学融合知识图谱示例如图 6-32 所示。构建过程中使用了微云数聚（北京）有限公司开发的导入精灵 ToNeo4j 工具[28]。

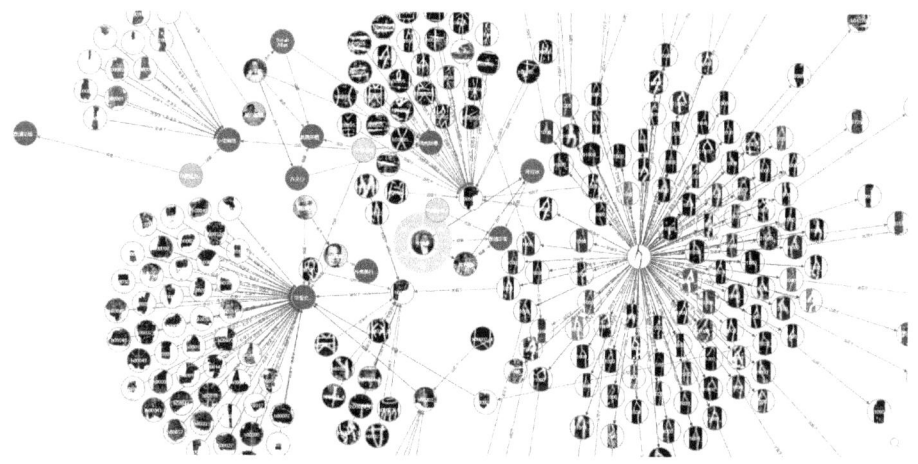

图 6-32　甲骨学融合知识图谱（Neo4j）

从图 6-32 可以看出，甲骨学知识图谱能显示著录、甲骨学专家、出版社、研究机构、甲骨片、甲骨字、异体字等对象及其关系，而且可视化效果更加丰富多彩。

目前，融合后的甲骨学知识图谱规模为节点 142 106 个，关系边 273 068 条。后期规模将随着甲骨文基础研究数据的增加而不断地扩充。

6.6　本章小结

本章详细介绍了甲骨学知识图谱的构建方法。由于甲骨学知识图谱是由 MKD 和 KG 两种图谱融合而成的，所以本章分别介绍了甲骨学 MKD 和甲骨学 KG 的构建方法及知识图谱的可视化实现。虽然目前获得了一定规模的甲骨学知识图谱，但是在构建中还存在着一些问题，如甲骨学 MKD 是基于文献元数据信息构建的，并没有考虑文献全文，因此还有大量的实体和关系并没有抽取出来。另外，因为甲骨学文献中存在着图文混编情况，即无法输入的甲骨字是用图片形式嵌入文献中，但是目前还无法实现甲骨字的有效图像检索。甲骨学文献还存在大量的手写版本，对这些手写文献尚没有准确率高的识别方法。

针对甲骨文 KG，目前还仅仅关注甲骨文字有关的知识实体和实体关联，尚未对金文、战国文字、简帛文字等进行有规模的知识图谱构建。另外，考古知识和甲骨文缀合方面的知识也没有系统地加入到当前的知识图谱中。这些问题将在后续的研究中逐一考虑。

参考文献

［1］王建芳．基于本体的科学知识图谱分析方法研究［R］．北京：中国科学院，2011．

［2］熊晶，高峰，吴琴霞．甲骨文大规模基础数据的语义挖掘研究［J］．现代图书情报技术，2015（2）：7－14．

［3］韩姣红．基于本体的甲骨文文献语义检索模型研究［J］．图书馆学研究，2013(7)：51－57．

［4］LEGG C. Ontologies on the semantic web［J］. Annual review of information science and technology，2010，41（1）：407－451．

［5］黄果，周竹荣．基于领域本体的概念语义相似度计算研究［J］．计算机工程与设计，2007（10）：2460－2463．

［6］杨清琳，李陶深，农健．基于领域本体知识库的语义查询扩展［J］．计算机工程与设计，2011，32（11）：3853－3856．

［7］BUDANITSKY A，HIRST G. Evaluating wordnet-based measures of lexical semantic relatedness［J］. Computational linguistics，2006，32（1）：13－47．

［8］RDQL-A Query Language for RDF［EB/OL］．［2018－12－23］. https：//www. w3. org/Submission/RDQL/．

［9］熊晶，王爱民，徐建良．基于领域本体的信息检索优化策略［J］．计算机工程与设计，2011，32（8）：2695－2699．

［10］杨雪松，冉婕．基于成语典故本体的语义检索模型研究［J］．计算机科学，2011，38（s1）：219－221．

［11］肖志雄，谷静．基于共词分析法的国内协同学研究热点分析［J］．情报探索，2015（5）：6－9．

［12］STUDER R，BENJAMINS V R，FENSEL D. Knowledge engineering：principles and methods［J］. Data and knowledge engineering，2008，25（1－2）：161－197．

［13］曹玲，何琳．农业古籍本体构建及应用［J］．广西师范大学学报（自然科学版），2007（2）：1－4．

［14］何琳，杜慧平，侯汉清．古农书本体的构建及其可视化［J］．图书馆杂志，2007（10）：45－49．

［15］钱智勇．楚辞文献数字化与关联检索可视化实现［J］．新世纪图书馆，2012（7）：

第六章　甲骨学知识图谱构建方法

61-63.

[16] 钱智勇. 基于本体的楚辞书目相关检索研究 [J]. 图书情报工作, 2011, 55 (23): 101-105.

[17] 孙海舒, 符永驰, 张华敏, 等. 基于本体论构建中医古籍知识库的探索 [J]. 医学信息学杂志, 2011, 32 (3): 64-68.

[18] 熊晶, 钟珞, 王爱民. 甲骨文本体构建方法研究及应用 [J]. 武汉理工大学学报 (信息与管理工程版), 2011, 33 (6): 953-957.

[19] 台湾"中央研究院"语言学研究所. 汉字知识本体 [EB/OL]. [2018-12-20]. http://hantology.sinica.edu.tw.

[20] XU J L, JING X, Yong L. A query optimization strategy based on domain ontology [C]. International Joint Conference on Artificial Intelligence, 2009.

[21] 刘宏哲, 须德. 基于本体的语义相似度和相关度计算研究综述 [J]. 计算机科学, 2012, 39 (2): 8-13.

[22] MCBRIDE B. Jena: a semantic web toolkit [J]. IEEE internet computing, 2002, 6 (6): 55-59.

[23] 洪迎春. 基于本体的分布式并行检索技术研究 [D]. 青岛: 中国海洋大学, 2009.

[24] 赵军, 刘康, 何世柱, 等. 知识图谱 [M]. 北京: 高等教育出版社, 2018.

[25] 马康勤. 甲骨文异体字研究 [D]. 金华: 浙江师范大学, 2016.

[26] 陈婷珠, 李新城. 《甲骨文字形表》异体字初步研究 [J]. 考古与文物, 2014 (1): 101-111.

[27] Data-Driven Documents [EB/OL]. [2018-12-26]. https://d3js.org/.

[28] 张帜. Neo4j 权威指南 [M]. 北京: 清华大学出版社, 2017.

[29] 张运良, 张兆锋, 张晓丹, 等. 使用 D3.js 的知识组织系统 Web 动态交互可视化功能实现 [J]. 现代图书情报技术, 2013 (z1): 127-131.

第七章 总结与展望

7.1 总结

甲骨文是目前中国发现的最早的成系统的文字，也是四大文明古国中唯一流传不绝且至今仍在使用的文字系统。河南安阳殷墟出土的3000多年前殷商王朝时期的甲骨文，与当今的汉字一脉相承，是中国文字的鼻祖。甲骨文属于殷商王朝后期王都内的王室贵族占卜和记事文字记录，也是中国最早的成文古典文献遗产。通过甲骨文的探索，可以寻绎中国思想之渊薮和考察中国传统文化的由来、特征、品格与演绎始源。甲骨文厚实的原始素材，使有古文字可资考索的中国上古文明史相应上推，为我们穿越3000多年历史时空隧道、近距离观察殷商社会、"拉长"中国上古史、了解中国源远流长的灿烂文明史和早期国家社会形态提供独特而真实可贵的第一手历史数据，对于加强中国上古史构建、文化遗产保护、文化传承、人文演进、科学发展的认识，均有其积极推动价值。

自1899年甲骨文被发现以后，在民间和学术界引起极大的重视。距今有3500多年历史的甲骨文不仅具有极其重要的史料价值，而且作为中国迄今发现最早的一种成熟文字系统，在古代汉语的研究和学习中也发挥着重要的作用。甲骨文的研究越来越受到专家学者乃至国家领导人的重视。

2014年5月30日，习近平总书记在北京视察工作中指出："中国字是中国文化传承的标志，殷墟甲骨文距离现在3000多年，3000多年来汉字结构没有变，这种传承是真正的中华基因。"2016年5月17日，习近平总书记在京主持召开哲学社会科学工作座谈会并发表重要讲话，指出"要重视发展具有重要文化价值和传承意义的'绝学'、冷门学科。这些学科看上去同现实距离较远，但养兵千日、用兵一时，需要时也要拿得出来、用得上。还有一些学科事关文化传承的问题，如甲骨文等古文字研究等，要重视这些学科，确保有人做、有传承"。两次重要讲话，习近平总书记都指出了甲骨

第七章　总结与展望

文研究对于中华文化传承的重要性。

2017年10月底，甲骨文成功入选《世界记忆名录》，标志着世界对甲骨文的重要文化价值及其历史意义的高度认可，对于国际社会了解和认识甲骨文及中华优秀传统文化具有重要推动作用。同时，也给甲骨文的研究带来了新的机遇和挑战。

经过120年的发展，甲骨文的研究已形成一门具有严密规律、有独特研究对象和积累了丰富研究资料及研究课题的专门学科——甲骨学。甲骨学和语言文字学、历史学、考古学、古代科技史等学科有着紧密的联系。但是传统的甲骨学研究手段遇到了发展瓶颈，利用计算机科学和信息技术来改善传统的甲骨学研究方法是一条可取的解决路径，由此催生了计算甲骨学。

计算甲骨学是计算机科学和信息技术在解决甲骨学问题中拓展和衍生出的新兴研究领域。计算甲骨学中存在的突出矛盾是对甲骨文专家的依赖性高而专家知识及现有成果的共享率却很低，主要原因是割裂了与甲骨学息息相关的其他学科知识联系和忽视了甲骨文的知识演化。最近几年迅速发展的知识图谱研究有望在较大程度上缓解这一问题。

本书的目标是构建甲骨学知识图谱用以缓解或解决计算甲骨学中的知识共享与重用问题。由于知识图谱是建立在多学科领域研究成果的基础之上的一门实用技术，是人工智能、信息检索、自然语言处理、万维网等交叉领域的理论研究热点和应用技术的集合。这恰恰与甲骨学的多学科交叉融合的特点相吻合，从理论上看该目标是可达的。

为此，本书先介绍了甲骨学的研究情况，包括甲骨学与其他学科的关系、甲骨文文字特点、甲骨文语法特点、甲骨文拓片特点、甲骨文考释与缀合问题等。由于甲骨学涉及的知识内容过于庞大，因此，本书仅仅关注计算甲骨学所涵盖的范围，并对这些方面进行了概述。

其次，计算甲骨学是利用计算机科学和信息技术来改善传统的甲骨学研究方法。故本书较为系统地介绍了计算甲骨学所要解决的问题，包括甲骨文的数字化及数字出版、甲骨文数据化、甲骨文字库构建、甲骨文语料库构建、甲骨文机器翻译、甲骨文图像处理及模式识别、甲骨文知识管理与知识服务等。

由于构建甲骨学知识图谱的重要内容是甲骨学的知识表示与推理，因此本书单列一章介绍这一部分。主要内容包括甲骨文本体的构建、甲骨文拓片网络的构建、甲骨字网络的构建、甲骨文可拓模型、基于本体的推理、基于规则的推理、基于甲骨文拓片网络和甲骨字网络的推理、基于甲骨文可拓模型的推理等。

再次，为了全面介绍甲骨学知识图谱的构建，本书另列一章介绍知识图谱的研究现状。与一般的知识图谱研究与应用不同的是，本书从基于文献计量学的科学知识图谱和基于知识库的以 Google 为代表的知识图谱两个方面进行了介绍。两种知识图谱相融合的主要原因在于甲骨学本身的特点，一方面，研究甲骨文等古籍文字，必须依赖大量的著录及文献；另一方面，甲骨文的考释与缀合都要求具备很高的知识储备，并且涉及大量的知识挖掘和推理的内容。

最后，基于前面介绍的知识图谱理论与构建方法，详细具体地介绍了甲骨学知识图谱的构建。考虑到甲骨学资料的各异性，我们将研究目标的问题转化为如何从多源异构数据集中发现实体和建立实体间的语义关系。通过首先构建科学知识图谱来发现实体及其关系，再与利用知识图谱构建方法抽取的实体及关系进行整合。然后通过实体消歧、关系融合得到兼具图和谱双重特征的融合图谱。又因为本体可为知识图谱提供概念模型和逻辑基础，基于本体和规则进行推理可挖掘隐含的语义关系，从而丰富甲骨学知识图谱。通过解决语义相似度和相关度计算、规则自动挖掘这两个关键问题达到研究目标。

本书的研究对弘扬中华民族传统文化、保护和传承甲骨文这一民族瑰宝有着极其重要的意义，对促进领域专家知识的表示、共享和重用具有重要的理论意义和实际价值，对甲骨学的研究与发展起到重要的推动作用，并为领域知识图谱的构建提供新思路。

7.2 展望

虽然本书比较全面系统地介绍了甲骨学知识图谱的构建方法，但是由于甲骨学体系庞大，无法涉及甲骨学的方方面面，同时针对甲骨文的研究需要极大地依赖甲骨文专家，所以在很多方面还存在着不足。下一步准备在如下几个方面进行更深入的研究。

①研究涉及甲骨学文献的自动分类方法。由于在信息科学和甲骨学领域，"甲骨文"一词本身就是一个多义词，所以传统的基于关键词的检索方法无法较为准确地定位到我们实际需要的甲骨文文献，虽然我们也研究了基

第七章 总结与展望

于本体的甲骨文文献智能检索方法,但是也局限于自有的文献库,无法同现有的文献知识服务平台如知网、万方等对接。

②研究甲骨学知识图谱的自动化或半自动化构建方法。虽然目前在其他领域已经有一些知识图谱的自动化或半自动化构建方法的研究,但是这些领域大多有较多的网络数据可供进行实体及关系的 Web 挖掘,通过实体链指也可以较大范围定位到百科类数据,但是甲骨学的百科数据很少。因此,甲骨学知识图谱的自动化或半自动化构建主要还是依赖于关系数据库和非结构化的文本数据,虽然我们也在这些数据上进行了实体及关系的自动抽取研究,但是人工干预的比例还是很大,如抽取结果正误的判断和确定等。目前对甲骨文专家的依赖性还是不能忽视。

③研究甲骨学大数据分析及知识服务。虽然我们已经设计了甲骨学大数据知识服务平台框架,但是目前还远没有达到应用需求。甲骨学研究同其他学科有着极大的不同,其主要原因在于甲骨文在后世已经不再使用(甲骨文书法仅仅是艺术层面的展示,并非在卜辞内容上的再创新和再利用),而且很多缺失的甲骨资料已不可能再现(甲骨文发现前的"龙骨"很多已经被粉碎并吃掉了)。因此,利用甲骨文资料去印证甲骨文本身难度极大,从类似的文字如金文、战国文字等,或者从传世的其他文字记载(如《诗经》等)来寻找辅证或许是一个手段。因此,需要极大丰富甲骨学资料,构建足够的大数据,利用大数据分析手段来推断甲骨文,并为甲骨文专家及爱好者提供知识服务。

④研究基于多模态学习的甲骨学考释方法。甲骨文资料是多源异构的,如何充分利用这些资料,从多模态的角度充分考虑不同模态数据间有效地共享语义空间嵌入学习问题。除了利用甲骨文文本和甲骨文图像两种模态之外,还可以融入甲骨文视频、甲骨文 3D 模型、甲骨文 DNA 数据、甲骨文考古 GIS 信息等多种模态,实现跨模态的机器学习,更好地为甲骨学考释服务。

⑤研究甲骨学知识图谱与深度学习的深度融合问题。目前,我们收集的甲骨文数据尚不能很好地体现出大数据和深度学习的优势。本书也简要介绍了知识图谱与深度学习的研究与应用,但目前还没有将其理论和方法应用于计算甲骨学的研究。随着最近深度学习迁移模型 BERT 的迅速升温,为当前计算甲骨学研究开辟了一条新的研究思路。

后续的研究,我们一方面沿着现有的设计思路和技术方法做进一步的深入，包括收集更多更全、质量更高的甲骨学数据，并按照上述列举的几个问题指定研究计划；另一方面积极寻求甲骨学专家的帮助，以专家的需求驱动研究思路的创新和调整。总之，我们希望在计算甲骨学上充分利用大数据、深度学习、人工智能的优势，在未来 5 年内获得甲骨文计算机辅助考释方面的突破性进展。

本章对全书的研究内容进行了简明扼要的总结，在展示研究内容及部分成果的同时，总结了目前研究中存在的问题，这些问题都是我们在研究过程中碰到的但是就目前的方法和技术无法较好解决的，这也为我们的后续工作指明了研究方向。相信通过团队人员的共同努力，我们在计算甲骨学研究方面能取得突破性的进展。